Лайтман М.
Постижение Высших миров/ Михаэль Лайтман – LKP, 2015. – 316 с.
Напечатано в Израиле.

Laitman M.
Comprehension of the Higher Worlds/ Michael Laitman – LKP, 2015. – 316 pages.
Printed in Israel.

ISBN 978-965-7577-44-8
DANACODE 760-89

Кто я и для чего существую?
Откуда я, куда иду я, для чего появился в этом мире?
Возможно, что я уже был здесь?
Приду ли я снова в этот мир?
Могу ли я познать причины происходящего со мной?
Отчего приходят страдания в этот мир и можно ли их избежать?
Как обрести покой, удовлетворение, счастье?

Каббала отвечает на эти вопросы однозначно: только в постижении духовного мира, всего мироздания, можно ясно увидеть причины происходящего с нами, следствия всех наших поступков, активно управлять своей судьбой.

Методика постижения духовного мира называется «каббала». Каббала позволяет каждому еще при жизни в этом мире ощутить и понять управляющий нами духовный мир, жить в обоих мирах. Этим человек обретает абсолютное познание, уверенность, счастье.

ISBN 978-965-7577-44-8
DANACODE 760-89

© Laitman Kabbalah Publishers, 2015.

Михаэль Лайтман

Постижение Высших миров

Предисловие

Среди всех книг и записей, которыми пользовался мой Великий Учитель Барух Ашлаг, была одна тетрадь, которую он постоянно держал при себе. В этой тетради им были записаны беседы его отца, великого каббалиста, автора 21-томного комментария на Книгу Зоар, 6-томного комментария на книги Ари и многих других книг по каббале.

Почувствовав недомогание поздним вечером, уже находясь в постели, он подозвал меня и передал мне эту тетрадь со словами: «Возьми и занимайся по ней».

Назавтра ранним утром мой Учитель умер у меня на руках, оставив меня одного, без поводыря в этом мире.

Он говорил: «Я мечтаю научить тебя обращаться не ко мне, а к Творцу – к единственной силе, единственному источнику всего существующего, к тому, кто действительно может помочь и ждет от тебя просьбы об этом.

Помощь в поиске пути освобождения из клетки этого мира, помощь в духовном возвышении над нашим миром, помощь в поиске самого себя, своего предназначения. Только Творец, который сам посылает тебе все эти стремления, дабы ты обратился к нему, может дать ответ и помочь».

В настоящей книге я попытался передать некоторые из записей этой тетради, как они прозвучали мне. Невозможно передать то, что написано, а лишь то, что прочтено, ведь каждый согласно свойствам его души поймет по-своему подобные записи, поскольку они отражают чувства каждой души от взаимодействия с Высшим светом.

Из вопросов учеников во многих странах мира, вопросов, задаваемых на занятиях, лекциях, радиобеседах, в письмах со всего мира, выявилась необходимость в этой книге.

Трудность изложения и изучения каббалы заключается в том, что духовный мир не имеет подобия в нашем мире, и даже если объект изучения становится понятен, то временно, поскольку воспринимается в духовной части нашего сознания, которая постоянно обновляется свыше. И потому материал, ранее усвоенный, вновь представляется человеку как абсолютно неясный. В зависимости от настроения и духовного состояния текст может казаться читающему то полным глубокого смысла, то абсолютно несодержательным.

Не следует отчаиваться, что вновь непонятно то, что еще вчера было так ясно. Не следует отчаиваться, что текст вообще непонятен, кажется странным, нелогичным и т.д. Каббалу учат не для того, чтобы теоретически знать, а для того, чтобы начать видеть и ощущать, а личное созерцание и постижение духовных сил, света, ступеней даст абсолютное знание!

До тех пор, пока человек сам не получит высший свет, ощущения духовных объектов, он не поймет, каким образом устроено и действует мироздание, потому что аналогов изучаемого в нашем мире нет.

Первые шаги на пути именно к ощущению духовных сил поможет осуществить эта книга. А затем, конечно, без непосредственной помощи учителя не обойтись.

Книга не разделена на главы, потому что говорит только об одном – о поисках пути к Создателю. Названия фрагментов или номера им может дать сам читатель.

Рекомендуется не читать в обычном смысле слова, а, просмотрев какой-либо абзац, обдумывать его, подбирая к нему разные примеры из жизни и включая свои собственные переживания. Настойчиво и не раз продумывать предложение, стараясь войти в чувства автора, медленно читать, ощущая вкус сказанного, возвращаться к началу фразы.

Это поможет войти в описываемое своими чувствами или прочувствовать отсутствие ощущений, что является также необходимым предварительным этапом духовного развития.

Книга написана вовсе не для беглого чтения, а **для прочувствования** собственной реакции. Поэтому хотя говорит она только об одном – отношении к Создателю, говорит об этом в разных формах, чтобы каждый смог найти подходящую фразу, слово, с которого сможет начать идти в глубь текста.

Хотя в книге описаны желания и действия эгоизма в третьем лице, но до тех пор, пока человек не в состоянии отделить чувственно свое сознание от желаний, он воспринимает побуждения и желания эгоизма как «свои».

Чтение должно быть многократным, в любых состояниях и различном настроении, чтобы лучше познать себя и свои реакции и взгляды на один и тот же текст. Несогласие с читаемым так же положительно, как и согласие; **главное – переживать текст**, а чувство несогласия означает предварительную ступень (ахораим, обратную сторону) познания (паним).

Именно в итоге медленного прочувствования описываемых состояний развиваются необходимые для ощущения духовных сил чувства-сосуды-келим, в которые затем сможет войти Высший свет, который пока находится вокруг нас, неощущаемый нами, окружает наши души.

Книга написана не для знания, не для запоминания. Читатель ни в коем случае не должен проверять, что же осталось у него в памяти от прочитанного. Хорошо, если все забывается, и повторно читаемый текст кажется абсолютно незнакомым.

Это говорит о том, что человек полностью заполнил предыдущие чувства, и они отошли, предоставив место работе, заполнению новыми, неизведанными чувствами. Процесс развития новых органов чувств постоянно обновляется и аккумулируется в духовной, неощущаемой сфере души.

Поэтому главное – как ощущает себя читатель в тексте **во время чтения**, а не после него: чувства испытаны, и они проявляются внутри сердца и в разуме по надобности для дальнейшего развития данной души.

Не спешите закончить книгу, выбирайте те места, где книга говорит про вас, – тогда лишь она сможет вам помочь и стать начальным проводником в поиске своего личного духовного восхождения.

Цель книги: помочь читателю заинтересовать самого себя причиной своего рождения, возможностью явного выхода в духовные миры, возможностью познания цели творения, ощущения Создателя, вечности, бессмертия и помочь преодолеть несколько предварительных этапов на этом пути.

Постижение Высших миров

*Если только обратим внимание на всем известный вопрос,
уверен я, что все ваши сомнения в необходимости изучения каббалы
исчезнут с горизонта, вопрос горький, справедливый, задаваемый каждым,
родившимся на земле: «В чем смысл моей жизни?..»*

Раби Йегуда Ашлаг
«Предисловие к Талмуду Десяти Сфирот»,
параграфы 2, 1217, 4457

Поколения продолжают сменять друг друга на этой планете, но каждое поколение, каждый человек спрашивает себя о смысле жизни, особенно во время войн, глобальных страданий или полос неудач, проносящихся над каждым из нас. Во имя чего наша жизнь, так дорого нам стоящая, с незначительными ее радостями, когда отсутствие страданий уже кажется нам счастьем?

Воистину справедливо сказано: «Не по своей воле ты родился, не по своей воле ты живешь, не по своей воле ты умираешь». Каждому поколению предназначена его горькая чаша, а последнему – и не одна.

Но и здесь я встречаю мое поколение, полное забот и страданий, неустроенности – не нашедшее себя. И потому, пока еще не устроились и не увязли в привычной рутине, вопрос о смысле нашей жизни ощущается особенно остро. Воистину наша жизнь тяжелее смерти, и не зря сказано: «Не по своей воле ты живешь».

Природа нас сотворила, и мы вынуждены существовать с теми свойствами, которые в нас есть, как полуразумные существа: разумные в том только, что можем осознать, что действуем в силу тех черт характера и свойств, с которыми мы созданы, но идти против этого не можем. И если мы отданы во власть природы, то неизвестно, куда еще заведет нас эта дикая, неразумная природа, сталкивая постоянно друг с другом людей и целые народы в злобной борьбе между собой, как диких зверей, во имя победы инстинктов. Но где-то подсознательно с этим взглядом не согласно наше представление о себе как о разумном существе.

Если же существует Высшая сила, создавшая нас, почему мы не ощущаем ее, почему она скрывается от нас? Ведь если бы мы знали, чего она от нас желает, мы бы не делали ошибок в жизни и не получали бы в наказание страданий!

Насколько проще было бы жить, если бы Творец не скрывался от нас, а явно был ощутим или видим каждому. Не было бы никаких сомнений в Его существовании, можно было бы видеть и чувствовать на себе и на окружающем мире Его управление, осознать причину и цель нашего сотворения, видеть следствия наших поступков, Его реакцию на них, заранее в диалоге с Ним выяснять все наши проблемы, просить помощи, искать защиты и совета, жаловаться и просить объяснения, зачем Он так поступает с нами, спрашивать совета на будущее, постоянно в связи с Творцом и в совете с Ним изменять себя, что было бы угодно Ему и хорошо нам.

Как дети с момента рождения ощущают мать (а Творец ощущался бы не менее близко, потому что человек чувствовал бы Его как источник своего рождения, своего родителя, причину своего существования и своих будущих состояний), так уже «с пеленок» мы могли бы постоянно общаться с Творцом и учиться правильно жить, видя Его реакцию на свои поступки и даже на свои намерения.

Отпала бы потребность в правительствах, школах, воспитателях, все свелось бы к прекрасному, простому существованию народов во имя всем явной цели – духовного сближения с явно ощущаемым и видимым Создателем.

Все бы руководствовались в своих действиях явно видимыми духовными законами, законами действия духовных миров, называемыми заповедями, которые бы все естественно выполняли, так как видели бы, что иначе они наносят вред себе, как, например, человек не бросится в огонь или с высоты, зная, что этим немедленно навредит себе.

Если бы все явно видели Творца и Его управление нами, миром, мирозданием, нам не было бы трудно выполнять самую тяжелую работу, видя, какие большие выгоды она нам приносит. Например, бескорыстно отдавать все, что у нас есть, незнакомым и далеким от нас людям, совершенно не думая о себе ни в настоящем, ни о нашем будущем. Потому что мы бы видели управление свыше, видели бы, какие полезные следствия есть у наших альтруистических поступков, насколько все мы во власти доброго и вечного Творца.

Насколько было бы естественно (и как это противоестественно и невозможно в нашем настоящем состоянии скрытого управления) всей душой отдаться Творцу, отдать в Его власть свои мысли, желания, без оглядки и проверки быть такими, как Он захочет, абсолютно не заботиться о себе ни на мгновение, полностью оторваться мысленно от себя, как бы вообще перестать себя ощущать, перенести все свои чувства вне себя, как бы на Него, попытаться вселиться в Него, жить Его чувствами, мыслями и желаниями.

Из всего вышесказанного ясно, что в нашем мире нам не хватает только одного – ощущения Творца!

И только в этом человек должен видеть свою цель в нашем мире и только во имя этого приложить все свои усилия, потому что только ощущение Творца является его спасением как от всех несчастий этой жизни, так и от духовной смерти, во имя душевного бессмертия, без возвращения в этот мир. Методика поиска ощущения Творца называется каббалой.

Ощущение Творца называется верой. Характерно массовое заблуждение в понимании этого слова, ибо практически все считают, что вера означает путь в потемках, без видения и ощущения Творца, то есть понимают это слово в прямо противоположном смысле. По каббале, свет Творца, наполняющий человека, свет связи с Творцом, ощущение слияния (ор хасадим) называется светом веры или просто верой.

Вера, свет Творца, дает человеку ощущение связи с вечным, понимание Создателя, чувство полного ясного общения с Создателем, чувство абсолютной безопасности, бессмертия, величия и силы.

Из вышесказанного ясно, что только в достижении ощущения веры, то есть ощущения Творца, есть наше спасение от полного страданий и утомительной погони за преходящими наслаждениями нашего временного существования.

В любом случае вся причина наших несчастий, никчемности, временности нашей жизни – только в отсутствии ощущения Творца. Сама Тора призывает нас: «Попробуйте и убедитесь, как прекрасен Творец!»

Тааму ве рэу ки тов Ашэм

Цель этой книги – помочь читателю преодолеть несколько предварительных этапов на пути к ощущению Творца. Тот, кто осознает подлинно жизненную необходимость в ощущении Творца, придет к решению изучать каббалу по первоисточникам: Книге Зоар с комментариями «Сулам», сочинениям Ари, Талмуду десяти сфирот.

Мы видим, сколько страданий и боли страшнее смерти вынесло человечество со дня сотворения мира. И кто, если не Творец, – источник этих страданий, больших, чем смерть, кто, если не Он, посылает нам это!

А сколько было в истории человечества личностей, готовых на любые страдания ради постижения высшей мудрости и духовного восхождения, добровольно взявших на себя невыносимые тяготы и боль ради того, чтобы найти хоть каплю духовного ощущения и опознать высшую силу, слиться с Творцом и найти возможность быть Его рабом!..

Но все они безответно прожили свою жизнь, ничего не достигнув, покинули этот мир, как и пришли в него, ни с чем...

Но почему не ответил Творец на их молитвы, отвернулся от них, пренебрег их страданиями?..

И они чувствовали, что Он пренебрегает ими! Ведь они неявно ощущали, что есть высшая цель вселенной и всего происходящего, называемая каплей слияния человека с Творцом в единое, и они, еще погруженные в глубины своего эгоизма, в моменты испытания ими невыносимых страданий, чувствуя, как отвергает их Творец, вдруг ощущали, как раскрывается в их сердце – закрытом со дня творения для ощущения истины и чувствующем только свои боли и желания – некое отверстие, благодаря которому они удостаиваются ощутить эту вожделенную каплю слияния, проникающую внутрь сердца сквозь его разбитую стенку...

И изменяются все их качества на противоположные, подобные Творцу, и начинают видеть сами, что именно в глубине этих страданий, и только в них, там лишь можно постичь единство Творца, там находится Он и капля слияния с Ним.

И в момент постижения этого чувства, раскрывающегося им и заполняющего их раны, и благодаря этим ранам ощущаемого и осознаваемого, именно благодаря ужасным, раздирающим душу противоречиям – именно их, все их, Сам Творец заполняет бесконечно прекрасным блаженством. Настолько, что невозможно осознать нечто более совершенное, настолько, что кажется им, что есть какая-то ценность в перенесенных для ощущения этого совершенства страданиях...

И каждая клеточка их тела убеждает, что каждый в нашем мире готов сам отрубать себе конечности по нескольку раз в день, дабы постичь хоть раз в жизни подобное ощущаемому ими блаженству, когда они становятся частью Творца...

А причина молчания Творца в ответ на призывы – в том, что человек заботится только о своем продвижении вперед, а не о возвеличивании Создателя в своих глазах. И поэтому подобен плачущему пустыми слезами... и уходящему из жизни, как и пришел, ведь конец любого животного в забиении, а не постигшие Творца подобны животным. В то время как если человек заботится о возвеличивании Творца в своих глазах, Творец открывается ему.

Ведь капля единства, цель творения вливается в сердце заботящегося о величии и любви Творца, утверждающего из глубины сердца, что все, что создал Творец, создал для него, а не вливается в сердце эгоистически жалующегося на несправедливость Высшего управления.

Духовное не делится на части, но человек постигает из целого какую-то часть, пока не постигнет все целое... Поэтому все зависит от чистоты стремлений, и в очищенную от эгоизма часть сердца – в нее-то и вливается духовный свет.

Если человек попытается посмотреть на окружающие его ситуации и состояние человечества со стороны, то сможет более правдиво оценить творение.

И если действительно существует Творец, как утверждают каббалисты – те, кто с Ним якобы непосредственно общается, – и Он управляет всем, и Он создает нам все те жизненные ситуации, которые мы постоянно на себе ощущаем, то нет ничего более здравого, чем постоянно быть связанным с Ним, и как можно теснее.

Но если мы попытаемся внутренне напрячься и ощутить такое состояние, то ввиду скрытия Творца от наших чувств мы ощутим себя как бы повисшими в воздухе, без точки опоры. Ведь не видя, не ощущая, не слыша, не получая никакого сигнала в наши органы ощущений, мы как бы работаем в одну сторону, кричим в пустоту.

Зачем же Творец сотворил нас такими, что мы не можем ощутить Его? Более того, зачем Ему надо скрываться от нас? Почему, даже если человек взывает к Нему, Он не отвечает, а предпочитает действовать на нас скрыто от нас, за ширмой природы и окружающих объектов.

Ведь если бы Он хотел нас исправить, то есть исправить Свою «ошибку» в творении, то мог бы это уже давно сделать, скрыто или явно. Если бы Он раскрылся нам, то мы бы все увидели и оценили Его так, как можем оценить теми чувствами и разумом, с каковыми Он нас сотворил, и, наверное, знали бы, что и как делать в этом мире, который Он создал якобы для нас.

И, более того, как только человек начинает стремиться к Творцу, желая ощутить Его, сблизиться с Ним, он чувствует, что его стремления к Творцу исчезают, пропадают. Но если Творец дает нам все наши ощущения, то зачем Он отбирает у желающего Его постигнуть это желание, и, наоборот, еще добавляет ему всевозможные препятствия в его попытках обнаружить своего Создателя?

Такие попытки со стороны человека сблизиться с Творцом, и ответные отказы Творца пойти на сближение, и причинение страданий ищущим Его могут продолжаться годами! Человеку представляется подчас, что та гордость и высокомерие, от которых, как ему говорят, он должен избавиться, проявляются у Творца в бесконечно большей степени!

А на слезы и призывы человек не получает ответа, вопреки утверждению, что Творец милосерден, особенно к ищущим Его. Если мы что-то можем сами изменить в нашей жизни, значит, Он дал нам свободу воли, но не дал достаточных знаний, как избежать страданий нашего существования и развития.

А если свободы воли нет, то есть ли более жестокое обращение, чем заставлять нас десятки лет бессмысленно страдать в созданном Им жестоком мире? Подобные жалобы можно, конечно, продолжить до бесконечности, потому что, если Творец является причиной нашего состояния, то нам есть за что Его критиковать и обвинять, что наше сердце и делает, если ощущает такие чувства.

Ведь если человек недоволен чем-либо, этим своим чувством он уже, даже не обращаясь к Творцу, обвиняет Его. Даже если не верит в существование Творца, – Творец ведь видит все, происходящее в сердце человека.

Каждый из нас прав в том, что он утверждает, что бы он ни утверждал. Потому что утверждает то, что чувствует в тот момент своими чувствами и анализирует своим разумом. Имеющие большой жизненный опыт знают, насколько менялись их взгляды в течение прошедших лет.

И нельзя сказать, что ранее он был неправ, а сегодня прав. Он должен понять, что его сегодняшняя точка зрения тоже неверна, в чем он убедится завтра. Поэтому в каждом своем состоянии человек делает выводы, и они правильны для этого состояния и могут быть совершенно противоположны его выводам, сделанным в других состояниях.

Так и мы не можем рассуждать о других мирах, их законах, судить об их качествах с точки зрения своих сегодняшних критериев, критериев нашего мира. В нас нет неземного разума, неземных ощущений, неземных понятий, и поэтому мы не можем судить о чем-то неизвестном и выносить решения. Ведь мы видим, что даже в рамках нашего мира мы постоянно ошибаемся.

Судить о неземном может тот, кто обладает неземными свойствами. Если он одновременно знает и наши свойства, то может хотя бы приблизительно как-то рассказать нам о неземном. Таким может быть только каббалист – человек нашего мира, сотворенный с теми же свойствами, как каждый из нас, и в то же время получивший свыше иные свойства, позволяющие ему рассказать о том, что же там, в том ином мире, происходит.

Вот почему Творец разрешил некоторым каббалистам раскрыться перед широкими слоями общества для того, чтобы помочь еще некоторым приобщиться к Нему. Каббалисты объясняют нам языком, понятным нашему разуму, что в духовном, неземном мире разум построен и действует по другим законам, и эти законы противоположны нашим.

Нет никакой стены между нашим и неземным, духовным миром. Но именно то, что духовный мир – это антимир по своим свойствам, и делает его не ощущаемым для нас настолько, что, рождаясь в нашем мире, то есть получая его природу, мы полностью забываем о своем предыдущем антисостоянии. Естественно, что ощутить этот антимир можно, если человек приобретет его природу, его разум, его свойства. Как и в чем мы должны поменять нашу природу на противоположную?

Основной закон духовного мира – абсолютный альтруизм. Как может человек приобрести это свойство? Каббалисты предлагают совершить этот внутренний переворот действием, называемым эмуна лемала ми даат – вера выше разума: поскольку наш «здравый разум» является основным инструментом наших поступков, то, кажется, человек не в состоянии полностью аннулировать его доводы и пытаться вместо этого, когда ноги без опоры в виде здравого смысла повисают в воздухе, схватиться двумя руками за Творца. Ибо не видит в таком состоянии своим разумом, как он может спастись от надвигающихся обстоятельств, которые ему «подбрасывает» Творец, а в безнадежной попытке решить вопросы повисает в воздухе без опоры и разумного ответа на вопрос, что же с ним происходит.

Но если человек в состоянии мысленно, двумя руками, несмотря на критический подход разума и радуясь представляющейся возможности ухватиться за Творца, может хоть на мгновение выдержать подобное состояние, то он видит, как оно прекрасно, что именно в таком состоянии он находится в истинной, вечной правде, которая не изменится назавтра, как все его взгляды в прошлом, потому что связан с вечным Творцом и только через эту истину смотрит на все события.

Как уже не раз упоминалось в предыдущих книгах, продвижение вперед возможно только по трем параллельным линиям одновременно, где правая линия называется вера, левая – осознание, постижение. И эти две линии находятся в противоречии, так как взаимно исключают друг друга. И поэтому уравновесить их возможно только при помощи средней линии, состоящей из правой и левой одновременно, линии такого духовного поведения, когда используется разум только в соответствии с величиной веры.

Все духовные объекты по мере своего последовательного рождения от Творца как бы наслаиваются, одеваются на Него. Все, что наслоилось в мироздании на Творце, существует только относительно созданий, и все это – порождение первоначального создания, называемого малхут. Т. е. все миры и все творения, все, кроме Творца, есть единственное творение – это малхут, называемая корнем, источником всех творений, которое затем распадается на множество мелких своих частей.

И все они вместе называются шхина. А свет Творца, Его присутствие, Он Сам, заполняющий шхину, называется шохэн.

Время, требуемое для полного заполнения всех частей шхины, называется временем исправления (зман тикун). За это время создания производят исправления своих частей малхут – каждый своей части, из которой он создан.

А до того момента, пока Творец не сможет полностью слиться с творениями, то есть не проявится в полной мере, пока шохэн не заполнит шхину, состояние шхины, или составляющих ее созданий, называется изгнанием шхины (от Творца), (галут шхина), поскольку в таком состоянии нет в высших мирах совершенства. И в нашем, самом низшем из миров, в котором тоже каждое из творений должно полностью ощутить Творца, пока что каждый занят постоянной погоней за утолением мелких желаний нашего мира и вслепую следует требованиям своего тела.

И это состояние души называется шхина в пепле (шхина бе афар), когда каждый представляет себе духовно чистые наслаждения как измышление и бессмыслицу, и такое состояние называется страданием шхины (цаар шхина).

Все страдания человека происходят из того, что его вынуждают свыше полностью отвергнуть здравый смысл и следовать вслепую, поставив веру выше разума.

И чем больше у него разум и знания, чем он сильнее и умнее, тем труднее ему идти путем веры и, соответственно, тем больше он страдает, отвергая свой здравый смысл.

И ни в коем случае не может согласиться с Творцом, который выбрал именно такой путь духовного развития, проклинает в сердце необходимость такого пути и не может никакими силами самоубеждения оправдать Творца. И не может выдержать такое состояние без всякой опоры, пока не поможет ему Творец и не откроет всю картину мироздания.

Если человек чувствует себя в состоянии духовного возвышения, когда все его желания направлены только к Творцу – это самое подходящее время углубиться в соответствующие книги по каббале, чтобы попытаться понять их внутренний смысл. И хотя видит, что, несмотря на свои усилия, он не понимает ничего, все равно необходимо даже сотни раз углубляться в изучение каббалы и не поддаваться отчаянию от того, что ничего не понимает.

Смысл этих усилий в том, что стремления человека постичь тайны Торы являются его молитвой о том, чтобы открылось ему проявление Творца, чтобы Творец заполнил эти стремления. Причем сила молитвы определяется величиной его стремлений.

Есть правило: затраченные усилия увеличивают желание получить то, к чему стремимся, и величина его определяется страданием от отсутствия желаемого. Сами же страдания, без слов, одним ощущением в сердце, являются молитвой.

Исходя из этого понятно, что только после больших усилий достичь желаемого человек в состоянии настолько искренне взмолиться, что получит ожидаемое.

Но если во время попыток углубиться в книгу сердце не желает освободиться от посторонних мыслей, то и разум не в состоянии углубиться в изучение, потому что только по желанию сердца работает разум.

Но чтобы воспринял Творец молитву, она должна быть из глубины сердца, то есть только на этом должны быть сосредоточены все его желания. И потому должен сотни раз углубляться в текст, даже не понимая ничего, чтобы дойти до истинного желания – быть услышанным Творцом.

А истинное желание – это такое, в котором нет места более ни для какого другого желания.

Вместе с тем во время изучения каббалы он изучает действия Творца и потому сближается с Ним и становится постепенно достоин ощутить изучаемое.

Вера, то есть ощущение Творца, должна быть такой, чтобы человек чувствовал, что он находится перед Царем вселенной. И тогда, несомненно, проникается необходимым чувством любви и страха.

А пока не достиг такой веры, не должен успокаиваться, потому что только такое чувство дает ему право на духовную жизнь и не позволит скатиться в эгоизм и вновь стать получателем наслаждений. Причем потребность в таком ощущении Творца должна быть постоянной, пока не станет привычкой человека, как постоянна тяга к предмету любви, не дающая жить.

Но все окружающее человека специально гасит в нем эту потребность, поскольку получение наслаждения от чего-либо сразу же уменьшает боль от ощущения духовной пустоты.

Поэтому при получении наслаждений нашего мира необходимо контролировать, а не гасят ли эти наслаждения потребность в ощущении Творца, не крадут ли у него, таким образом, высшие ощущения.

Вообще внутренняя необходимость ощутить Творца свойственна только человеку, причем не каждому, имеющему внешний облик человека.

И эта необходимость вытекает из потребности человека понять, кто он такой, осмыслить себя и свое предназначение в мире, источник своего происхождения. Именно поиск ответов на вопросы о себе приводит нас к необходимости искать источник жизни.

И эта необходимость заставляет нас любыми усилиями раскрывать все тайны природы, не оставляя ни одной ни в нас самих, ни в окружающем мире. Но только стремление постичь Творца есть истинное, потому что Он является источником всего, а главное – нашим Создателем. Поэтому даже если бы человек находился в нашем мире один или находился бы в других мирах, все равно поиск себя приводит его к поиску Творца.

Есть две линии в восприятии влияния Творца на Его создания. Правой линией называется личное управление Творца каждым из нас, независимо от наших поступков.

Левой линией называется управление Творца каждым из нас в зависимости от наших поступков или, другими словами, наказание за плохие поступки и вознаграждение за хорошие.

Когда человек выбирает для себя время находиться в правой линии, он должен сказать себе, что все, что происходит, происходит только по желанию Творца, по Его плану, и ничего от самого человека не зависит. В таком случае нет у него никаких проступков, но и заслуг тоже, все его поступки вынужденные – под действием тех стремлений, которые он получает извне.

И потому должен благодарить Творца за все, что получил от Него. А осознав, что Творец ведет его в вечность, может ощутить любовь к Творцу.

Продвигаться вперед можно только при правильном сочетании правой и левой линий, точно посреди них. Если даже начал из правильно выбранной исходной точки правильно двигаться, но не знает точно, каким образом постоянно проверять и корректировать свое направление, непременно сойдет в сторону от правильного направления вправо или влево.

И, более того, отклонившись хоть на миллиметр в сторону в одной из точек своего пути, хоть и продолжит затем весь путь в правильном направлении, с каждым шагом его ошибка будет расти и будет все больше уклоняться от цели.

До нисхождения вниз по духовным ступеням наша душа является частью Творца, Его маленькой точкой. Эта точка называется корнем души.

Творец помещает душу в тело, чтобы, находясь в нем, она поднялась вместе с желаниями тела и вновь слилась с Творцом.

Другими словами, наша душа помещается в наше тело, что называется рождением человека в нашем мире, для того, чтобы, преодолевая желания тела, несмотря на них, еще при жизни человека в этом мире подняться до того уровня, которым она обладала еще до ее спуска в наш мир.

Преодолевая желания тела, душа, достигая того же духовного уровня, с которого она спустилась, постигает во много раз большие наслаждения, чем при своем первоначальном состоянии, будучи частью Творца, и из точки превращается в объемное духовное тело, в 620 раз большее, чем первоначальная точка до своего спуска в наш мир.

Таким образом, в своем законченном состоянии духовное тело души состоит из 620 частей, или органов. Каждая часть, или орган, называется «заповедью». Свет Творца или Сам Творец (что одно и то же), заполняющий каждую часть души, называется Торой.

При подъеме на очередную духовную ступень, называемом совершением заповеди, в созданные при этом подъеме новые, альтруистические стремления душа получает Тору, наслаждение светом Творца, самим Творцом.

Истинный путь к этой цели пролегает по средней линии, смысл которой заключается в сочетании в одном понятии трех составляющих: самого человека, пути, по которому он должен идти, и Творца.

Действительно, есть всего три объекта мироздания: человек, стремящийся вернуться к Творцу, Творец – цель, к которой стремится человек, путь, идя по которому, человек может достичь Творца.

Как уже не раз говорилось, кроме Творца, не существует никого, а мы – это нечто созданное Им с ощущением собственного существования.

По мере своего духовного подъема человек явственно это осознает и ощущает.

А все наши, то есть воспринимаемые как наши собственные, ощущения – это созданные Им в нас реакции на Его воздействия, то есть, в конечном итоге, наши ощущения – это те чувства, которые Он хочет, чтобы мы ощущали.

Но пока человек не достиг абсолютного постижения этой истины, три объекта мироздания: он, его путь к Творцу и сам Творец – воспринимаются им не как единое целое, а как три отдельных объекта.

Достигнув же последней ступени своего духовного развития, то есть поднявшись к той же ступени, с которой спустилась его душа, но уже будучи нагруженным желаниями тела, человек полностью постигает всего Творца в свое духовное тело, принимающее всю Тору, весь свет Творца, Самого Творца, и таким образом три ранее разделенных в ощущениях человека объекта – человек, путь его и Творец – сливаются в один объект – духовное тело, заполненное светом.

Поэтому для правильного продвижения вперед идущий должен постоянно проверять себя – стремится ли он с равной силой желания ко всем трем, пока еще разделенным в его восприятии, объектам с равной силой, уже с начала пути, как бы уже вначале соединяя их в один, какими они и должны представиться ему в конце пути и какие они и есть сейчас, но только ввиду своего несовершенства он их такими еще не ощущает.

И если будет стремиться к одному из них более, чем к другому, сразу же сойдет с истинного пути. А самая легкая проверка истинности пути – а стремится ли он понять свойства Творца, дабы слиться с Ним.

Если не я себе – то кто поможет мне, а если только я – то ведь ничтожен я. Это взаимоисключающее утверждение заключает в себе отношение человека к своим усилиям достичь цели, к которой он стремится: хотя человек должен утверждать, что если не он, кто же поможет ему, и действовать по принципу вознаграждения за хорошие поступки и наказания за дурные с уверенностью, что есть прямые следствия от его поступков, и он сам строит свое будущее, но в то же время говорит самому себе: кто я такой, чтобы помочь самому себе выбраться из своей же природы, и никто из окружающих не в состоянии мне помочь.

Но если все происходит по плану управления Творца, что пользы человеку от его усилий? Дело в том, что в итоге личной работы по принципу вознаграждения и наказания человек получает свыше осознание управления Творца и входит на ступень сознания, когда ясно ему, что всем управляет Творец и все заранее предусмотрено.

Но до этой ступени он сначала должен дойти и не может, еще не достигнув ее, уже утверждать, что все во власти Творца. А до постижения такого состояния он не может в нем жить и по его законам действовать, ведь не таким образом он ощущает управление миром, то есть человек должен действовать только по тем законам, которые он ощущает.

И только в результате усилий человека в работе по принципу «вознаграждение и наказание» он заслуживает полное доверие Творца и заслуживает увидеть истинную картину мира и его управления. И только тогда, хоть и видит, что все зависит от Творца, стремится сам навстречу Создателю.

Нельзя удалить эгоистические мысли и желания и оставить свое сердце пустым. Лишь заполняя его вместо эгоистических желаний духовными, альтруистическими стремлениями, можно заменить прошлые желания на противоположные и аннулировать эгоизм.

Любящий Творца непременно испытывает отвращение к эгоизму, поскольку явно ощущает на себе вред от любого его проявления и не видит, каким путем он может избавиться от него, и явно осознает, что это не в его силах, поскольку это свойство Сам Творец придал своим творениям.

Избавиться от эгоизма человек сам не в состоянии, но насколько он осознает, что эгоизм его враг и духовный убийца, настолько он возненавидит его, и тогда Творец сможет помочь ему избавиться от врага настолько, что даже эгоизмом он сможет пользоваться с пользой для духовного возвышения.

Говорится в Торе: «Я создал мир только для абсолютных праведников или для абсолютных грешников». То, что мир создан для праведников, нам понятно, но непонятно, почему он не создан для незаконченных праведников или для неокончательных грешников, а вот для абсолютных грешников – для них создавал все мироздание Творец?

Человек поневоле принимает управление Творца согласно тому, каким оно ему кажется: как хорошее и доброе, если ощущает его приятным, или плохое, если страдает. То есть каким человеку ощущается наш мир, таким он и считает Творца – хорошим или плохим.

И в этом ощущении управления мира Творцом возможны лишь два состояния: он чувствует Творца, и тогда все кажется прекрасным, или ему кажется, что нет управления мира Творцом, а миром управляют силы природы. И хотя разумом понимает, что это не так, но чувства решают отношение человека к миру, а не разум, и потому считает себя грешником, видя разницу между чувствами и разумом.

Понимая, что желание Творца усладить нас – что возможно только при приближении к Творцу, – человек, если чувствует удаление от Творца, то это воспринимается им как плохое, и он считает себя грешником.

Но если человек ощущает себя грешником настолько, что поневоле кричит Творцу о своем спасении, чтобы открылся ему Творец и этим дал ему силы выйти из клетки эгоизма в духовный мир, то Творец немедленно помогает ему.

И вот для таких состояний человека и создан наш и все высшие миры, чтобы, дойдя до состояния абсолютного грешника, человек воззвал к Творцу, поднялся до уровня абсолютного праведника.

Только человек, освободившийся от самомнения и прочувствовавший собственное бессилие и низость своих стремлений, становится достойным ощутить величие Творца.

И чем важнее ему представляется близость Творца, тем больше он ощущает Его, поскольку тем больше он может отыскать оттенков и проявлений в явлении Творца ему, а восхищение порождает чувства сердца, и согласно этому в нем возникает радость.

Поэтому если он видит, что ничем не лучше всех окружающих, не заслуживших такое особое отношение Творца, которое испытывает он, и даже не догадывающихся о взаимосвязи с Творцом и не помышляющих ощутить Творца и осознать смысл жизни и духовного продвижения, а он заслужил, неизвестно как, особое отношение к себе тем, что Творец дает ему возможность хоть иногда вспомнить о цели жизни и связи с ее Создателем, если он в состоянии оценить уникальность и единственность отношения Создателя к нему, он постигает чувство бесконечной благодарности и радости. И чем больше может оценить особенность удачи, тем сильнее может возблагодарить Творца, тем больше может ощутить всевозможных оттенков чувств в каждой точке и мгновении своего контакта с Высшим, тем больше может оценить и величие духовного мира, открывающегося ему, и величие, и мощь всесильного Творца, тем с большей уверенностью он предвкушает будущее слияние с Творцом.

Глядя на несовместимую разницу свойств Творца и творения, нетрудно сделать вывод, что совпадение их возможно при условии, что человек искоренит свою природу абсолютного эгоизма. В этом случае он как бы не существует, и нет ничего отделяющего его от Творца.

Только ощущая в себе, что без получения духовной жизни он умирает, как умирает наше тело, лишаясь жизни, и что страстно желает жить, человек получает возможность войти в духовную жизнь и вдохнуть духовный воздух.

Но каким путем можно дойти до такого состояния, когда полное избавление от собственных интересов и забот о себе и стремление всеми силами раздать себя станет целью всей жизни, вплоть до того, что без достижения этой цели возникает ощущение смерти?

Достижение подобного состояния приходит постепенно по принципу обратного воздействия: чем больше человек прикладывает сил в поисках духовного пути, в изучении, в попытках искусственно подражать духовным объектам, тем он все более убеждается, что не в состоянии своими силами достичь этого.

Чем больше он изучает важные для духовного развития источники, тем запутаннее воспринимается изучаемое. Чем больше усилий он прикладывает в попытках относиться к своим руководителям и товарищам по учебе лучше, тем больше он ощущает – если он действительно продвигается духовно, – как все поступки его продиктованы абсолютным эгоизмом.

Такие результаты порождает принцип «бить, пока не захочет сам»: человек может избавиться от эгоизма, только если он будет видеть, как эгоизм умертвляет его, не позволяя начать жить настоящей, вечной и полной наслаждений жизнью. Ненависть к эгоизму отторгает его от человека.

Главное – это желать всего себя отдать Творцу из осознания величия Творца. (Отдать себя Творцу – значит расстаться с собственным «я».) И тут человек должен себе представить, во имя чего ему стоит работать в этом мире: во имя преходящих ценностей или во имя вечных. Ведь ничего навечно не остается из произведенного нами, все уходит. Вечны только духовные структуры, только альтруистические мысли, действия, чувства.

То есть, стремясь своими мыслями, желаниями и усилиями быть похожим на Творца, человек в действительности творит этим собственное здание вечности.

Идти же по пути, отдавая себя Творцу, возможно только при осознании величия Творца. И это подобно тому, как в нашем мире, если кто-либо в наших глазах выглядит великим, такому человеку мы с удовольствием окажем услугу и будем считать, что не мы ему оказали услугу, а он, согласившись принять что-либо от нас, оказал нам знак внимания и как бы дал нам что-то, хотя и принял от нас.

Из этого примера видно, что внутренняя цель может изменять смысл внешнего механического действия – брать или давать – на противоположное. Поэтому в той мере, в какой человек возвеличивает в своих глазах Творца, в той же мере он может отдавать Ему свои мысли, желания и усилия и при этом будет чувствовать, что не отдает, а получает от Творца, получает возможность «оказать услугу», возможность, которой удостаиваются единицы в каждом поколении.

Из этого следует, что основная задача человека – возвысить в своих глазах Творца, то есть приобрести веру в Его величие и могущество, и это единственная возможность выйти из клетки эгоизма в высшие миры.

Как указано в предыдущей статье, причина того, что человек чувствует такую непосильную тяжесть во время, когда хочет идти дорогой веры и не заботиться о себе, является чувство, будто он один отделяется от всего мира и как бы подвешен в пустоте без всякой опоры в виде здравого смысла, разума и предыдущего жизненного опыта, и как бы оставляет свое окружение, семью и друзей во имя слияния с Творцом.

Вся причина такого чувства, возникающего у человека, только в отсутствии веры в Творца, то есть в отсутствии ощущения Творца, Его наличия и управления всеми творениями, то есть в отсутствии самого объекта веры.

Но как только он начинает чувствовать наличие Творца, сразу же готов полностью отдаться Его власти и идти с закрытыми глазами вслед за своим Создателем, и готов полностью раствориться в Нем, пренебрегая разумом самым естественным образом.

И потому самая главная задача, стоящая перед человеком, заключается в том, чтобы почувствовать наличие Творца. И поэтому стоит отдать всю свою энергию и мысли во имя того, чтобы почувствовать Творца, поскольку сразу же при проявлении такого чувства человек уже сам всей своей душой стремится слиться с Творцом.

И потому все свои мысли, занятия, желания и время следует устремить только к этому. Это ощущение Творца и называется верой!

Ускорить этот процесс можно, если человек придает этой цели важность. И чем важнее она для него, тем быстрее он может достичь веры, то есть ощущения Творца. И чем больше важность ощущения

Творца, тем больше и само ощущение, вплоть до того, что подобное чувство будет в нем постоянно.

Удача – это особый вид управления свыше, на которое человек не в состоянии никоим образом влиять. Но возложена на человека свыше обязанность пытаться самому достичь изменения собственной природы, а затем уже Творец, подсчитав усилия человека, Сам изменяет его и возвышает над нашим миром.

Прежде чем человек делает какое-либо усилие, он ни в коем случае не должен надеяться на высшие силы, удачу и особое к себе отношение свыше, а обязан приступить к делу с осознанием, что если он этого не сделает, то не достигнет того, чего хочет достичь.

Но по окончании работы, учебы или любого другого усилия он должен принять вывод, что то, чего он достиг в результате своих усилий – даже если бы ничего не делал, – все равно бы получилось, потому что так было уже заранее задумано Творцом.

Поэтому желающий осознать истинное управление уже в начале своего пути обязан пытаться во всех случаях жизни соединить в себе эти два противоречия.

Например, утром человек обязан начать свой обычный день в учебе и работе, абсолютно убрав из своего сознания всякие мысли о высшем управлении Творца всем миром и каждым из нас. И трудиться, будто только от него зависит окончательный результат.

Но после окончания работы ни в коем случае не позволять себе воображать, что то, чего достиг, является результатом его усилий. Наоборот, должен осознать, что даже если бы пролежал весь день, все равно бы достиг того же, потому что этот результат был уже заранее задуман Творцом.

Поэтому, с одной стороны, каббалист обязан, как и все, во всем следовать законам общества и природы, но, с другой стороны, одновременно верить в абсолютное управление мира Творцом.

Все наши поступки можно разделить на хорошие, нейтральные и плохие. Задача человека – выполняя нейтральные поступки, возвысить их до уровня хороших тем, что соединяет их мысленное исполнение с осознанием абсолютного управления Творца.

Например, больной, прекрасно понимая, что его излечение полностью в руках Творца, обязан получить от известного своим опытом врача проверенное и известное лекарство и обязан верить, что только искусство врача поможет ему превозмочь недуг.

Но, приняв точно по предписанию врача лекарство и выздоровев, обязан верить, что и без всякого врача выздоровел бы с помощью Творца. И вместо благодарности врачу обязан благодарить Творца. И этим человек превращает нейтральное действие в духовное. И, поступая так во всех нейтральных действиях, он постепенно одухотворяет все свои мысли.

Приведенные примеры и разъяснения необходимы, так как подобные вопросы становятся камнем преткновения на пути духовного возвышения еще и потому, что якобы знающие принципы управления стремятся искусственно увеличить силу своей веры в вездесущность высшего управления и вместо работы над собой, дабы избежать усилий, продемонстрировать свою веру в Творца или просто по причине лени, еще до работы решают, что все во власти Творца, и потому все потуги напрасны! И, более того, закрыв глаза в якобы слепой вере, избегают этим вопросов о вере, а не отвечая на эти вопросы, лишают себя возможности духовно продвигаться.

О нашем мире сказано: «в поте лица своего будешь зарабатывать свой хлеб». Но после того, как что-то заработано трудом, человеку трудно признать, что результат был независим от его труда и способностей, а вместо него все сделал Творец. И должен «в поте лица своего» укреплять в себе веру в полное управление его Творцом.

Но именно в стремлении и попытках соединить кажущиеся противоречия Высшего управления, проистекающие из нашей слепоты, именно из столкновения этих противоположных и потому непонятных нам подходов к требующимся от нас действиям, именно благодаря этим состояниям растет постигающий их и благодаря им получает новые духовные ощущения.

Состояние до начала творения сводится к существованию Единственного Творца.

Начало творения состоит в том, что в себе Творец выделяет некую точку с тем, что в будущем придаст ей отличные от себя свойства.

В этом суть творения, ибо, придав этой точке эгоистические свойства, Творец как бы изгнал ее из себя. Эта точка и есть наше «я». Но поскольку не существует места и расстояния, то удаление по свойствам воспринимается этой точкой как скрытие Творца, то есть она Его не чувствует, между ними темнота, создаваемая эгоистическими свойствами этой точки.

Эта темная пропасть воспринимается чувствами этой точки страшно безысходной, если Творец желает приблизить ее к себе. Если же Творец пока не желает приближения точки, она не ощущает никакой пропасти, и вообще расстояния от Творца, и вообще Творца, а только может воображать себе такие состояния.

Темная пропасть, ощущаемая точкой, – это обычные страдания, причиняемые нам материальными трудностями или недугами, детьми и родными – в общем, всем, что построил Творец как окружение точки, чтобы именно посредством этого окружения мог влиять на нее. Как и для чего? Чтобы показать человеку, что для его же спасения от страданий необходимо избавиться от эгоизма, Творец создает через окружающие объекты – детей, работу, долги, болезни, семейные неприятности – такое состояние страдания в точке, что жизнь кажется невыносимым грузом из-за собственной заинтересованности достичь чего-то, и возникает единственное желание – ничего не хотеть, то есть не иметь никаких личных интересов, убежать от всякого эгоистического желания, потому что оно порождает страдания.

И потому не остается никакого другого выхода, как просить Творца избавить от эгоизма, заставляющего быть заинтересованным в преодолении всех неприятностей и потому приносящего страдания.

В предисловии к Талмуду Десяти Сфирот (параграф 2) пишет Раби Ашлаг: «Но, если прислушаемся нашим сердцем к одному знаменитому вопросу, уверен я, что все ваши сомнения, надо ли изучать Кабалу, исчезнут, как будто их и не было».

И это потому, что этот вопрос, задаваемый человеком в глубине своего сердца, а не ума или учености, то есть, кричащий в его сердце вопрос о его жизни, о ее смысле, о смысле его страданий, во много раз превышающих наслаждения, о жизни, когда смерть кажется легким избавлением и спасением, о жизни, в которой, если сделать простой подсчет, страдания во много раз превосходят наслаждения, о жизни, в которой не видно конца водоворотам боли, пока мы, уже полностью обессиленные и опустошенные, не покидаем ее. И кто же в конечном итоге наслаждается этим, или кому я этим даю радость, или чего еще я от нее жду?

И хотя подсознательно каждого сверлит этот вопрос, но подчас он неожиданно ударяет нас до помутнения рассудка и бессилия что-либо предпринимать, и разбивает наш мозг, и бросает в темную бездну безысходности и осознания собственной ничтожности – пока не посчастливится нам вновь найти известное всем решение – существовать далее, как и вчера, плыть по течению жизни, не особенно задумываясь о ней.

Но, как уже было сказано, такие осознанные ощущения Творец дает человеку для того, чтобы он постепенно понял, что все его несчастья, причина всех его страданий заключаются в том, что он лично заинтересован в результате своих поступков, что его эгоизм, то есть его существо, его природа заставляет его действовать во имя своего «блага», и потому он постоянно страдает от неисполненности своих желаний.

Но если бы он избавился от своей личной заинтересованности в чем бы то ни было – сразу бы стал свободен от всех пут своего существа и воспринимал бы все окружающее без всякой боли и страданий.

Методика выхода из рабства эгоизма называется каббалой. А Творец специально создал между собой и нами, между собой и точкой нашего сердца наш мир со всеми его страданиями, дабы привести каждого из нас к ощущению необходимости избавиться от эгоизма как причины всех наших страданий.

Убрать эти страдания и ощутить Творца – источник наслаждения – можно лишь при настоящем желании со стороны человека избавиться от собственного эгоизма. Желания в духовных мирах есть действия, так как истинные, цельные желания немедленно приводят к действию.

Но вообще сам Творец приводит человека к твердому и окончательному решению избавиться от всякой личной заинтересованности во всех жизненных ситуациях, заставляя человека страдать в них настолько, что единственным желанием остается только одно желание – перестать чувствовать страдания, что возможно только при отсутствии всякого личного, эгоистического интереса в исходе всех жизненных дел, встающих перед ним.

Но где же тогда наша свобода воли, наше право свободного выбора, каким путем идти и что в жизни выбирать? Да, сам Творец толкает человека избрать определенное решение. Тем, что дает ему полную страданий ситуацию, настолько, что смерть милее этой жизни, но и сил покончить с жизнью и избежать таким образом страданий не позволяет Творец, а в полной невыносимым страданием ситуации Он вдруг, как лучом солнца сквозь плотные облака, светит человеку единственным решением – не смерть, не бегство, а избавление от личной заинтересованности в исходе чего бы то ни было. Это решение вопроса, только это, приведет к покою и отдыху от непереносимых страданий.

И, конечно, в этом нет никакой свободы воли, а поневоле так выбирает человек в силу необходимости избежать страданий. А выбор и свобода решения заключаются уже в том, чтобы, чуть выйдя из состояния упадка, осуществлять уже принятое решение и, укрепляясь в нем, искать самому, уже в действии, выход из своего прошедшего ужасного состояния, чтобы целью всех мыслей было «ради Творца», поскольку жизнь «ради себя» приносит страдание. И эта непрерывная работа и контроль над своими мыслями называется работой очищения.

Чувство страдания из-за личной заинтересованности в исходе жизненных ситуаций должно быть настолько острым, что человек готов на то, чтобы «сидеть на куске хлеба, глотке воды, спать на голой земле», только бы оттолкнуть от себя эгоизм, личный интерес в жизни.

И если внутренне он дошел до такого состояния, что при этом чувствует себя счастливым, то вступает в духовную область, называемую будущий мир – олам аба.

Таким образом, если страдания заставили человека принять окончательное решение отказаться от эгоизма для своего блага и затем, вследствие собственных усилий, постоянно вспоминая перенесенные страдания и поддерживая и укрепляя в себе это решение, он достиг такого состояния, что цель всех его поступков только в том, чтобы извлечь пользу для Творца, а что касается себя, он даже боится подумать о собственной выгоде и благе, сверх самых необходимых вещей, из-за боязни вновь ощутить те непереносимые страдания, которые появляются сразу же при появлении личной заинтересованности, если он смог полностью исторгнуть из себя личные мотивы даже в самом необходимом настолько, что дошел до последней точки отвлечения от собственных потребностей – вот тогда, уже привыкнув к такому образу мысли в повседневной жизни, в общении, в семье, в работе, во всех делах нашего мира, ничем не отличаясь внешне от окружающих, когда в его теле, по принципу «привычка – вторая натура», не осталось личных интересов, вот тогда он может перейти ко второй части своей духовной жизни, тогда он начинает наслаждаться тем, что своими действиями он приносит наслаждение Творцу.

И это наслаждение его уже не идет на его счет, а все оно на счет Творца, потому что «убил» в себе абсолютно все свои потребности в личном наслаждении. Это наслаждение бесконечно по времени и необъятно по величине, поскольку не ограничено личными потребностями человека. И видит тогда, как добр и прекрасен Творец тем, что создал возможность дойти до такого нечеловеческого счастья слияния в вечной любви со своим Создателем!

И потому для достижения этой цели творения есть в пути человека два последовательных этапа: первый – страданий и тяжелых испытаний, пока не избавится от эгоизма; второй – после того, как закончил человек первую часть пути и исторг из своего тела все личные желания, он может все свои мысли направить к Творцу, и тогда он начинает новую жизнь, полную духовных наслаждений и вечного покоя, что и было задумано Творцом в начале творения.

Не обязательно идти путем абсолютного отказа от всего настолько, чтобы удовлетворяться куском хлеба, глотком воды и сном на голой земле и таким образом приучать свое тело к отказу от эгоизма.

Вместо насильственного подавления телесных желаний дана нам Тора, вернее, свет Торы, способный помочь человеку избавиться от источника своих несчастий – эгоизма. Есть определенная сила, называемая светом Торы, которая может дать человеку силы выйти из рамок интересов его тела.

Но эта духовная сила, заключенная в Торе, действует на человека, только если он верит в то, что ему это поможет, что ему это необходимо для того, чтобы выжить, а не умирать, испытывая невыносимые страдания, то есть верит в то, что учеба приведет его к цели, и он получит ожидаемое им вознаграждение за изучение Торы – освобождение от эгоистических желаний.

И так как испытывает истинно жизненную необходимость, он постоянно мысленно только и ищет пути освобождения и во время изучения Торы ищет инструкцию, каким образом он может выйти из клетки собственных интересов.

По чувству необходимости занятий и поисков можно сказать, насколько у человека большая вера в Тору. И если все его мысли постоянно заняты только поиском освобождения от эгоизма, можно считать, что у него полная вера, что и это может быть только в случае, если он действительно чувствует, что, не найдя выхода из своего состояния, он хуже мертвого, поскольку страдания от личной заинтересованности в результатах его деятельности воистину безграничны.

И только если он действительно устремленно ищет своего спасения, ему помогает свет Торы, придается ему духовная сила, способная «вытащить» его из собственного «я». И он чувствует себя истинно свободным.

Для тех, кто не испытывает такой необходимости или необходимости вообще, свет Торы оборачивается тьмой, и чем больше они учат, тем больше впадают в собственный эгоизм, так как не используют Тору по ее единственному назначению.

Поэтому, приступая к изучению Торы, открывая страницу из написанного РАШБИ, АРИ, раби Ашлагом или РАБАШ, обязуется открывающий книгу получить от Творца силу веры в ожидаемое им вознаграждение – что найдет в итоге изучения путь, каким образом себя изменить, стать достойным, чтобы Творец изменил его, что возрастет вера его в ожидаемое вознаграждение, приобретет уверенность, что даже в его эгоистическом состоянии возможно получить сверху такой подарок, как переход в противоположное духовное состояние.

И даже если он еще не пережил всех страданий, заставляющих абсолютно отказаться от собственных интересов в жизни, все равно ему поможет свет Торы, и вместо ожидаемых от эгоизма страданий он получит другую возможность пройти свой путь.

В борьбе с нашим первородным упрямством, проявляющимся в нежелании отказаться от эгоизма, и с нашей забывчивостью относительно страданий, которые он нам приносит, также поможет свет, исходящий из написанного великими сынами Творца!

Все исправление приводится в действие молитвой – тем, что ощущает Создатель в сердце человека. А настоящая молитва и ответ (спасение) приходят лишь при условии, что человек совершил полное усилие, все, что было в его силах – и по количеству, и, особенно, по качеству.

То есть стремление к спасению должно быть таким, чтобы ни на мгновение во время учебы не отвлечься от мысли и стремления найти нужное для своего спасения лекарство в Торе, среди ее букв и в ее внутреннем смысле, где человек ищет себя и о себе, ищет сказанное о том, как исторгнуть из себя свое «я».

Поэтому, если страдания еще не «загнали» человека, как испуганного зверя в угол клетки, если еще где-то в тайниках сердца есть желание к удовольствиям, то есть еще не до конца осознано и выстрадано, что именно эгоизм и есть его единственный враг, не сможет человек выдать полную сумму усилий, найти в Торе силы и путь выбраться из заключения в клетке своего эгоизма и потому не достигнет освобождения.

Хотя в начале учебы человек полон решимости только с этой целью учить Тору, но во время учебы поневоле убежит от него эта мысль, поскольку желания, как уже не раз говорилось, определяют наши мысли, а наш разум – как вспомогательный инструмент – лишь ищет пути выполнения наших желаний.

Отличие же изучения открытой части Торы от скрытой – каббалы – в том, что при изучении каббалы легче найти ту силу, которая помогает человеку выбраться из пут эгоизма, поскольку, изучая каббалу, человек непосредственно изучает описание действий Творца, свойства Творца, свои свойства и их отличие от духовных, цели Творца в творении и пути исправления своего «я».

И потому несравненно легче удержать мысль в нужном направлении, к нужной цели. И второе, свет Торы, та духовная сила, которая помогает человеку побороть эгоизм, при изучении каббалы несравнимо больше, чем получаемый им свет при изучении открытой Торы с ее изложением духовных действий языком нашего мира, когда поневоле человек начинает вникать в овеществленные действия или судебно-правовые дискуссии, и ускользают от него духовные действия, стоящие за этими словами.

Поэтому тот, кто учит Тору для знаний, может учить ее в простом изложении, но тому, кто учит Тору для своего исправления, предпочтительно изучать ее непосредственно по каббале.

Каббала – это наука о системе наших духовных корней, исходящих свыше по строгим законам, объединяющихся и указывающих на единственную высшую цель – «постижение Творца творениями, находящимися в этом мире».

Каббала, то есть постижение Творца, состоит из двух частей: изложения в письменных трудах каббалистов, то есть уже постигших Творца, и того, что постигается только тем, у кого появились духовные сосуды – альтруистические стремления, в которые он может получить, как в сосуд, духовные ощущения – ощущения Творца.

Поэтому хотя каждый может приобрести книги по каббале, но только тот, кто заработал духовные альтруистические стремления, в состоянии понять и почувствовать, что излагается в них, и не сможет передать свои ощущения тому, кто не приобрел альтруистические свойства.

Если человек каждый раз после своего духовного возвышения вновь опускается до нечистых желаний, то хорошие желания, бывшие у него во время духовного возвышения, присоединяются к нечистым.

Накопление нечистых желаний постепенно увеличивается. И так продолжается до тех пор, пока он сможет постоянно оставаться в возвышенном состоянии только чистых желаний.

Когда человек уже закончил свою работу и раскрыл себе все свои желания, то он получает свыше такую силу света, которая навсегда выводит его из скорлупы нашего мира, и он становится постоянным обитателем духовных миров, о чем окружающие даже не подозревают...

Правая сторона, или линия – это состояние, при котором Творец всегда прав в глазах человека, когда человек во всем оправдывает управление Творца. И это состояние называется верой.

С первых же своих попыток духовного развития и возвышения человек должен пытаться действовать так, будто уже полностью постиг веру в Творца, должен представлять в своем воображении, будто он уже чувствует всем своим телом, что Творец управляет миром абсолютно добрым управлением, и весь мир получает от него только добро.

И хотя, глядя на свое состояние, человек видит, что лишен всего, чего желает, а глядя вокруг, он видит, как весь мир страдает, каждый по-своему, несмотря на это, он обязан сказать себе, что то, что он видит, – это искаженная картина мира, поскольку видит эту картину сквозь призму собственного эгоизма, а настоящую картину мира он увидит, когда достигнет состояния абсолютного альтруизма – тогда он увидит, что Творец управляет миром с целью привести создания к абсолютному наслаждению.

Такое состояние, при котором вера человека в абсолютную доброту Творца больше, чем то, что он видит и чувствует, называется верой выше разума.

Человек не способен оценить свое истинное состояние и определить, находится ли он в состоянии духовного подъема или, наоборот, – духовного падения. Ведь он может чувствовать себя в духовном упадке, но на самом деле это Творец желает показать ему его истинное состояние – что без самонаслаждения он не в состоянии ничего сделать и сразу впадает в уныние или даже в депрессию и гнев, потому что его тело не получает достаточных наслаждений от такой жизни.

А на самом деле – это духовный подъем, так как человек в это время ближе к истине, чем был ранее, когда ему просто было хорошо, как ребенку в этом мире.

И потому сказано: увеличивающий знание увеличивает скорбь. И наоборот, когда он считает, что испытывает духовное возвышение, может быть, что это ложное состояние обычного самонаслаждения и самодовольства.

И только тот, кто уже чувствует Творца и только Его власть над всеми созданиями, может правильно оценить, в каком состоянии он находится.

Исходя из сказанного, нетрудно понять, что чем больше продвигается человек вперед, работая над собой в попытках исправить собственный эгоизм, чем больше прикладывает усилий, тем больше с каждой попыткой, с каждым прошедшим днем, с каждой пройденной страницей разочаровывается в возможности чего-либо достичь.

И чем больше он отчаивается в своих попытках, тем больше его претензии к Творцу с требованием вызволить его из той черной бездны (темницы желаний собственного тела), в которой он себя ощущает.

И так происходит до тех пор, пока, испробовав все свои возможности, совершив все, что в его силах, человек не убеждается, что он не в состоянии помочь себе, что лишь Творец – единственный, кто создает все эти препятствия с тем, чтобы человек был вынужден обратиться к нему за помощью, захотел найти связь с ним.

А для этого просьба должна исходить из глубины сердца, что невозможно, пока человек не переберет все свои возможности и не убедится, что он бессилен. Только тогда он способен на исходящую из глубины всего его существа просьбу, ставшую его единственным желанием, поскольку убеждается, что лишь чудо свыше может спасти его от самого большого врага – собственного «я». Только на такую молитву отвечает Творец и заменяет эгоистическое сердце на духовное, «каменное сердце на сердце живое».

А до тех пор, пока Творец не исправил его, чем больше продвигается человек, тем он становится хуже в собственных глазах и чувствах. Но на самом же деле он всегда был таким! Просто, уже понимая в какой-то мере свойства духовных миров, он все больше ощущает, насколько он противоположен им своими желаниями.

Но если человек, несмотря на ощущения усталости и безнадежности в попытках справиться собственными силами со своим телом, а также сделав все подсчеты и убедившись, что не видит выхода из собственного состояния, все же сможет усилием разума, с осознанием истинной причины таких чувств, создать в себе оптимистическое и радостное настроение, свидетельствующее о том, что он верит в справедливость именно такого устройства и управления миром и в доброту Творца, то этим он станет духовно подходящим для восприятия света Творца, поскольку строит все свое отношение к происходящему на вере, возвышая ее выше чувств и разума.

Нет в жизни духовно продвигающегося более ценного мгновения, чем то, когда он чувствует, что исчерпал все свои силы, сделав все, что только можно себе представить, и не достиг того, чего так желает. Потому что только в такое мгновение он в состоянии искренне воззвать к Творцу из глубин сердца, так как окончательно убедился, что все его усилия уже не помогут ему более ни в чем.

Но прежде чем исчерпал все свои силы в поисках выхода из своего состояния, он все еще уверен, что сам в состоянии достичь желаемого и не сможет обмануть себя и правдиво взмолиться о спасении. Поскольку эгоизм обгоняет его мысли и убеждает его, что обязан усилить свои потуги.

И только убедившись, что он слабейший из всех живущих в борьбе со своим эгоизмом, приходит он к осознанию своего бессилия и ничтожности и готов склониться, прося Творца.

Но до достижения подобного униженного состояния не поймет тело, что только просьба к Творцу может вывести человека из глубин его природы.

Вера в единственность Творца означает, что человек воспринимает всем своим существом весь мир, в том числе и себя, как орудие в руках Творца. И наоборот, если человек считает, что и он в состоянии как-то влиять на происходящее – это называется верой в наличие в природе многих сил, а не воли одного Творца.

Поэтому, уничтожая собственное «я», человек попросту приводит себя в соответствие с истинным состоянием мира, в котором, кроме воли единственного Творца, ничего более не существует. Но если человек еще не пришел в своих ощущениях к такому состоянию, он не вправе действовать так, будто в мире есть только Творец, и сидеть сложа руки.

Поэтому дойти до ощущения того, что нет в мире никого, кроме Творца, можно лишь вследствие упорной работы и развития в себе соответствующих стремлений. И только достигнув во всех своих ощущениях явственного слияния с Творцом, то есть поднявшись на уровень мира

Ацилут, человек постигает единственность Творца и тогда, конечно, действует в соответствии с этой истинной действительностью.

До достижения этого состояния он обязан действовать в соответствии с тем уровнем, на котором он находится, а не с тем, который может лишь вообразить в своих фантазиях и мечтах.

Настоящая работа над собой в таком состоянии должна быть в сочетании веры в свои силы в начале работы и в то, что достигнутое в результате его усилий было бы достигнуто и без них, поскольку уже изначально все мироздание развивается по плану Творца, Его замысла творения. Но таким образом человек обязан думать только после того, как все, что зависело от него, он совершил.

Не в силах человеческих понять такое духовное свойство, как абсолютный альтруизм и любовь, так как разум не в состоянии осознать, как может быть вообще такое чувство в мире, поскольку во всем, что в состоянии делать и желать человек, обязана быть его личная выгода, иначе не сможет сделать ни малейшего движения. И потому такое свойство дается человеку только свыше, и только тот, кто почувствовал его, может это осознать.

Но если это свойство дается человеку свыше, зачем же надо прилагать усилия, чтобы достичь его? Ведь сами усилия ничего не дадут, пока Творец не поможет человеку и не даст ему свыше новые качества, новую природу?

Дело в том, что человек должен «снизу» дать молитву – просьбу, желание, чтобы Творец изменил его свойства. И только если есть действительно сильное желание, Творец отвечает на него.

Именно для того, чтобы развить в себе такое сильное желание с тем, чтобы Творец ответил на него, и должен человек приложить много усилий. А в попытке самому достичь цели он постепенно осознает, что нет у него ни желания, ни возможности самому достичь ее. Тогда и появляется у человека истинное требование к Творцу об освобождении от первородных свойств и получении новых – души.

Но это невозможно без того, чтобы человек вложил все свои силы в попытки и сам на себе убедился в том, что они бесплодны. И лишь на крик о помощи из глубины сердца отвечает ему Творец.

Такую просьбу о помощи в изменении своих чувств человек может вскричать только после того, как убедится, что ни одно из его желаний, ни одна клеточка его тела не согласны на изменение своей природы, чтобы отдать себя Творцу без всяких условий, то есть насколько он в настоящее время раб своей природы, настолько желает стать рабом альтруизма.

И только прочувствовав, что нет никакой надежды на то, что его тело когда-либо согласится с таким изменением, он может взмолиться к Творцу о помощи из самой глубины своего сердца, и тогда уж Творец принимает его просьбу и отвечает на нее тем, что заменяет все его эгоистические свойства на противоположные, альтруистические, и этим человек сближается с Творцом.

Но если человек задумается о том, что дают ему все его усилия в этом мире, то придет к выводу, что не так уж невероятно тяжело работать над попыткой изменить себя – ведь поневоле он должен работать в этом мире, и что же остается у него в конце дней его от всех его усилий?

И, кроме этого, у достигшего изменения свойств появляются огромные наслаждения от самих душевных усилий, потому что видит, во имя чего он работает, и потому сами усилия воспринимаются им не как тягостные, а как радостные, и чем они больше, тем с большей радостью он их встречает, немедленно чувствуя огромную и вечную «плату» за каждое из них.

Даже на примере нашего мира можно видеть, как воодушевление гасит тяжесть больших усилий: если вы очень уважаете кого-то, и он в ваших глазах самый великий человек в мире, для него все, что вы в состоянии сделать, вы сделаете с радостью от того, что вам досталась такая возможность, и любое усилие покажется вам, наоборот, наслаждением, как у любящего танцевать или выполнять физические упражнения его усилия являются не работой, а наслаждением.

Поэтому у того, кто осознает и чувствует величие Творца, не возникает никаких чувств, кроме радости при малейшей возможности совершить хоть что-нибудь угодное Творцу, и то, что ощущалось прежде рабством, превращается на самом деле в полную наслаждения свободу.

И потому, если человек чувствует препятствия в своем духовном стремлении и должен прилагать сверхъестественные усилия в попытке устремиться к духовному, это свидетельствует о том, что Творец в его глазах, то есть в ощущениях, еще не представляется великим, а исподволь им преследуются другие цели. А преследуя их, он не получит от Творца никакой поддержки, поскольку только еще более удалится от цели.

Но и при устремлении к Творцу человек не сразу получает духовную поддержку от Него. Ведь если бы он сразу ощутил вдохновение и наслаждение от своих усилий, то его эгоизм, конечно, сразу же возрадовался бы от такого состояния, и человек продолжал бы свои усилия с целью насладиться. И не было бы у него никакой возможности выйти из рамок своей эгоистической природы и достичь чистого альтруизма, так как видел бы в духовной работе над собой большие наслаждения, чем в чем-либо другом.

Если человек занимается каким-либо определенным видом деятельности, то начинает постепенно приобретать особую остроту в ощущении тех объектов, с которыми он работает. Поэтому нет чего бы то ни было в мире, чего бы человек не смог начать ощущать в силу привычки, даже если поначалу у него не было никакого ощущения данного объекта.

Отличие между Творцом и нами – в ощущении или понимании чего-либо: мы ощущаем себя и объект ощущения отдельно – есть ощущающий и то, что он ощущает (объект ощущения), понимающий и то, что он понимает.

Для ощущения чего-либо необходим определенный контакт между ощущающим и объектом ощущения, нечто их связывающее, общее во время ощущения. Человек постигает все его окружающее только посредством ощущения, и то, что он чувствует, принимается им за достоверную истинную информацию.

Не имея возможности объективно видеть то, что нас окружает, мы принимаем за истину картину, которую создают в нас наши органы чувств. Как выглядит мироздание вне наших чувств, каким оно представилось бы существу с иными органами чувств, мы не знаем. Всю окружающую картину действительности мы воспринимаем только посредством ее ощущения, и то, что мы чувствуем, то и принимаем за достоверную картину.

Исходя из условия, что нет никого в мироздании, кроме Творца и Его творения, можно сказать, что та картина и те ощущения, которые воспринимаются каждым из нас, и есть явление Творца нашему сознанию, и на каждой ступени духовного восхождения эта картина все более приближается к истинной, пока – на последней ступени восхождения – человек не постигает самого Творца, и только Его. Поэтому все миры, все, что мы воспринимаем вне нас, существует только относительно нас, то есть ощущающего таким образом человека.

Если человек не чувствует в настоящий момент Творца и Его управления собой, это подобно тому, будто он сидит во тьме. При этом он никоим образом не может утверждать, хотя и находится во тьме, что солнца вообще не существует в природе, ведь его ощущения субъективны, так лишь он воспринимает окружающее относительно себя.

И если человек осознает, что его отрицание Творца и Высшего управления сугубо субъективны и изменяемы, то усилием воли, с помощью книг и учителей даже из такого состояния он может начать возвышаться, причем тогда он начинает сознавать, что такие состояния тьмы Творец специально создает для него, чтобы возжуждался в помощи Творца и вынужден был сблизиться с Ним.

Действительно, такие условия Творец специально создает именно тому, с кем хочет сближения. И необходимо осознать, что именно возвышением из состояния тьмы человек доставляет радость своему Создателю, поскольку чем из большей тьмы вознесется человек, тем ярче он сможет осознать величие Творца и должным образом оценить свое новое духовное состояние.

Но во время ощущения тьмы, скрытия управления Творца и отсутствия веры в Него человеку не остается ничего другого, как усилием воли пробовать с помощью книги, учителя искать любой путь выхода из подобного состояния, пока не ощутит хотя бы слабый луч света – слабое ощущение Творца – и сможет, усиливая его постоянными мыслями о Творце, выбраться из тени к свету.

И если человек сознает, что такие состояния тьмы необходимы для его продвижения вперед и потому желательны ему и посылаются Творцом, то именно таким состояниям он радуется – тому, что Творец создал в нем такие ощущения тени, то есть неполной тьмы, из которых у него еще есть возможность искать источник света.

Но если он не использует эту возможность и не пытается выйти к свету, то Творец полностью скрывается от него, наступает полная тьма, ощущение отсутствия Творца и его управления, и человек уже не в состоянии даже представить себе, как он ранее мог жить с какими-то духовными целями, пренебрегая действительностью и своим разумом. Состояние полной тьмы продолжается, пока Творец снова не озарит его хоть маленьким лучиком света.

Желания человека называются сосудом, в который он может получить духовный свет или наслаждение. Но эти желания должны быть по своей природе подобны свойствам духовного света, иначе свет в них не может войти по закону соответствия духовных объектов: приближение или удаление, или взаимное проникновение и соединение происходят только по принципу подобия свойств. Поэтому в той степени, в какой человек сможет очистить от эгоизма свое сердце, в той же мере его сердце заполнится ощущением Творца, по закону соответствия свойств света и сосуда.

Из любого своего состояния, в котором он находится, человек сможет начать возвышаться, если представит себе, что из всех возможных состояний, которые мог бы ему создать Творец, от самых высоких до самых низких, Творец выбрал именно настоящее состояние как самое лучшее для его дальнейшего духовного продвижения.

То есть не может быть для него лучшего и более полезного состояния, чем то состояние духа, настроения и внешних обстоятельств, в котором он находится сейчас, даже если оно представляется ему самым упадническим и безвыходным.

От осознания этого человек радуется и получает возможность взмолиться о помощи Творца и благодарить его, находясь в самых низких и безнадежных состояниях.

Духовным называется то, что вечно и не исчезает из мироздания даже по достижении конечной цели. Эгоизм же, то есть все первородные желания человека, вся его суть, называется материальным, поскольку исчезает при исправлении.

Существование духовного «места» не связано с каким-либо пространством, но зависит от свойств духовного объекта. Поэтому все, достигающие этого состояния улучшением своих духовных свойств, видят (чувствуют, постигают) одно и то же.

Тора состоит из 70 ступеней (лиц). На каждой из них она воспринимается по-разному, согласно свойствам каждой ступени. Отсюда следует, что человек, приобретший свойства какой-либо ступени, видит новую для себя Тору и нового для себя Творца.

Все, постигающие какую-либо из 70 ступеней каждого духовного мира, видят то, что видят все, находящиеся на этой ступени. (Шивим паним ле Тора.)

Отсюда можно понять, что, когда мудрецы описывают: «так сказал Авраам Ицхаку», они просто находятся на том же уровне, где находился Авраам, и им понятно, что он должен был сказать Ицхаку, поскольку в этом состоянии они – как сам Авраам.

И все комментарии к Торе написаны таким же образом, каждым с уровня его постижения. И каждый из 70 уровней – это объективно существующее, и все постигающие видят одно и то же, как все живущие в этом мире и находящиеся в одном определенном месте видят одну и ту же картину окружающего их.

Как только у человека появляется хоть малейшее альтруистическое желание, он вступает на путь духовных взлетов и падений: то он готов полностью раствориться в Творце, то совершенно отсутствуют мысли об этом, и вообще любая мысль о духовном возвышении отталкивается и кажется абсолютно чуждой.

Это подобно тому, как мать учит ходить ребенка: она держит его за руки, он чувствует ее опору, и вдруг она отодвигается, отпускает его. И в это-то время, хотя он чувствует себя абсолютно оставленным без опоры, он поневоле должен сделать шаг вперед по направлению к ней и только таким образом сможет научиться сам передвигаться.

Поэтому хоть и кажется человеку, что Творец вдруг покинул его, на самом же деле Творец ожидает теперь его шагов.

Говорится, что Высший свет находится в абсолютном покое. Под покоем в духовном мире подразумевается отсутствие изменения в желаниях.

Все действия и движения в духовном (альтруистическом) мире и в нашем (эгоистическом) душевном, внутреннем мире в каждом из нас, сводятся к изменению прежнего желания на новое, а если оно не изменилось, то ничего нового не произошло, движения не произошло.

И это несмотря на то, что само постоянное желание может быть очень ярким, переживаемым и не давать человеку покоя. Но если оно постоянно, неизменно, значит, движения нет.

Поэтому, говоря о том, что Высший свет находится в покое, подразумевают постоянное, неизменное желание Творца насладить нас. Этот свет пронизывает нас, но поскольку та точка в нас, которую мы называем «я», заключена в скорлупу эгоизма, мы не ощущаем наслаждения светом, в котором «плаваем».

Наслаждения нашего мира можно разделить на несколько видов: принимаемые обществом как престижные (богатство, известность), естественные (семейные), криминальные (наслаждения за счет жизни других), уголовные (за счет имущества других), любовные и пр. Все они понимаются обществом, хотя часть из них осуждается и наказывается. Но есть один вид наслаждения, не принимаемый ни в каком обществе и вызывающий протест, на борьбу с которым не жалеют огромных средств, хотя непосредственно обществу он наносит, пожалуй, самый незначительный ущерб.

Наркоманы, как правило, люди непритязательные, не мешающие другим, углубленные в свои внутренние наслаждения. Почему же мы не позволяем таким же, как мы, людям получать неопасные для общества наслаждения? Наркоманы, как правило, безработные. Мы не в состоянии предоставить им работу, как и еще большему числу членов нашего общества. Почему бы обществу не раздавать вместе с пособием по безработице и бесплатными обедами также и бесплатный наркотик, чтобы не вынуждать этих людей продавать все, что имеют, оставлять без хлеба детей, идти на грабежи и убийства, являясь рабами наркотического голода? Почему бы не дать людям наслаждаться их непритязательным, спокойным видом наслаждения? Ведь это наслаждение достигается не за счет наших страданий, как в криминальных, уголовных и прочих проступках. Стоимость наркотика также не является существенной по сравнению с теми огромными средствами, которые общество тратит на борьбу с наркоманией.

Не таким же ли лживым носителем наслаждения являются все притягивающие нас объекты? Ведь и они отвлекают нас от настоящей цели, в погоне за ними мы забываемся и проводим всю жизнь, как в забытьи. Вместо того, чтобы в поисках настоящего источника наслаждения, не находя его, обратиться к духовному, мы ищем удовлетворения, постоянно меняя моду, стандарты, производя новые предметы обихода, дабы не иссякли вокруг нас притягивающие носители новых наслаждений, а иначе почувствуем, что жизнь не дает нам наслаждения. Ведь как только человек достиг того, к чему стремился, он тут же должен увидеть перед собой следующую цель, ведь достигнутое сразу же теряет ценность, а без надежды на новое наслаждение, без поиска и погони за ним человек теряет желание существовать. Так не являются ли наши моды, стандарты – все, за чем мы постоянно в погоне, – тем же наркотиком?! Чем же отличаются наслаждения наркотические от наслаждений предметами нашего мира?

Почему Творец, Высшее управление – против наркотического наслаждения (и мы внизу принимаем соответствующие законы)? Почему они при этом не направлены против материальных наслаждений в оболочках предметов нашего мира?

Наркотики в нашем мире запрещены именно потому, что уводят человека от жизни, ставят его в состояние неспособности воспринимать все удары нашей жизни, являющиеся следствием отсутствия эгоистического наслаждения. Эти удары – средство нашего исправления: из общей массы лишь немногие приходят к каббале. Как это ни покажется странным, если вдуматься, но в беде, в несчастье человек обращается к Творцу, горе встряхивает человека. Хотя человек должен был бы, наоборот, отвернуться от Творца, посылающего ему страдания.

Наркотики являются ложным носителем наслаждения и потому запрещены. Человек находится в состоянии ложного наслаждения, иллюзии наслаждения, устраняющем возможность его продвижения к истинным духовным наслаждениям, и потому наркотики подсознательно воспринимаются обществом как самое опасное увлечение, несмотря на то, что совершенно не опасны для окружающих и могли бы стать неплохим методом социальной работы с большой частью непродуктивного населения.

Ошибка большинства обращающихся к религиозному образу жизни в том, что они считают изучение законов Торы для знания и выполнения – целью дарования Торы и целью человека в этом мире, условием для выполнения воли Творца и своей задачи в этой жизни. Потому что получают неправильное толкование принципа «Тора ли шма» и считают, что их учеба и выполнение заповедей уже достаточны для соблюдения этого условия Торы. И даже желающие духовного возвышения вследствие полученного неверного определения «ли шма» остаются на не развивающемся духовно уровне, как и их учителя.

Встречаются даже изучающие Тору ради знания, что вообще запрещено, поскольку есть четкое указание: «барати ецер ра, барати Тора тавлин», «ло натну мицвот, эле лецарэф ба хэм Исраэль», и всем известно, что изучать «Тора ло ли шма» – это большое преступление, поскольку изучающий берет дар Творца человечеству, данный только для искоренения эгоизма, и с его помощью еще больше увеличивает свой эгоизм (как те, кто изучает Тору, и тем более каббалу, в университетах и кружках).

Как открытая Тора, так и скрытая Тора – это одна Тора – раскрытие Творца творениям. И все зависит от намерения человека при изучении Торы – от того, что человек желает получить от Торы. Если его целью является знание всех законов и их следствий, все комментарии, споры и пути изложения выводов наших мудрецов, то такой «бэн Тора» не постигнет самого малого духовного уровня.

Но если его намерением является приблизиться к Творцу, быть проводником его действий в своем эгоизме, то Тора превращается для него в источник силы и действия, для чего и создана – без деления на скрытую или открытую части. Но с помощью каббалы быстрее и безболезненней придет к «ли шма».

Проблема в том, что изучающий Тору не может определить своих намерений. Хотя изучает «ло ли шма», эгоизм и общество поддерживают его в ложном ощущении собственной праведности. Тора «ли шма» означает, что все желания человека совпадают с желаниями Творца, что весь человек является проводником действий Творца – и наш эгоизм в состоянии доказать любому из нас, что он является именно таким человеком!

Стремящийся к «ли шма» стремится во всем увидеть действия Творца, постоянно контролирует свой взгляд на мир: пытается ли он во всем видеть только Творца, Его силу и действие или вновь ощущает себя и других как самостоятельно действующие создания. Все требования к намерениям человека описаны в Талмуде, но, как правило, пропускаются или поверхностно прочитываются при изучении.

Единственное, что создано Творцом, – это наш эгоизм, и если человек аннулирует его действие, то вновь чувствует только Творца, а творение-эгоизм исчезает, как и до начала творения, в чем и заключается возвышение (возврат, тшува) по лестнице Яакова. В таком случае человек есть соединение животного тела и божественной души.

Работа над собой должна проводиться как в ощущении собственного ничтожества относительно Творца, так и в гордости, что человек – центр творения (если выполняет его цель, иначе – животное). Из ощущения этих противоположных состояний исходят, соответственно, два обращения к Творцу: просьба о помощи и благодарность за возможность духовного возвышения (посредством выполнения заповедей с намерением «ради сближения с Творцом», называемых в таком случае Алаха, от слова «алиха» – движение).

Но главное средство духовного продвижения человека – это его просьба к Творцу о помощи: чтобы усилил его желание духовно развиваться, дал силы победить страх перед будущим, если будет он поступать не по эгоистическим канонам, чтобы укрепил его веру в величие и силу Творца, в Его единственность, а также дал силы подавить в себе постоянные порывы действовать по собственному разумению.

Есть начинающие углубляться в различные каванот – намерения во время просьб, молитв или выполнения каких-либо действий. Творец не слышит произносимое нашими устами, а читает наши чувства в сердце каждого. Не стоит трудиться красиво произносить пустые для сердца фразы и непонятные слова, читать по каббалистическим молитвенникам непонятные знаки или «каванот». Единственное, что требуется от человека – это устремить свое сердце к Творцу, прочувствовать свои желания и просить Творца изменить их! И не прекращать диалог с Творцом никогда!

У читателей, владеющих ивритом, есть возможность обратиться к нижеуказанным источникам и самим убедиться, каким образом Тора указывает нам свойства нашей природы и пути ее исправления.

Самое главное в работе над собой – это принижение себя относительно Творца. Но это должно быть не искусственно, а как цель. Если в результате работы над собой человек постепенно ощущает появление этого качества, значит, правильно продвигается.

Талмуд, Авода Зара 20;2

Человек рожден абсолютным эгоистом, и это качество в нем настолько изощренно, что тот же эгоизм убеждает человека, что он уже праведник и избавился от эгоизма.

Талмуд, Хагига 13;2

Тора – это свет Творца, и только тот, кто его получает, называется изучающим Тору.

«Зоар», Мецора 53;2

Свет Торы скрыт и раскрывается только достигающим уровня праведника.

Талмуд, Хагига 12;1

Достижение своими занятиями состояния, когда, кроме духовного возвышения, человек не желает ничего, а необходимое принимает для поддержания жизни тела, а не ради наслаждения – ступень, с которой начинается вход в духовный мир.

Талмуд, Псахим 25;2

Чем ниже ощущает себя человек, тем он ближе к истинному своему состоянию и тем ближе к Творцу.

Талмуд, Сота 5;1

Запрещено учить Тору для любой цели, кроме духовного возвышения.

Талмуд, Санэдрин 60;2

Самая большая ступень человека – достижение «маасэ меркава» (действия управления) – настолько исправить себя, чтобы через него проходило управление миром.

Талмуд, Сука 28;1

Непременное условие возвышения – постоянно стремиться к связи с Творцом.

Орэх Хаим 1;1, Тора, Ваикра 4;39, РАМБАМ, Илхот Есодэй Тора пэрэк 1, Талмуд, Сука 39;1

Не отчаиваться в пути, поскольку Творец заверяет нас в успехе, при надлежащем направлении стремления.

Талмуд, Псахим 50;2, Талмуд, Брахот 35;2, Талмуд, Сука 52;2

Главное в человеке – его стремления, а не достижения, поскольку это уже требование эгоизма.

Талмуд, Явамот 104;2, Талмуд, Сота 25;1

Насколько человек должен стремиться чувствовать первородное ничтожество, настолько он должен гордиться своей духовной работой и предназначением.

Талмуд, Таанит 25;1, Талмуд, Брахот 6;2

Тот, кто стремится к Творцу, называется Его сыном.

Талмуд, Шаббат 66;2 В отличие от желающих вознаграждения (почет, знания, деньги) за свою учебу.

Познай Творца.

Диврэй аямим 1;28;9, Талмуд, Нэдарим 32;1

Каббала называется тайным (нистар) учением потому, что постигается только в той мере, в которой человек изменил свои свойства. Поэтому то, что постиг человек, он не может передать другим, а только может и должен помочь им преодолеть тот же путь.

Талмуд, Хагига 14;2, РАМБАМ, Илхот Есодот Тора, пэрэк 4

Кто представляет себе мир, не заполненный Творцом...

Талмуд, Йома 86;1, Талмуд, Шаббат 77;2, Талмуд, Минхот 39;2

Человек должен представлять себе, будто он один в мире наедине с Творцом. Множество персонажей и сюжетов Торы означают свойства одного, любого человека, этапы его духовного пути, названные именами людей, обозначенные их поступками и географическими названиями.

Талмуд, Санэдрин 37;1, Талмуд, Кидушин 40;2

И не должен человек отчаиваться, когда по мере изучения и приложения усилий в работе над собой, в попытках духовно возвыситься он начинает видеть себя более плохим, чем до занятий каббалой. Кто выше других, тому больше открывается истинная природа эгоизма, и поэтому он считает себя хуже, хотя стал лучше.

Талмуд, Сука 52;2), (Талмуд, Мегила 29;1

Не стоит обращать внимание на то, что весь мир находится в непрерывной погоне за наслаждениями, а восходящих к Творцу – единицы.

Талмуд, Рош Ашана 30;1, Талмуд, Брахот 61;2

Главное в духовном продвижении – это просьба к Творцу о помощи.

Талмуд, Брахот 6;2, Талмуд, Таанит 11;2), (Талмуд, Йома 38;2

Главное отрицательное свойство в проявлении эгоизма – высокомерие, самоуверенность.

Талмуд, Сота 49;2

Человек должен получать силы от осознания цели творения, заранее радуясь непременному исправлению всего мира и наступлению состояния успокоения человечества.

Талмуд, Шаббат 118;2, Талмуд, Трума 135;1 136;2

Только вера есть единственное средство спасения, потому что во всех остальных свойствах эгоизм в состоянии запутать человека, но вера есть единственная основа для выхода в духовное пространство.

Талмуд, Макот 24;1, Талмуд, Шаббат 105;2

Вера не может проявиться в человеке без чувства страха, потому что только перед страхом склоняется эгоизм.

Талмуд, Шаббат 31;2

Даже если человек ничего не делает, его эгоизм толкает его на разного рода дурные деяния, и поэтому непрегрешивший – будто выполнивший доброе.

Талмуд, Кидушим 39;2, Талмуд, Бава меция 32;2

Сближение с Творцом происходит только по признаку подобия свойств.

Талмуд, Сота 5;1

Слух называется вера, потому что, если человек желает принять слышимое за истину, он должен в это верить. В то время как зрение называется – знание, потому что он не должен верить в то, что ему говорят, а видит своими глазами. Пока человек не получил свыше вместо эгоизма свойства альтруизма, он не может видеть, потому что воспримет увиденное в эгоистические чувства, и еще труднее ему будет выйти из эгоизма. Поэтому вначале необходимо идти вслепую, выше того, что говорит нам наш эгоизм, а затем, внутри веры, начинать постигать, видеть высшее знание.

Для изменения эгоизма на альтруизм, своего разума на веру необходимо правильно оценить величие, грандиозность духовного по сравнению с нашим материальным, временным, ущербным существованием, осознать то, насколько бессмысленно заботиться, прислуживать всю свою жизнь человеку, то есть себе, вместо того чтобы служить Творцу, насколько выгоднее, приятнее сделать нечто приятное Творцу, чем такому эгоистическому ничтожеству, как наше тело, которое насытить мы все равно не в состоянии, а благодарность его только в том, что дает нам на мгновение почувствовать приятное ощущение.

Поставив рядом свое тело и Творца, человек должен взвесить, на кого стоит работать, чьим рабом стоит быть. Третьего не дано. Чем явственнее человек осознает свое ничтожество, тем легче ему будет предпочесть работать на Творца.

Неживая природа сама по себе совершенна. И это видно из того, что ни в чем не нуждается. Так же и духовно неживой получает силы хранить Тору и выполнять заповеди, поскольку получил соответствующее воспитание. И поэтому не отличаются его желания от желаний ему подобных, то есть не желает и не может сделать личных духовных движений.

Обладающая такими свойствами духовная природа называется неживой, потому что имеет общее со всеми движение. Это, кстати, является самым лучшим залогом неизменного хранения традиции. А ощущение совершенства, испытываемое верующей массой, происходит от светящего издалека окружающего света – ор макиф, и этот далекий свет светит им, хотя они по свойствам противоположны Творцу. Но нет иного пути у человека, как начать исправлять себя с того уровня, на котором он находится.

Подобно тому, как растительная природа произрастает на почве неживой природы, духовно растительный уровень также нуждается в предшествующем ему неживом уровне.

Таким образом, тот, кто не хочет оставаться на уровне развития духовно неживого, не должен принимать основу, питающую неживую духовную природу, то есть воспитание. И это значит – выполнять все, что он выполняет, не потому, что его обязывает к этому общество, окружение, называемое верующей массой (клаль Исраэль) и давшее ему такое воспитание.

(Да не поймет меня читатель превратно: все, что есть в иудаизме, в том числе каббала и все великие каббалисты произошли, взросли из этой верующей массы – в этом желание Творца, такова созданная Им природа мира. Каббала призывает тех, кто ощущает необходимость расти далее, следовать ей, а не искать чужие теории и ошибаться в поисках).

Человек, желающий расти далее, стать духовно растительным, иметь личные духовные движения, независимые от мнения, привычек, воспитания общества, желая покончить с этой зависимостью, мысленно отказывается слепо следовать воспитанию (делает соф, называемый малхут дэ элион).

Из этих решений покончить с автоматическими движениями появляется зародыш нового, растительного духовного состояния (малхут дэ элион нааса кэтэр ле тахтон).

Но как зерно должно разложиться в почве, чтобы взрасти, так и человек должен полностью перестать чувствовать какую-либо духовную жизнь в неживом существовании масс – настолько, что подобной смерти ощущает «неживую жизнь». И это ощущение является его молитвой.

Но чтобы стать «растительным», с личными духовными движениями, необходимо произвести ряд работ над собой, начиная со «вспахивания» неживой почвы.

Духовные движения можно производить только с помощью противодействия желанию самонасладиться. Поэтому человек, желающий расти к Творцу, постоянно контролирует свои желания и решает, какие наслаждения он примет. Поскольку желание Творца – насладить его, он должен принять наслаждения, но только те, которые может принять ради Творца.

Языком каббалы это описывается так: сила воли (экран, находящийся в уме – пэ дэ рош) подсчитывает-взвешивает, какое количество наслаждения в состоянии принять ради Творца, чтобы доставить Ему радость, в точной мере его любви к Творцу (ор хозэр), и это количество человек получает (ор пними). Но то количество наслаждения, которое принял бы и не из чувства любви к Творцу, не принимает (ор макиф) из боязни огорчить Творца.

В таком случае все поступки человека определяются его стремлением доставить радость Творцу – не стремлением приблизиться или страхом отдалиться, так как это тоже эгоистическое стремление, а бескорыстной любовью, желанием доставить приятное или боязнью огорчить.

Настоящие чувства – радость, горе, наслаждение, страх и тому подобные – мы ощущаем всем нашим телом, а не только какой-то определенной его частью. Поэтому человек, желающий проконтролировать свои желания, должен ощутить, все ли его тело согласно с тем, что он думает.

Например, когда он читает молитву, все ли его мысли, желания, органы согласны с тем, что произносят губы. Или все у него происходит автоматически, или на часть из произносимого он не обращает внимания, потому что не желает ощущать несогласие тела и неприятные ощущения вследствие этого, или не понимает, какую пользу принесут ему те просьбы, которые он автоматически произносит по молитвеннику.

Стоит спросить свое сердце, что оно хотело бы произнести в молитве. Молитвой называется не то, что автоматически произносят губы, а то, чего желает все тело и разум. Поэтому сказано, что молитва – это работа сердца, когда сердце полностью согласно с тем, что произносят уста.

И только когда в результате работы всего тела человек получит его реакцию, говорящую о том, что ни один орган не желает избавиться от эгоизма и тем более просить об этом Творца, тогда это и будет полная молитва о спасении из духовного изгнания.

В физическом выполнении заповедей Творца все люди равны. Как маленький ребенок или неуч, так и старец или мудрец – все обязаны выполнять их одинаково. Только есть разница в зависимости от пола, времени дня и года, семейного положения и тому подобных, свыше устанавливаемых нам обстоятельств. И нечего добавить, и нечего отнять от установленного, что и как выполнять. Но все отличие может быть в том, для чего выполнять.

Человек должен стремиться, чтобы причина действия и само чисто механическое действие выполнения желания Творца совпадали. Как, не понимая, для чего, не видя немедленных выгодных следствий, его тело действует, как робот, выполняя указание Творца, так и причина выполнения заповедей должна быть, «потому что желает Творец».

Такое действие называется «ради Творца – ли шма». Проверка

причины выполнения человеком заповедей Творца очень проста: если причина действия «ради Творца» – тело не в состоянии совершить ни малейшего движения. Если же причина – собственная выгода в этом или будущем мире, то чем больше думает человек о вознаграждении, тем больше энергии появляется для совершения и всевозможных прибавлений к выполнению.

Из вышесказанного станет ясно, что именно мысленаправленность – кавана – определяет качество действия, а на качество выполнения заповеди не влияет ее количественное преувеличение.

Все, что происходит с нашим народом, происходит на основе действия высших духовных сил. А мы на нашей земле наблюдаем в течение веков, в развертке по времени, причинно-следственную связь духовных сил. Мудрым называется тот, кто, не дожидаясь последствия происходящего, заранее видит следствия тех или иных событий, поэтому может предугадать и предотвратить нежелательные последствия.

Но поскольку наш мир – это мир следствий действия духовных сил, а вся арена их действия находится выше наших ощущений, то только каббалист в состоянии заранее, до проявления на земле, увидеть и предупредить события. Но поскольку все эти события даны для нашего исправления, без которого мы не сможем достичь цели творения, то никто, кроме нас самих, нам помочь не сможет. Творец посылает нам не страдания, а побуждающие к исправлению средства нашего движения вперед.

Каббалист – не волшебник, совершающий чудеса. Его роль среди нас в общей помощи, в том, чтобы поднять уровень человеческого сознания до осознания необходимости самоисправления, а также лично помочь каждому из нас, если человек того желает.

Наше рассеяние среди других народов будет продолжаться до тех пор, пока внутри себя не пожелаем избавиться от наших «внутренних гоев» – эгоистических желаний. И будем испытывать на себе всеобщую ненависть тоже до тех пор, пока не поставим эгоизм на службу альтруизму.

Преклонение евреев перед эгоизмом дает силы народам мира над нами. И наоборот, если бы мы хоть немного предпочли альтруизм эгоизму, не смог бы продиктовать нам свою волю ни один народ.

После нашего исправления, как говорится в Торе, придут все народы учиться у нас. И тогда получим нашу землю и станем независимы. Потому что земные евреи и гои, Эрец Исраэль и земли изгнания – есть не что иное, как следствие духовных альтруистических и эгоистических сил. В той мере, в какой мы подчиняемся нашему телу, в той же мере вынуждены будем подчиняться другим народам.

Нет у человека никакой власти над своим сердцем – ни у сильного, ни у умного, ни у способного. Поэтому единственное, что он может – это механически делать добрые дела и просить Творца, чтобы дал ему другое сердце. (Под сердцем обычно подразумеваются все желания человека). Все, что требуется от человека, – это большое желание и чтобы это желание было единственным, а не одним из многих других. Потому что желание, ощущаемое человеком в его сердце, и есть молитва. И большое цельное желание не оставляет места для остальных.

Создать в себе большое желание человек может только при ежедневном, ежечасном усилии. Прекрасно сознавая, что находится далеко от цели и что все его занятия Торой – для личной выгоды, несмотря на всевозможные доводы тела: об усталости, о необходимости уделить время для..., о том, что все равно это не духовная работа, а эгоистическая, что когда надо, то сам Творец все свыше сделает, как привел его к этому состоянию, что надо сделать проверку достигнутого (кто же работает без контроля), что с тех пор, как начал заниматься каббалой, еще хуже стало..., что все его сверстники удачливее, чем он в своих занятиях... и до бесконечности всевозможных подобных обвинений, упреков и взываний к разуму как со стороны тела, так и со стороны родных – именно преодолевая эти трудности, человек строит в себе настоящее желание.

А преодолеть их можно только одним способом, как советует сама

Торы, – «дать по зубам!» эгоизму, то есть оставить его претензии без ответа или ответить: я иду как глупец, без всяких доводов и проверок, потому что все они могут быть совершены мною только на основе эгоизма, из которого я должен выйти. А так как других чувств у меня пока еще нет, то я не могу слушать тебя, а только тех великих, которые уже проникли в высшие миры и знают, как действительно должен поступать человек. А то, что мое сердце становится еще эгоистичнее – это потому, что я продвинулся, и теперь мне могут показать свыше еще немного моего настоящего эгоизма, чтобы еще сильнее мог просить Творца об исправлении.

И тогда в ответ Творец открывает Себя человеку, так что человек чувствует величие Творца и поневоле становится Его рабом. И уже не испытывает никаких искушений со стороны своего тела. И это называется замена «каменного» сердца, чувствующего только самого себя, на «живое» сердце, чувствующее других.

В нашем мире человек продвигается вперед, используя свои органы передвижения – ноги. А когда достигает своей цели, использует органы получения – руки. Духовные органы противоположны нашим: человек идет вперед по ступеням лестницы, если сознательно отказывается от опоры под собой в виде здравого смысла. А получить цель творения может, подняв руки вверх и отдавая.

Целью творения является наслаждение человека. Почему же Творец ведет нас к этой цели таким болезненным путем?

Поскольку человек создан совершенным Творцом, а признак совершенства – это состояние покоя, потому что движение является следствием недостатка в чем-то, попыткой достичь желаемого, то и человек любит покой и готов пренебречь покоем только ради избавления от страданий из-за отсутствия чего-либо важного, например, пищи, тепла и тому подобного.

Ощущения отсутствия необходимого толкают человека к действию. И чем больше страдание от отсутствия желаемого, тем большая готовность в человеке приложить еще большие усилия для достижения желаемого.

Поэтому, если Творец дает ему страдания от отсутствия духовного, он вынужден приложить силы для достижения этого. А достигнув духовного, цели творения, получит наслаждение, уже уготованное ему Творцом. Поэтому желающие продвигаться духовно не ощущают страдания от собственного эгоизма как наказание, а видят в этом проявление доброго желания помочь им со стороны Творца, вместо проклятия – благословение.

И только достигнув духовного, человек увидит, что это такое, что это за наслаждения, потому что до этого только страдал от его отсутствия. Отличие материального от духовного в том, что при отсутствии материальных наслаждений человек страдает. А при отсутствии духовных – нет. Поэтому, чтобы привести человека к духовным наслаждениям, Творец создает ему ощущение страданий от их отсутствия.

Но при ощущении материальных наслаждений человек никогда не ощутит полного, бесконечного наполнения, какое обязательно есть в самом малом духовном наслаждении.

Как только человек начинает чувствовать вкус в духовном, сразу же появляется опасность получить эти наслаждения в свои эгоистические желания и таким образом еще более удалиться от духовного. Причина этого в том, что человек начинает заниматься духовным, поскольку почувствовал в нем вкус наслаждения больше, чем во всей своей опостылевшей никчемной жизни, и уже не нуждается в основе духовного – вере, поскольку явно видит, что стоит заниматься этим для своей выгоды.

Но так поступает Творец только с начинающим, дабы привлечь, а потом исправить. И это подобно тому, как мать учит ребенка ходить: чем больше он в состоянии самостоятельно передвигаться, тем дальше она отодвигается.

Каждый из нас чувствует, что он-то лучше знает, что ему надо делать и что для его пользы. Это чувство исходит из того, что человек в эгоистической точке своего «я» чувствует только себя и не чувствует никого и ничего кроме себя. Поэтому ощущает себя самым мудрым, ведь только он знает, чего желает в каждый момент своей жизни.

В нашем мире Творец создал управление по четким материальным законам природы. Поэтому не помогут никакие ухищрения, если человек пойдет против них: прыгающий со скалы – разобьется, без кислорода – задохнется и тому подобное

Творец утвердил такие законы природы в ясном виде для того, чтобы мы поняли, что для выживания необходимо прилагать усилия и соблюдать осторожность. В духовном мире, где человек не чувствует последствий и не знает законов выживания, он должен понять в начале пути, что самый главный закон, который не обойдешь, как и законы природы нашего мира – это закон, что нельзя руководствоваться чувством наслаждения, что определяет пользу или вред в духовной жизни не наслаждение, а альтруизм, отдача...

Тора – это свет, исходящий от Творца и ощущаемый нами как огромное наслаждение. Постижение Торы или Творца (что одно и то же, поскольку мы ощущаем не Его, а исходящий к нам свет) есть цель творения.

Вера – это сила, позволяющая ощутить уверенность в возможности достичь духовной жизни, ожить из духовно мертвого состояния. Необходимость в ней ощущается в той мере, в которой человек чувствует, что он мертв духовно.

Молитва – усилия, прилагаемые человеком, в первую очередь усилия в сердце, чтобы ощутить Творца и просить Его дать уверенность в достижении истинной, духовной жизни. Работа, усилие, молитва возможны только при ощущении сокрытия Творца. Настоящая молитва – это просьба о том, чтобы Творец дал силы идти против эгоизма с закрытыми глазами, не раскрывая себя человеку, потому что это самое большое вознаграждение, а степень духовности определяется степенью стремления бескорыстно отдавать. Когда же человек уверен в своих альтруистических силах, он может понемногу начинать и получать наслаждения ради Творца, потому что этим доставляет радость Творцу. А так как желание Творца – доставить наслаждение человеку, то совпадением желаний оба сближаются, и человек, кроме наслаждения от получения света Творца, получает бескрайнее наслаждение от постижения уровня Творца, от слияния с самим совершенством. Это наслаждение и есть цель творения.

Поскольку эгоизм является нашей природой, он властвует на всех уровнях природы – от атомно-молекулярного, гормонального, животного уровней и до самых высших систем нашего разума и подсознания, включая наши альтруистические желания, и человек не в состоянии ни в чем сознательно пойти против него.

Поэтому тот, кто желает выйти из-под власти эгоизма, обязан во всем, что связано с продвижением к духовному, действовать против желания тела и разума, несмотря на то, что не видит никакой выгоды для себя, иначе никогда не сможет выйти из рамок нашего мира.

Этот принцип работы называется в каббале «бить, пока не захочет». А когда Творец поможет тем, что даст свою природу человеку, тогда тело захочет работать в духовном ключе, и это состояние называется возвращением – тшува.

Изменение природы эгоистической на альтруистическую происходит так: желание самонасладиться, созданное Творцом, эгоизм, черная точка, на которую произошло сокращение (цимцум), и потому свет Творца ушел из нее – проходит исправление, называемое экраном (масах), с помощью которого эгоизм превращается в альтруизм.

Как может произойти такое чудо, мы понять не в состоянии до тех пор, пока не почувствуем этого на себе, поскольку совершенно невероятным кажется нам изменить основной закон природы, чтобы там, где мы даже усилием не могли ничего поделать с собой и не могли действовать, вдруг можем действовать.

В итоге человек обнаруживает, что его деяния остались прежними, и ничего не может он дать Творцу, потому что Творец совершенен и желает только наполнить совершенством человека.

А взамен безграничного наслаждения, получаемого от Творца, не может дать человек ничего, кроме мысли, что те же поступки совершает, что и ранее, но потому что радует этим Творца.

Но и эта мысль тоже не для Творца, а для пользы человека, потому что позволяет ему получать безграничные наслаждения без стыда за дармовой хлеб, ибо достиг сходства с Творцом, став альтруистом, и потому может бесконечно получать – поскольку не для себя – и потому наслаждаться.

Человек властен заставить себя что-либо сделать физически, но не в состоянии изменить свои желания, делать что-либо не ради себя. Но не зря сказано, что молитва без правильной мысленаправленности – как тело без души (тфила бли кавана, ки гуф бли нэшама), потому что действия относятся к телу, а мысль – к душе. И если человек еще не исправил своей мысли (души), того, для чего он совершает действие (тело), то само действие духовно мертво.

Во всем есть общее и частное. Верующая масса называется общее, духовно неживое, что говорит о возможности только общего движения для всех составляющих массу. Нет личного духовного движения, потому что нет внутренней потребности, вызывающей движение. И потому нет индивидуального роста, а только общий рост, в соответствии с движением общего управления свыше. Поэтому массы всегда ощущают свою правоту и совершенство.

Духовно растущее – цомэах – означает, что каждый объект имеет уже личное внутреннее движение и рост. И он уже называется человек, адам, по определению Торы «человек – дерево в поле».

Поскольку для духовного роста необходимо стремление к движению, а движение можно вызвать только ощущением недостатка в чем-либо, то человек постоянно чувствует свои недостатки, вынуждающие его искать пути роста. А если останавливается на каком-либо уровне духовного развития, то его спускают вниз в его ощущениях, дабы подстегнуть идти, а не стоять. И если поднимается, то уже не на прошлый уровень, а на более высокий.

Итак, человек или движется вверх, или спускается вниз, но стоять на месте не может, так как это состояние не соответствует уровню «человек». Только относящиеся к массе стоят на месте, и не могут упасть со своего уровня, и никогда не чувствуют падений.

Разделим мысленно пустое пространство горизонтальной линией. Над линией находится духовный мир. Под линией находится эгоистический мир.

Над линией может находиться тот, кто предпочитает действовать вопреки своему земному разуму, даже если есть возможность все знать и видеть, желает, закрыв глаза, верить (идти путем веры – эмуна лемала ми даат) и желать (альтруизм вместо эгоизма) духовное.

Духовные ступени определяются степенью альтруизма. В соответствии со своими свойствами человек находится на той духовной ступени, которой он по своим свойствам соответствует.

Над линией ощущается Творец, чем выше над линией, тем сильнее. Выше-ниже определяется экраном человека, отражающим прямое, эгоистическое наслаждение от света Творца. Свет над линией называется Тора.

Экран, линия, отделяющая наш мир от духовного, называется заслоном (махсом). Те, кто проходит заслон, уже духовно никогда не опускаются на уровень нашего мира. Под линией – власть эгоизма, над линией – власть альтруизма, но параллельно духовным альтруистическим ступеням от линии вверх находятся также нечистые ступени – оламот Асия, Ецира, Брия дэ тума, каждая по десять ступеней-сфирот – итого 30.

От линии вверх весь мир Асия и до половины мира Ецира параллельно чистым и нечистым ступеням занимает также отдел основных нечистых желаний – мадор клипот. Выше трех чистых миров (каждый по десять ступеней-сфирот, итого 30) находится мир Ацилут, также состоящий из десяти ступеней-сфирот.

Ацилут – это мир полного ощущения Творца и слияния с Ним. Человек постепенно поднимается до мира Ацилут, приобретая альтруистические свойства. Достигнув мира Ацилут, то есть приобретя все свойства «отдавать», человек, стоя на самой низшей ступени мира Ацилут, начинает «получать ради Творца». Если до этого он приобретал дополнительные, альтруистические свойства, то теперь он с помощью приобретенных альтруистических свойств начинает исправлять (не уничтожать!) саму суть своего существа – не уничтожает желание насладиться, а исправляет намерение, ради чего насладиться.

Постепенно исправляя эгоизм на альтруизм, человек, соответственно этому, поднимается, пока не получит все, что должен получить согласно корню своей души (шорэш нэшама), являющейся изначально частью последней ступени (малхут) мира Ацилут, но вследствие исправления поднимающейся до своего полного слияния с Творцом и получающей при этом в 620 раз больше, чем до облачения в человеческое тело.

Весь свет, все количество наслаждения, которое Творец желает дать творениям, называется – общая душа всех творений, или шхина. Свет, предопределенный каждому из нас (душа каждого из нас), является частью этой общей души. И эту часть каждый должен получить по мере исправления своего желания.

Человек может ощутить Творца (свою душу) только в своем исправленном желании насладиться. Это желание называется сосуд (кли) души. Т. о. душа состоит из сосуда и света, идущего от Творца. Если человек полностью исправил свой сосуд из эгоистического на альтруистический, то этот сосуд совершенно сливается со светом, потому что приобрел его свойства.

Таким образом, человек становится равным Творцу, полностью сливается с Ним по свойствам. При этом человек испытывает все то, что есть в свете, наполняющем его.

Нет в нашем языке слов, чтобы описать это состояние. Поэтому говорится, что вся сумма всех наслаждений в этом мире представляет собой искру от бесконечного огня наслаждения души от слияния с Творцом.

Продвигаться по ступеням духовной лестницы можно только по закону средней линии (кав эмцаи). Принцип этого состояния можно кратко охарактеризовать словами – «богат тот, кто счастлив владеющим»: сколько он понимает в Торе и в заповедях – достаточно ему, а главное для него то, что может выполнять этими действиями желание Творца, чувствуя, будто выполнил желание Творца во всех тонкостях, и счастлив при этом, будто досталась ему самая лучшая доля в мире.

Такое чувство рождается в человеке, если он ставит Творца над собой как Царя вселенной. И потому счастлив тем, что из многих миллиардов Творец избрал его тем, что указал ему через книги и учителей, чего Он от него желает. Такое духовное состояние называется стремлением к отдаче (хафэц хэсэд). В этом случае его свойства совпадают со свойствами духовного объекта, называемого бина.

Но это еще не совершенство человека, потому что при этой работе над собой человек не использует свой разум и называется «бедный знанием» (ани бэ даат), поскольку ничего не знает о связи его действий с их духовными следствиями, то есть действует неосознанно, не понимая, что делает, действует только верой.

Поэтому, чтобы сознательно духовно действовать, человек обязан приложить много усилий, почувствовать, что мысль должна быть «ради Творца». И тут он начинает чувствовать, что совершенно не поднимается духовно, а наоборот, каждый раз при выполнении чего-то видит, что все более далек от настоящего намерения – доставить Творцу наслаждение в той мере, как Творец этим желает доставить наслаждение ему.

В таком состоянии человек должен принимать знания не более того, что позволит ему по-прежнему оставаться счастливым от совершенства, как и ранее. И вот это состояние называется средней линией (кав эмциаи). А постепенно прибавляя знания, левую линию (кав смоль) он достигает полного совершенства.

Разберем еще раз работу в средней линии. Человек должен начать свое духовное восхождение с правой линии, ощущения совершенства в духовном, счастья от своей доли, желания безвозмездно и бескорыстно выполнять желания Творца. А сколько наслаждения есть у него в его духовных поисках? Достаточно ему, ибо верит в личное управление им Творца, в то, что это желание Творца, чтобы он так себя чувствовал в своем духовном поиске. Каким бы ни было его состояние, оно исходит от Творца. И одним этим осознанием духовного управления и совершенства он счастлив, чувствуя и свое совершенство, и в радости благодарит Творца.

Но в таком состоянии отсутствует левая линия, когда человек должен делать проверку своего состояния (хэшбон нэфеш). И эта внутренняя работа противоположна работе правой линии, где главное – возвышение духовного и Творца, без всякой связи с собой и своим состоянием. А когда человек начинает проверять, что действительно он собой представляет, насколько серьезно его отношение к духовному, насколько он сам совершенен, то видит, что погружен в свой мелкий эгоизм, а для других, для Творца не в состоянии сдвинуться с места. И в той мере, в какой он обнаруживает в себе зло, понимая, что это зло, насколько он стремится от этого зла избавиться, настолько он должен приложить усилие его преодолеть и вознести молитву о помощи, ибо видит, что сам не в состоянии ничего с собой поделать.

Таким образом появились в человеке две противоположные линии: правая – чувствует, что все во власти Творца, и потому все совершенно, и потому не желает ничего, и потому он счастлив. Левая – чувствует, что сам он абсолютно не имеет никакого отношения к духовному, ничего не постиг, что пребывает, как и прежде, в скорлупе своего эгоизма и не просит Творца о помощи выбраться как-то из этого состояния.

Но после того, как видел в себе все свое зло и несмотря на это, отбросив здравый смысл, отговаривающий его от безнадежной работы по исправлению эгоизма, он все равно благодарит Творца за свое состояние, веря в то, что находится в совершенстве, и поэтому счастлив, как и до проверки своего состояния. Он продвигается вперед по средней линии. И необходим постоянный контроль – не «перебрать» с самокритикой левой линии, чтобы постоянно быть в радости средней линии – только тогда человек «обеими ногами» восходит в духовное.

Есть два уровня (не путать с четырьмя уровнями желаний: неживой, растительный, животный, говорящий) развития человека: животное и человек. Животное, как мы видим в животном мире, каким родилось, так же и продолжает жить, не развиваясь. А того, что есть в нем в день его рождения, достаточно ему для существования в течение всей его жизни.

Так же человек, относящийся к этому типу, – каким был, получая воспитание, обучаясь выполнять заповеди, каким был в день бар-мицвы, когда стал выполнять все заповеди, – таким и остается, с тем же разумом их выполняет, а все дополнения – только в количестве.

Тогда как человеческий тип создан совсем иначе: эгоистом рождается и, видя, что рожден эгоистом, стремится к исправлению.

Если человек желает действительно заслужить раскрытие Творца, то:

1) это желание должно быть у него сильнее всех других, то есть чтобы не чувствовал других желаний. И, кроме того, желание это должно быть у него постоянным: поскольку сам Творец вечен, и неизменны Его желания, так и человек, если хочет приблизиться к Творцу, должен походить на Него и этим свойством, то есть неизменным желанием, чтобы его желания не изменялись в зависимости от обстоятельств;

2) должен овладеть альтруистическими желаниями «отдать» свои мысли и желания Творцу, что называется уровень хэсэд, катнут, рахамим, пока не заслужит свет веры, дающий человеку уверенность;

3) должен заслужить совершенного, абсолютного знания Творца. Результат действий человека зависит от его духовного уровня, но если светит свет Творца, то нет различия между ступенями, поскольку сосуд души и свет души вместе, одновременно получает человек от Творца, и поэтому получаемое знание воспринимается совершенным.

Обычно человек живет полностью в согласии со своим телом: тело диктует ему свои желания и оплачивает его усилия тем, что посредством тела человек ощущает наслаждения. Само наслаждение духовно, но в нашем мире оно должно быть привязано к какому-либо материальному носителю: должно облачиться в материальную оболочку (пища, противоположный пол, звуки музыки и тому подобное), чтобы человек мог это наслаждение в оболочке материального носителя воспринять. А уже внутри нас, во внутреннем ощущении, мы чувствуем просто наслаждение, но все равно полностью его от его носителя отделить не можем.

Люди отличаются по типу носителя наслаждения – кто чем наслаждается. Но само наслаждение духовно, хотя и происходит его ощущение в нашем мозгу под действием электрических импульсов. И в принципе, раздражая электросигналами наш мозг, можно воспроизвести полное ощущение всех наслаждений. А поскольку мы уже привыкли получать их в определенных одеждах-носителях, то такое чистое наслаждение вызовет из памяти ощущение его носителя, и человеку будут слышаться звуки музыки, ощущаться вкусы пищи и тому подобное

Из вышесказанного видно, что человек и его тело взаимно обслуживают друг друга: человек платит за усилия тела, за его работу наслаждением. Поэтому если человек видит, что его тело согласно работать, значит, оно видит вознаграждение в результате своей работы, обозначаемое общим словом «наслаждение». (Бегство от неприятных ощущений тоже является получением наслаждения.) Это явный признак того, что то, что он делает, является эгоистическим действием.

И наоборот, если человек видит, что его тело сопротивляется и спрашивает: «А зачем работать?», значит, оно не видит наслаждения большего, чем в настоящий момент или, по крайней мере, достаточного для преодоления стремления к покою, не видит для себя выгоды в изменении своего состояния.

Но если человек желает оторваться от расчетов тела, а принимает в расчет улучшение состояния своей души, то тело, естественно, не сможет сделать даже малейшего движения, не видя явной выгоды для себя. И человек не в состоянии его заставить работать. Поэтому остается только одно – просить Творца, чтобы помог идти вперед.

Творец не заменяет человеку тело, не изменяет законы природы и не делает чудес. В ответ на настоящую просьбу-молитву Творец дает человеку душу – силу действовать по законам истины. Естественно, если человек выполняет все предписания Торы, но не чувствует преград со стороны тела, то нет у него потребности получить душу, силу духовного продвижения.

Не могут быть счастливы все, если эгоистически наслаждаются, потому что эгоизм наслаждается не только от того, что есть у него, но и от того, что нет у других, потому что все наслаждения сравнительны и относительны.

Поэтому невозможно построить справедливое общество на основе правильного использования эгоизма. И несодержательность этих утопий показана всей историей человечества: в древних общинах, в израильских кибуцах, в попытках строительства социализма.

Невозможно насладить каждого в эгоистическом обществе: всегда человек сравнивает себя с другими, что особенно хорошо видно именно в небольших поселениях.

Поэтому Творец, желая дать неограниченное наслаждение каждому, поставил условием такого наслаждения его независимость от желаний тела. Эти всевозможные, независимые от желаний нашего тела, неэгоистические побуждения мы называем альтруистическими (ашпаа).

Каббала – это порядок духовных корней, следующих по неизменным законам один из другого, объединяющихся и указывающих на одну их высшую цель – «постижение Творца творениями, находящимися в этом мире».

Каббалистический язык неразрывно связан с духовными объектами или их действиями. Поэтому изучать его, даже в кратком виде, можно, только рассматривая процесс создания творения.

Каббала объясняет, а затем постигающий обнаруживает сам, что времени нет, а вместо времени есть цепочка – причина и ее следствие, которое, в свою очередь, становится причиной для последующего следствия – рождения нового действия или объекта. В принципе, так же и в нашем мире понятие времени мы связываем с ощущением внутренних причинно-следственных процессов. Даже наука утверждает, что время, как и пространство, есть понятие относительное.

Место или пространство – желание насладиться.

Действие – наслаждение или отказ от него.

«Вначале», то есть до начала творения, существует только один Творец. Его самого мы никаким другим словом назвать не можем, потому что любое имя говорит о постижении объекта, а поскольку в Нем самом мы постигаем только то, что Он сотворил нас, мы можем назвать Его только Творцом, Создателем и тому подобное

От Творца исходит свет – это желание Творца породить создание и дать ему ощущение наслаждения собой. И только по этому свойству света, исходящего от Творца, мы можем судить о самом Творце.

Вернее, по ощущению света мы судим не о самом Творце, а о том, какие ощущения Он желает вызвать в нас. И поэтому мы говорим о Нем как о желающем нас насладить.

Но это наслаждение не находится в самом свете, а рождается в нас от воздействия света на наши органы духовных ощущений, как, например, нет в куске мяса того наслаждения, которое испытывает вкушающий его, а только при соприкосновении мяса с нашим органом чувств появляется в нас соответствующее ощущение наслаждения.

Любое действие, как духовное, так и физическое, состоит из мысли и самого действия, воплощающего эту мысль. Мысль Творца – насладить творения и, соответственно этому, Он дает нам наслаждение. Такое действие называется «дать с целью дать»! Такое действие называется простым, потому что цель и движение совпадают.

Творение создано эгоистическим, то есть у человека не может быть другой цели, кроме получения наслаждения. Для этого человек может выполнять два действия – получать или давать, чтобы получить то, что хочет, то есть хотя физически он дает, но всегда преследует цель – получить.

Если действие того же направления, что и цель, то есть если действие направлено на то, чтобы получить, и цель – получить, то действие человека называется простым. Если движение направлено на то, чтобы дать, но цель – получить (а в нашем мире другой цели быть не может), то такое действие называется сложным, потому что цель и движение несхожи, не совпадают по намерениям.

Мы не в состоянии представить себе желания и поля их действия вне пространства, и потому не остается ничего другого, как представить себе Творца духовной силой, заполняющей пространство.

Говорится в Торе, что Творец сотворил человека действующим простым расчетом, а люди его усложнили (элоким аса адам яшар, ве хэм асу хэшбонот рабим).

Чем выше человек поднимается по духовной лестнице, тем проще законы мироздания, потому что основные, базисные категории простые, а не составные. Но оттого, что человек не ощущает корней творения, а воспринимает их далекие следствия, то видит законы творения в нашем мире состоящими из условий и ограничений и поэтому воспринимает их как чрезвычайно запутанные.

Поскольку в истинных каббалистических книгах содержится скрытый свет, присутствует влияние автора во время его труда над текстом, то важно при изучении текстов правильное намерение – для чего человек изучает – для того ли, чтобы ощутить Творца. Также во время изучения надо просить получить разум и понимание, каким обладал автор, и просить связи с ним, обращаться к нему. И поэтому очень важно не читать посторонние сочинения, а тем более те, которые вроде бы тоже говорят о духовных мирах, потому что и в этом случае читающий получает влияние от их авторов.

Человек, желающий овладеть духовными знаниями, должен перейти в своей повседневной жизни на определенный распорядок дня: отключиться от влияния посторонних взглядов, ненужных новостей, вредных книг. Только по необходимости на работе или в учебе общаться с людьми, не показывая, что он замыкается в себе, но постоянно контролируя, чем занят его разум. Мысли должны быть о работе, когда это необходимо, а в остальное время – о цели его жизни.

Достижение цели больше зависит от качества усилия, чем от количества: один может просиживать над книгами сутками, а другой, ввиду необходимости работать и занятости по семейным делам, в состоянии уделить учению только час в сутки. Усилие измеряется только относительно свободного времени – насколько человек страдает, что не в состоянии больше времени уделять духовному. Результат прямо зависит от интенсивности намерения, от того, что именно человек желает извлечь в результате своей учебы и работы над собой, заполняя свободное время.

Есть два вида кормления ребенка: первый – насильно, без его наслаждения, но питание он получает, и это дает силу и возможность роста. Этот вид духовного взращивания человека называется в каббале «за счет высшего». Но если «ребенок», желающий духовно расти, сам желает принимать духовную пищу, поскольку появился к ней аппетит (осознал необходимость или почувствовал наслаждение от света), то не только духовно растет поневоле, болезненно, путем страданий, но и наслаждается процессом жизни, духовного постижения.

Острое чувство, ощущаемое человеком в осознании хорошего и плохого, называется в каббале процессом вскармливания: как мать поднимает ребенка к своей груди, и он в это время получает ее пищу, так каббалист получает свет, находящийся в высшем духовном объекте, и явно ощущает и осознает пропасть между добром и злом. А затем, как мать отнимает от своей груди ребенка, так и каббалист теряет связь с высшим, и пропадает четкость разделения в его ощущении доброго и злого. Этот процесс происходит с человеком для того, чтобы просил Творца дать ему такие же возможности ощущения (келим) добра и зла, как у высшего.

Как эгоизм, так и альтруизм человек получает свыше. Отличие в том, что эгоистические желания человек получает автоматически, а альтруистические – только по своей настоятельной просьбе.

Человек сначала должен достичь состояния, в котором желает «давать наслаждения Творцу», несмотря ни на какие свои эгоистические желания (подъем по ступеням миров БЕА), как Творец дает ему, а затем уже искать, чем он может порадовать Творца. Тогда он видит, что, только наслаждаясь, он радует Творца. И это называется «мекабэль аль менат леашпиа» – уровень мира Ацилут. Овладение различной величины силами желания только бескорыстно отдавать Творцу называется ступенями миров БЕА (Брия, Ецира, Асия). Овладение силой получать наслаждение от Творца ради Его желания называется уровнем мира Ацилут.

Бэйт мидраш – это место, где учатся лидрош (требовать) Творца (требовать духовные силы) и где учатся требовать ощущения цели творения, ощущения Творца.

Поскольку мы (наше тело, эгоизм) естественно стремимся к тому, что больше и сильнее нас, то надо просить Творца, чтобы Он приоткрыл Себя, чтобы мы увидели в Его свете свое истинное ничтожество и Его истинное величие и смогли тянуться к Нему естественной тягой, как к самому сильному и большому. Самое главное для человека – это важность того, чем он занимается. Например, богатые люди тяжело работают, чтобы другие завидовали им. Но если бы пропал престиж богатства, то перестали бы им завидовать, и исчез бы у богачей смысл, стимул работать. Поэтому главное – приобрести чувство важности постижения Творца.

Никогда не наступит такое время, когда без усилий человек сможет достичь духовного, потому что эти усилия и есть сосуд получения света. До тех исправлений в мире, которые сделал великий АРИ, было относительно легче достичь духовного, чем после него: после того как Ари открыл путь постижения духовного, стало труднее отказаться от наслаждений нашего мира. До Ари пути были закрыты, и свыше не было такой готовности излить свет. Ари открыл источник света, но стало труднее бороться с эгоизмом, он стал более сильным и изощренным.

Это можно пояснить таким подобием: до Ари давали свыше 100 единиц постижения, и можно было работой и усилием в 1 единицу получить 1 единицу постижения. Сегодня же, после исправлений, которые Ари произвел в нашем мире, можно за единицу усилий получить 100 единиц постижения, но несравненно тяжелее совершить это усилие в 1 единицу.

Раби Йегуда Ашлаг, «Бааль Сулам», внес такое исправление в мир, что человек не в состоянии обманывать себя, что он совершенен, а должен идти путем веры выше знания. И хотя путь стал более ясным, но поколение не в состоянии совершить требуемое количество и качество усилий, как могли это предыдущие поколения: хотя и есть, как никогда, ясное ощущение недостатков человека, но не возносят духовное на соответствующую высоту, как в прошлых поколениях, когда массы были согласны на все во имя духовного восхождения. Причиной этого является непомерно возросший личный и общественный эгоизм.

Большое исправление в мире сделал великий Бааль Шем Тов. Временно даже массы смогли почувствовать чуть больше духовного в мире, и временно легче стало достичь духовного тому, кто этого желает. Для того, чтобы выбрать достойных учеников в свою каббалистическую группу, Бааль Шем Тов учредил «адморут» – такое деление еврейского общества, когда массы поделены на части, и каждая часть имеет своего духовного предводителя-каббалиста.

Эти предводители – «адморы» – выбирали достойных изучать каббалу в свои классы «хэйдэр» (комната) и в них растили будущие поколения каббалистов, предводителей масс. Но влияние исправления, сделанного Бааль Шем Товом, прошло, и уже не все предводители поколения являются каббалистами (постигающими Творца). После же ухода Бааль Сулама наш мир находится в духовном падении, всегда предшествующем будущему подъему.

Почувствовать себя созданным творением означает почувствовать себя отделенным от Творца.

Поскольку вследствие нашей эгоистической природы мы инстинктивно, естественно удаляемся от того, что причиняет нам страдание, то это использует Творец, чтобы привести нас к хорошему: Он изымает наслаждения из материального мира, окружающего нас, и дает наслаждение только в альтруистических действиях. Но это путь страданий.

Путь Торы иной: хоть и есть наслаждения в нашем мире, но верой в цель творения, выше разума, то есть вопреки тому, что утверждают наше тело и разум, мы можем выйти из эгоизма, самолюбия, и начинаем тогда испытывать любовь к Творцу, чувствуя, что это взаимно. Это путь спокойствия и радости, веры в то, что длинный путь – на самом деле короткий, без переживания страданий.

Есть духовное развитие под воздействием окружающего света (ор макиф), когда у человека еще нет возможности получить свет внутрь (внутренний свет, ор пними). Такой путь духовного развития человека называется естественным, путем страданий (дэрэх бито), и по нему идет человечество.

Но есть путь индивидуального духовного развития человека

посредством личной связи с Творцом, работы в трех линиях. Этот путь называется путем Торы (дэрэх Тора, дэрэх ахишэна), и он намного короче, чем путь страданий. И потому говорится в Торе: «Исраэль мекадэш зманим», желающий стать «Исраэль» уменьшает время своего исправления.

Верить без того, что страдания заставляют верить, тяжело. Но главное – человек должен верить в то, что плоды его труда зависят только от его усилий, то есть верить в управление вознаграждением и наказанием.

Вознаграждение заключается в том, что Творец дает человеку хорошие мысли и желания. Веру человек должен получать также от товарищей по учебе и из книг, но после того, как почувствовал в себе веру, ощущение Творца, должен сказать себе, что это Творец дал ему.

Тора – это лекарство – наркотик жизни и смерти (вспомните, «религия – опиум для народа»). Наркотик жизни – если дает силы и желание работать, и наркотик смерти – если человек говорит себе, что все, что ни делается, делается свыше и не зависит от его усилий. Основное усилие должно быть в том, чтобы удержать возвышенное стремление, данное свыше. Вначале свыше дают человеку духовное ощущение, поднимают его, а затем наступает время работы, усилий – удержаться на этом уровне своими силами. Главное усилие должно быть в ощущении ценности полученного духовного возвышения. Как только человек начинает пренебрегать полученным и самонаслаждаться им, он начинает терять этот уровень.

Все, что находится под властью эгоизма, находится в центральной точке творения – нэкуда эмцаит. Все, что не желает самонаслаждения, находится выше этой точки. Поэтому сказано, что линия нисхождения света (кав) соприкасается (чтобы неощутимо оживлять творение) и не соприкасается (не наполняет ощутимым светом Творца творение) с центральной точкой.

Говорится, что желающему духовно приблизиться помогают тем, что дают душу, свет, часть Творца. Человек начинает ощущать, что он – часть Творца!

Каким образом свет Творца породил желание наслаждаться Им (ор бонэ кли)? Пример: если в нашем мире дать человеку почести, к которым он ранее не стремился, а затем забрать их, он уже возжелает знакомые от почестей наслаждения. Это стремление вернуть наслаждение, бывшее в нем, и называется сосудом (кли). Свет постепенно растит таким образом сосуд для наслаждения собой (светом).

В совершении усилий над своими желаниями человек должен осознать, что его тело не воспринимает понятия времени и поэтому не ощущает ни прошлого, ни будущего, а только настоящее. Например, надо сделать какое-то последнее усилие еще в течение пяти минут, а потом заслуженно отдыхать, но тело сопротивляется, потому что не ощущает выигрыша в будущем отдыхе. Если человек и помнит наслаждения после тяжелой работы, то тело все равно не дает силы совершить эту работу, как, например, если заранее получил плату, то нет уже желания работать. Поэтому надо не откладывать борьбу с телом, а каждое мгновение в настоящем противодействовать ему мыслями о высшем.

Поскольку человек на 100% эгоист, то не захочет сам связи с Творцом. Он может захотеть этого только в том случае, если будет уверен, что это для его блага. То есть мало того, что человек видит свое зло и понимает, что только Творец может ему помочь – все равно это не даст силы просить Творца. Необходимо осознание того, что в сближении, в связи с Творцом его спасение.

Тора предлагает нам ее путь вместо пути страданий. Время меняет условия: два тысячелетия назад поиском связи с Творцом занимались единицы, как во времена раби Шимона. Во времена Ари и Рамхаля каббалой уже занимались маленькие группы. Во времена Бааль Шем

Това – десятки. Во времена Бааль Сулама – еще больше.

А в наше время уже исчез барьер, отделяющий каббалу от масс, и уже почти нет сопротивления ей, разве что слабое. А в следующем поколении тысячи сочтут целью своей жизни ощущение Творца. Причем, если ранее только особо сильные духом могли достичь связи с Творцом, то в наше время даже начинающие, без предварительного изучения Талмуда (а в следующем поколении – даже дети) смогут постигать связь с Творцом без всякой предварительной подготовки, только изучая каббалу под правильным руководством.

В благословении на исходе субботы мы говорим: «Благословен ты, Творец, разделяющий духовное и будни». Человек не в состоянии отличить добро от зла – что для его пользы, а что ему во вред. Только Творец может помочь человеку в этом, открывая ему глаза. Тогда человек все видит, и это означает: «и выбери жизнь». Но до тех пор, пока человек не убедился в жизненной необходимости постоянной связи, Творец не раскрывает ему глаз, именно чтобы просил милосердия.

Внутри духовных ощущений каббалиста находится часть (АХАП) высшей ступени, будущего его состояния. Человек ощущает более высокое духовное состояние как пустое, непривлекательное, а не как полное света, потому что не получает от высшей ступени. Хотя высший полон света, но низший воспринимает высшего согласно своим качествам, а так как по своим свойствам еще не готов к приему такого света, то и не ощущает его.

Ввиду скрытия Творца каждый из нас прилагает неимоверные усилия для того, чтобы достичь принятого в нашем обществе стандарта существования, слепо следуя внутренней подсказке, постоянному нашептыванию изнутри нашего эгоизма. Мы, как слепые орудия эгоизма, спешим выполнять его указания, иначе он накажет нас страданием, подстегнет этим, и мы смиримся и поневоле, а затем уже и не думая, выполним его волю.

Наш эгоизм сидит в нас, но он настолько уже вжился в нас, что мы принимаем его за нашу природу, за наши желания. Он пронизывает все клетки нашего тела, заставляет оценивать все наши ощущения в соответствии с его желаниями, заставляет просчитывать по его программе, сколько он получит от наших действий.

Человек даже не представляет себе, что можно снять с себя это влияние эгоизма, очистить себя, как в фантастическом фильме, извергнуть из себя подобное нашему телу по форме эгоистическое облако, пронизывающее нас, одетое во всю нашу плоть. Мы останемся без эгоистических желаний, и тогда нам Творец даст свои желания, альтруистические.

Но пока внутри нас находится это эгоистическое существо, мы не можем себе представить, какой выигрыш будет нам от этого, а, наоборот, альтруистические мысли и желания представляются нам неприемлемыми, нелепыми, несерьезными и не могущими управлять нашим обществом, не говоря уже о вселенной.

Но это лишь потому, что наши мысли и желания находятся под властью эгоизма. Для объективной оценки происходящего с ним человек должен стремиться ощутить эгоизм как нечто постороннее, как своего внутреннего врага, выдающего себя за друга, или вообще за него самого (мы даже идентифицируем себя с его желаниями), стараться почувствовать его как нечто постороннее, находящееся в нем по воле Создателя. Такие действия человека называются осознанием зла (акарат ра).

Но и это возможно лишь в той мере, в какой он ощутит существование Творца, свет Творца, потому что мы все постигаем только в сравнении, из ощущения противоположностей. Поэтому вместо того, чтобы заниматься поисками «злого змия» в себе, надо приложить все свои усилия в попытках ощутить свет Творца.

Кроме нас, все творение действует по законам альтруизма. Только человек и окружающий его мир (наш мир – олам азэ) созданы с противоположными, эгоистическими свойствами. Если бы мы увидели Творца и все духовные миры, мы бы сразу обнаружили, насколько наш мир микроскопически мал по сравнению с духовными мирами, и только в горошине нашего мира действуют законы эгоистической природы.

Но почему же Творец скрылся, нарочно поселив нас в мир, полный тьмы, неуверенности и несчастий?

Создавая нас, Творец ставил целью наше вечное существование вместе с Ним, но достичь этого состояния мы должны своими усилиями, дабы не испытывать чувства стыда за незаслуженно полученное вечное абсолютное наслаждение.

Поэтому Творец создал противоположный себе мир, создав противоположное себе свойство – стремление самонасладиться, эгоизм – и наделил им нас. Как только человек ощущает на себе действие этого свойства, рождается в нашем мире, он сразу же перестает ощущать Творца.

Это сокрытие Творца существует специально для создания у нас иллюзии свободы воли в выборе нашего мира или мира Творца. Если бы, несмотря на эгоизм, мы видели Творца, то естественно предпочли бы без всяких сомнений нашему миру мир Творца как дающий наслаждения и отсутствие страданий.

Свобода воли, выбора может быть именно в отсутствии ощущения Творца, в состоянии Его сокрытия. Но если человек уже с момента рождения испытывает на себе абсолютное, всеподавляющее влияние эгоизма настолько, что полностью ассоциирует его с собой, то как он может свободно, независимо от эгоизма решить, что предпочесть? Как же Творец создает нейтральное состояние для выбора? И вообще, в чем может быть выбор, если наш мир полон страданий и смерти, а мир Творца полон наслаждений и бессмертия, что остается выбирать человеку?

Для того, чтобы создать нам условия свободы выбора, Творец:

– временами приоткрывается человеку, чтобы дать почувствовать величие и успокоение от ощущения власти высших сил;

– дал нам Тору, при изучении которой, если человек действительно желает выйти из своего состояния и ощутить Творца, он возбуждает на себя скрытое окружающее духовное свечение (ор макиф).

Не все части Торы равносильны по возбуждению окружающего неощущаемого света (ор макиф). Самое сильное возбуждение происходит при изучении каббалы, потому что каббала изучает духовные структуры, излучающие этот свет на человека. Таким образом, человеку остается выбор: заниматься ли ему каббалой или нет и сколько усилий приложить в этом направлении.

Связь человека с Творцом, начиная с низшего, нашего начального уровня до самого высшего, где находится сам Творец, можно уподобить ступеням духовной лестницы.

Все ступени духовной лестницы находятся в духовных мирах. На высшей ее ступени находится сам Творец, а низшая ее ступень касается нашего мира.

Человек находится под низшей ступенью духовной лестницы, поскольку исходный эгоистический уровень человека не связан с последней ступенью лестницы, которая еще полностью альтруистична.

Ощущение более высокой духовной ступени возможно при совпадении свойств человека и этой ступени, и степень ощущения пропорциональна совпадению свойств.

Возможность ощутить высшую ступень обусловлена тем, что на лестнице все духовные ступени не только располагаются последовательно снизу вверх, но и частично входят, проникают друг в друга: нижняя половина высшего находится внутри верхней половины низшего (АХАП дэ элион упали в ГЭ дэ тахтон). Поэтому внутри нас находится часть низшей, последней ступени, но обычно она нами не ощущается.

Более высокая ступень над нами именуется Творцом, потому что именно она и является для нас нашим Творцом, рождает, оживляет нас и управляет нами. Поскольку мы не ощущаем эту ступень, мы утверждаем, что Творца не существует.

Если человек находится в таком состоянии, что воочию видит высшее управление Творца всеми творениями нашего мира, у него пропадает всякая возможность свободы воли, веры, выбора действия, поскольку ясно видит только одну правду, одну силу, одно желание, действующее во всем и во всех.

Поскольку желание Творца – дать человеку свободу воли, то необходимо сокрытие Творца от творений.

Только в состоянии сокрытия Творца можно утверждать, что человек сам бескорыстно стремится к слиянию с Творцом, к деяниям для блага Творца, «ли шма».

Вся наша работа над собой возможна только в условиях сокрытия Творца, поскольку, как только Творец открывается нам, мы тут же автоматически становимся Его рабами, полностью во власти Его величия и силы. И невозможно определить, каковы на самом деле истинные помыслы человека.

Поэтому, чтобы дать человеку свободу действия, Творец должен скрыть Себя. Но, чтобы создать человеку возможность вырваться из рабства слепого подчинения эгоизму, Творец должен раскрыть Себя, потому что человек подчиняется только двум силам в мире: власти эгоизма, тела, или власти Творца, альтруизма.

Таким образом, необходима поочередность состояний: скрытия Творца от человека, когда человек ощущает только себя и эгоистические силы, властвующие в нем, и раскрытие Творца, когда человек ощущает власть духовных сил.

Чтобы человек, находящийся во власти эгоизма, смог ощутить ближайший высший объект, то есть своего Творца, последний сравнивает с человеком часть своих свойств – придает части своих альтруистических свойств свойство эгоизма и этим сравнивается с человеком. (Поднимает малхут, мидат дин, до своей ГЭ, от чего его АХАП приобретает эгоистические свойства. Таким образом, его АХАП как бы «спускается» на духовный уровень человека, сравниваясь с ним по свойствам.)

Если до этого человек вообще никак не ощущал высшую ступень, то теперь, вследствие скрытия высшим своих альтруистических свойств под эгоизмом – чем он спускается на уровень человека, – человек может ощутить Его.

Но поскольку свойства высшего ощущаются человеком как эгоистические, то он ощущает, что и в духовном нет ничего притягательного, сулящего наслаждение, вдохновение, уверенность и спокойствие.

И вот тут-то возникает у человека возможность проявить свободу воли и вопреки ощущаемому сказать себе, что отсутствие наслаждения, вкуса, которое он ощущает в высшем, в духовном, в Торе является следствием того, что высший специально скрыл себя для пользы человека, потому что нет еще в человеке необходимых духовных свойств, которыми можно ощутить высшие наслаждения, так как над всеми его желаниями властвует эгоизм.

И это главное для начинающего – именно в состояниях упадка и опустошенности найти в себе силы (просьбами к Творцу, учебой, добрыми действиями) утверждать, что это состояние дано специально для его преодоления. А то, что он не чувствует наслаждения и жизни в духовных стремлениях, специально делается свыше для того, чтобы дать ему возможность выбора самому сказать, что не чувствует в духовном наслаждения, потому что нет у него подходящих, альтруистических свойств, и поэтому высший обязан скрывать от него свои истинные свойства.

Поэтому человек должен помнить, что начало ощущения высшего именно в ощущении духовной пустоты.

И если человек в состоянии утверждать, что высший скрывает себя ввиду несовпадения их свойств, и просит помощи в исправлении своего эгоизма, поднимая свою просьбу – МАН, то высший объект частично приоткрывает себя (поднимает свой АХАП), показывая свои истинные качества, которые он ранее прикрывал эгоизмом, и соответствующие им наслаждения. Человек начинает ощущать то величие и духовное наслаждение, которое ощущает высший объект от наличия в себе этих духовных альтруистических свойств.

Тем, что высший поднял в глазах человека свои альтруистические качества, он духовно поднял человека до половины своей ступени (поднял ГЭ человека со своим АХАП). Это духовное состояние человека называется малым духовным уровнем, катнут.

Высший как бы приподнимает человека к себе, на свой духовный уровень тем, что позволяет человеку увидеть свое величие, величие альтруистических качеств. Человек, видя величие духовного по сравнению с материальным, духовно приподнимается над нашим миром. Ощущение духовного независимо от воли человека меняет его эгоистические свойства на альтруистические – свойства высшего.

Чтобы человек смог полностью овладеть верхней первой ступенью, высший полностью открывает себя, все свои духовные качества, делает гадлут. При этом человек ощущает высшего как единственного, совершенного правителя всего и постигает высшее знание цели творения и его управления. Человек явно видит, что нельзя поступать иначе, чем утверждает Тора. Теперь уже его разум обязывает его к этому.

Вследствие явного познания Творца возникает в человеке противоречие между верой и знанием, правой и левой линиями: имея уже альтруистические свойства, келим ДЭ АШПАА, в состоянии катнут, человек желал бы идти путем одной только веры в могущество Творца, потому что это является индикацией бескорыстия его желаний, но раскрытие Творцом своего могущества, гадлут высшего, мешает ему в этом. Со своей стороны, человек готов пренебречь полученным знанием.

Просьба человека о том, что он предпочитает идти вслепую, веря в величие Творца, а не вследствие осознания Его силы и величия, и использовать разум только в пропорции с имеющейся верой, вынуждает высшего уменьшить свое раскрытие.

Это действие человека, вынуждающее высшего уменьшить раскрытие всеобщего управления, всесилия, света (ор хохма), называется экраном дэ хирик: человек уменьшает раскрытие высшего разума, левой линии до той степени, в какой он может уравновесить ее своей верой, правой линией.

Получаемое правильное соотношение между верой и знанием называется духовным равновесием, средней линией. Сам человек определяет то состояние, в котором он желает находиться.

В таком случае человек уже может существовать как духовный объект, поскольку состоит из правильной пропорции веры и разума, называемой *средней линией*, благодаря которой человек достигает совершенства.

Та часть знания, раскрытия, левой линии, которую человек может использовать в соответствии с величиной своей веры, правой линией, идя путем веры выше разума, средней линией, дополняется к тем духовным свойствам, которые он обрел ранее, в состоянии катнут. Приобретенный духовный уровень называется Гадлут – Большой, Полный.

После того, как человек приобрел свой первый полный духовный уровень, он становится по своим качествам равным первой, самой нижней ступени духовной лестницы.

Поскольку все ступени лестницы, как уже говорилось, частично входят друг в друга, взаимопроникают своими свойствами, то, достигнув полной первой ступени, человек может обнаружить в себе часть более высокой ступени и по тому же принципу продвигаться к цели творения – полному слиянию с Творцом на самой высокой ступени.

Духовный подъем состоит в том, что человек, каждый раз обнаруживая в себе все большее зло, просит Творца дать ему силы справиться со злом. И каждый раз получает силы в виде все большего духовного света. До тех пор, пока не достигнет истинного первоначального размера своей души – всего своего исправленного эгоизма, полностью наполненного светом.

Когда посещают человека посторонние мысли, он считает, что они мешают ему продвигаться в освоении духовного, потому что слабеют его силы, и растрачивается ум в посторонних мыслях, и сердце наполняется жалкими желаниями. И перестает от всего этого верить, что только в Торе скрыта настоящая жизнь.

А когда он, несмотря на все, преодолевает это состояние, то выходит к свету, получает высший свет, помогающий ему еще более подняться. Таким образом, посторонние мысли являются помощником человека в его духовном продвижении.

Преодолеть помехи можно только с помощью Творца. Потому что человек может работать, только если видит выгоду для себя в каком бы то ни было виде.

А поскольку наше тело, сердце, разум не понимают, какая им может быть выгода от альтруизма, то, как только человек хочет сделать малейшее альтруистическое действие, у него нет сил действовать ни разумом, ни сердцем, ни телом. И остается у него только одно – просить Творца о помощи. И таким образом поневоле приближается к Творцу, пока не сольется с ним полностью.

Не имеет права человек жаловаться на то, что родился недостаточно умным, сильным или смелым, или что нет в нем еще каких-либо качеств, как у других людей, ибо если не идет по правильному пути, то что проку в самых лучших задатках и способностях. Возможно, даже станет большим ученым, даже будет знатоком Талмуда, но если не достигнет связи с Творцом, то не выполнит своего предназначения, как и все остальные. Потому что главное – достичь уровня праведника: ведь только в таком случае человек может использовать все имеющиеся в нем задатки в нужном направлении и не растратить зря свои силы, а все, даже самые слабые и посредственные, данные ему Творцом именно для этого способности, все их использовать во имя высшей цели.

Если человек находится в состоянии духовного упадка, то бесполезно уговаривать его взбодриться, говорить ему ученые мудрости – ничего из услышанного от других ему не поможет! Ни рассказы о том, что другие пережили, и ощутили, и советуют ему, – от этого он совершенно не взбадривается, потому что совсем пропала вера во все, в том числе и в постижения других.

Но если он говорит себе то, что сам говорил и пережил в то время, когда был в состоянии духовного подъема, когда был полон жизни, а не духовно мертв, как сейчас, если вспоминает свои стремления, свои духовные постижения – от этого он может приободриться. Воспоминаниями о том, что сам верил и шел путем веры выше разума – если он вспомнит об этом и возбудит свои собственные ощущения, – этим он сможет помочь себе выйти из состояния духовной смерти. Поэтому человек должен опираться на собственные воспоминания и опыт, только они могут помочь ему выйти из духовного упадка.

Работа человека, поднявшегося на какую-либо духовную ступень, состоит в том, что он сразу же в ощущениях наслаждения, приходящих к нему, производит селекцию и ту часть наслаждения, которую не может уравновесить верой, сразу же отбрасывает как негодную к употреблению. В каббале часть наслаждения, которую человек принимает ради Творца, чтобы укрепить свою веру, и не более, называется пищей. Та часть, которую он не может принять, называется отходами. Если он не в состоянии произвести проверку и желает поглотить всю пищу, что называется в каббале «пьяный» (от избытка наслаждения), то теряет все и остается без ничего, что называется в каббале «нищий».

Человеку объясняют, что можно, а что нельзя делать, и если он не выполняет, получает наказание. Но если человек не предвидит заранее той боли и страданий, которые ему грозят, если нарушит закон, то, конечно, нарушит его, если получит наслаждение от нарушения, а затем он получит наказание, для того, чтобы знал в будущем, что нельзя так поступать.

Например, есть закон, что нельзя воровать деньги. Но если у человека есть большое стремление к деньгам, и он знает, где их можно украсть, то даже если знает, что точно получит наказание за кражу, не в состоянии оценить всего страдания от наказания. И поэтому решает, что наслаждение от денег значительно больше, чем страдания от наказания. А когда получает страдания от наказания, то видит, что они намного больше, чем он предполагал, и больше, чем наслаждение, которое получил от кражи денег. И потому теперь он в состоянии придерживаться закона.

Но при выходе на свободу говорят ему: знай, что ты получишь еще большее наказание, если поступишь так же еще раз. И это напоминают ему, потому что он забывает о страданиях, которые перенес. И теперь, когда снова захочет украсть, вспомнит, что получит еще большие страдания от наказания за вторую кражу. Поэтому есть возможность удержать себя от кражи.

Из этого и других примеров нашей жизни, которые и сам читатель может найти вокруг себя, видно, что страдания направляют человека даже по тому пути, по которому он сам бы, по собственному желанию своего эгоизма, не пошел бы никогда, поскольку намного легче украсть, чем заработать, легче отдыхать, чем думать и работать, приятней наслаждаться, чем страдать.

Тем более если человек решает учить Тору или соблюдать заповеди, то уж точно должен знать, что это для его пользы. То есть обязан понять, что его эгоизм выиграет от этого. А брать на себя абсолютно бескорыстную, не оплачиваемую деньгами, почетом, наслаждениями, обещаниями на будущее работу никто из нас не в состоянии.

Тем более не в состоянии человек работать, не видя никаких следствий работы, ее плодов, даже не видя, не наблюдая, что производишь, что даешь кому-то, что кто-то получает, не видя, на кого работаешь, то есть производить усилия в пустое пространство. Естественно, что наши эгоистические разум и тело не готовы к подобному, потому что созданы Творцом, чтобы наслаждаться!

И только от страданий, ощущаемых во всей окружающей его жизни, от полной потери ощущения вкуса и малейшего наслаждения в ней, от полной уверенности, что не в состоянии получить ни от чего окружающего ни малейшего наслаждения (в любом виде: спокойствия, отрады и т.д.), человек вынужден начать желать и поступать «альтруистически», в надежде на этом новом пути найти спасение.

И хотя это также еще не альтруизм, потому что целью действий является личное благополучие и спасение, но эти действия уже близки к альтруизму, и постепенно из такого состояния человек перейдет к нему под действием скрытого в его поступках света.

Потому что, действуя альтруистически ради себя, отдавая, чтобы получить, человек начинает чувствовать в своих действиях скрытый свет – наслаждение, а природа этого света такова, что исправляет человека.

В природе мы можем наблюдать следующее: могут пролиться на землю обильные дожди, но не в тех местах, где надо, например, вместо полей – в пустыне, и не будет никакого проку от них, а от небольших осадков в нужном месте произрастет много плодов. Подобно этому человек может безотрывно изучать Тору, но не увидеть плодов, которые должны быть от ее изучения, – духовное постижение Творца, и, наоборот, вложив во много раз меньше трудов в изучение каббалы, изучая в нужном месте, получит благословенный урожай от своих трудов.

А также при изучении уже самой каббалы, если вся учеба мысленаправлена на поиски Творца, а не на приобретение знания, то вся живительная влага Торы проливается в самом нужном месте, потому что для этого дана. Но если человек учит для знания, или – что еще хуже – для того, чтобы показать свой ум и гордиться этим, то даже каббала не даст плодов. Но она может в этом случае раскрыть человеку нужную цель изучения, а затем уже сам человек прилагает усилия в этом направлении.

Этот процесс поиска нужной мысленаправленности и происходит при изучении каббалы постоянно, поскольку вся работа человека заключается именно в том, чтобы направить себя в правильную сторону, чтобы его мысли и деяния были едины с целью творения, тем более во время изучения каббалы, потому что нет более сильного средства сближения с духовным.

Египет в Торе – это олицетворение царства власти нашего эгоизма (поэтому называется Мицраим, от слов «миц-ра» – концентрат зла), «Амалек» – это племя, сражавшееся с «Исраэль» (от слов исра-яшар – прямо и эль – Творец, то есть с теми, кто хочет направить себя прямо к Творцу), и олицетворяющее наш эгоизм, который ни в коем случае не желает позволить нам выйти из-под своей власти.

Проявляется (нападает) эгоизм только в ощущениях человека, желающего выйти из египетского плена, эгоизма. Причем даже если этот человек находится в самом начале пути, Амалек сразу же становится поперек его дороги.

Это ощущение усилившегося в человеке эгоизма посылается именно избранным самим Творцом. Только избранным, кому Творец дает желание постичь Его, Он посылает Амалека, чтобы они вознуждались в самом Творце, а не просто в улучшении своих качеств, например, быть просто «хорошими» людьми.

И такой человек начинает ощущать большие трудности в улучшении своих поступков, пропадает бывшее столь сильным желание учиться, тяжелым в нужных деяниях становится тело.

Борьба с телом происходит в основном в том, что тело (разум, наше «я») желает понять, кто такой Творец, куда надо идти и для чего, будет ли ему (телу) хорошо от каждого его усилия. Иначе ни наш ум, ни наше тело не дадут ни энергии, ни мотивации что-либо совершить. И они правы, ведь глупо что-либо делать, не зная наперед, что может из этого получиться.

Нет другого способа выйти из рамок нашей природы в духовный антимир, как приобретя другие, этого антимира разум и желания. Они противоположны нашим, поскольку все, что мы постигаем, ощущаем, все, что дает нам картину того, что мы называем нашим миром, рамками нашего мира, эти понятия – от эгоистического разума и эгоистического сердца.

Поэтому, только поменяв их на противоположные – веру вместо разума и отдачу вместо получения, можно выйти в духовный мир.

Но поскольку мы владеем только теми инструментами, с какими созданы, – разумом и эгоизмом (причем наш ум лишь обслуживает наш эгоизм), то только извне, то есть от Творца, мы можем получить другие инструменты разума и чувств.

Для этого Он и «притягивает» нас к Себе, одновременно показывая, что мы сами не в состоянии переделать себя. И поневоле мы должны искать и создавать связь с Творцом, что и является залогом нашего духовного спасения.

Не должен человек просить у Творца возможности видеть, ощущать чудеса, утверждая, что это, дескать, поможет ему идти против самого себя, даст силы вместо слепой веры в величие духовного. Тора предупреждает об этом в примере: сразу после выхода из Египта Амалек нападает на человека. И только подняв руки, прося силу веры, победил его Моше.

Но в итоге нашего духовного возвышения мы постоянно получаем высший разум, на каждой ступени все больший. И должны постоянно увеличивать силу нашей веры, чтобы она была больше разума, иначе попадем снова во власть эгоизма. И так до тех пор, пока полностью не сольемся с Творцом.

В этом состоянии мы достигаем абсолютного познания, максимального получения света (ор хохма) без каких бы то ни было градаций, как говорится в Торе: «Свет, созданный в первый день творения, в котором видел первый человек от конца мира до его конца» или как говорится в каббале: «В начале творения все заливал собой высший свет». Это означает, что когда свет светит всем, без различия уровней, и все абсолютно ясно, то нет ему начала и нет ему конца, никаких оттенков, а все совершенно постигаемо.

Есть путь Торы и есть сама Тора. Путь Торы – это тяжелый период переосмысливания цели жизни, исследования себя, своей природы, точное определение направления своих желаний, правдивое ощущение мотивации поступков, усилия в попытках преодоления желаний тела и требований разума, полное осознание своего эгоизма, длительный период страдания в поисках утоления желаний, разочарования от невозможности найти истинный «наполнитель» своих стремлений, осознание, что истинное бегство от источника страдания – эгоизма – состоит в альтруистических мыслях, без всяких мыслей о себе, постепенное ощущение сладости в мыслях о Творце – настолько, что только об этом желает думать человек.

Только после того, как человек проходит все периоды своего предварительного духовного развития, что называется путем Торы, он постигает саму Тору – высший свет, постепенно все более светящий ему по мере его восхождения по ступеням духовной лестницы, ведущей к полному слиянию с Творцом.

Поэтому весь наш путь состоит из двух частей: пути Торы и самой Торы. Путь Торы – это период подготовки новых мыслей и желаний, в течение которого человек ощущает страдания. Но после того, как проходит этот переход, коридор, ведущий в покои Творца, входит в духовность, в царство света, достигает цели творения – Торы, полного ощущения Творца.

Поколением потопа называется период работы в сердце, поколением строителей Вавилонской башни называется период работы разумом...

Все отличие между людьми состоит в том, чем каждый из нас желает насладиться, начиная с первого мгновения жизни до ее последнего мгновения. То есть все различие в том, в каком виде человек желает получить наслаждение, а само наслаждение является духовным. И только внешняя оболочка создает нам иллюзию его материальности.

Поэтому мы неосознанно стремимся менять внешние оболочки (одежды) наслаждения, надеясь ощутить его в чистом, оголенном виде света Творца, а так как отличие между людьми состоит в стремлении к различным внешним оболочкам наслаждения, то по названиям (именам) этих оболочек мы и судим о человеке. Некоторые из облачений наслаждения принимаются нами как нормальные, общепринятые, например, любовь к детям, еде, теплу и т.д., некоторые не принимаются обществом, например, наркотики, и человек должен скрывать свое стремление к ним.

Но всем человечеством принято соглашение взаимоуравновешенно использовать свой эгоизм без всякого стеснения в принятых рамках.

Причем устанавливаемые границы использования каждым своего эгоизма и мода, диктат наилучших оболочек постоянно меняются по мере развития общества. И каждый из нас в течение своей жизни под влиянием возраста, то есть под общим «естественным» влиянием Творца свыше, также меняет оболочки, с помощью которых удовлетворяет свою потребность в наслаждении.

Причем даже в одном человеке подчас разителен переход, смена оболочек наслаждения. Например, девочка получает наслаждение от куклы, но не в состоянии получить наслаждение, ухаживая за настоящим ребенком, а ее мать уже не может получить наслаждение от куклы, но не сможет убедить дочь получить наслаждение от живого младенца.

С точки зрения девочки, как она может судить по своим ощущениям, ее мать тяжело работает с живым ребенком, не получая от этого никакого наслаждения (какое наслаждение можно получить от живого ребенка – он ведь не кукла! Наверное, в будущем мире ей за это воздастся. Я же хочу насладиться в этом мире и потому играю с куклой!).

Так считает ребенок, и с ним невозможно не согласиться, поскольку он еще не дорос до такого состояния, в котором сможет находить наслаждение в настоящих предметах и находит его в игрушках, то есть в ложных, ненастоящих объектах.

Все мы, Божьи создания, тянемся только к наслаждению, исходящему от Творца. И все можем желать только Его и только в этом ощущать жизнь. И этим мы не отличаемся ни от наших душ до их снисхождения в наш мир и облачения в наши тела, ни после всех наших кругооборотов, когда все вернемся к Творцу. Такими желающими насладиться исходящим от Него светом мы созданы, и это изменить нельзя, да и не надо! Все, что требуется от нас, для чего и создал нас Творец – это чтобы мы сменили внешнюю оболочку наших наслаждений, поменяли куклу на живого ребенка – действительно насладились!

Человек желает, как младенец во время кормления, только получать то, что хочет. Но поневоле согласен приложить усилия, если уверен, что их итогом будет получение наслаждения. Если же человек желает заняться работой над собой, изучением Торы, то тело его сразу же спрашивает: зачем это нужно?

На этот вопрос есть четыре ответа:

1) для того, чтобы досадить другим – самая плохая цель, потому что стремится причинить страдания другим;

2) для того, чтобы стать большим равом, получить хорошую должность, почет, деньги, удачно жениться – цель лучше прежней, потому что от него будет польза людям – это называется работой ради других, так как те платят ему;

3) для того, чтобы только Творец знал про его учебу и работу над собой, а люди чтобы не знали: он не желает получать почести от людей, но чтобы Творец воздал ему. Это называется работой на Творца, потому что вознаграждение ждет от Творца;

4) для того, чтобы все плоды его труда получил Творец, но в ответ не ждет от Него никакой платы. И только в таком случае эгоизм спрашивает его: а что же тебе будет за это? И такому человеку нечего ответить самому себе, и остается только идти наперекор своему разуму и чувствам, то есть выше своего разума и чувств (лемала ми даат).

Таким образом, вся его работа сводится к тому, что он полностью отстраняет свой ум и свои чувства от критики и проверки своего состояния, полностью доверяя его Творцу, а сам полную меру своих сил вкладывает в то, чтобы все его мысли и чувства постоянно были о Творце и величии духовной жизни. А на все обращения к нему своего же внутреннего голоса разума со всеми его доводами о необходимости заботиться о всевозможных проблемах текущей жизни он отвечает, что все, что от него требуется, он выполняет, но все свои мысли и желания устремляет только на благо Творца. А всю критику своего внутреннего голоса он не желает воспринимать. Таким образом, человек как бы повисает в воздухе без всякой разумной точки опоры, что и называется выше разума и чувств – «лемала ми даат».

Чем больше человек получает наслаждения от обладания чем-либо, тем он больше этим дорожит. А чем больше дорожит, тем больше боится потерять.

Как же может человек дойти до осознания и ощущения важности духовного, если никогда не ощущал его? Это приходит к нему от его усилий именно в состояниях духовной опустошенности, когда переживает, что нет у него ни малейшего ощущения величия духовного, что крайне удален от Творца, что не в состоянии измениться.

Усилия человека именно в таком состоянии, называемые будничной работой, рождают в нем важность духовного ощущения, называемого субботой, когда ему уже не надо (запрещено) работать над собой, а только хранить (субботу), дабы не потерять этот подарок Творца.

Известно, что если человек имеет личную заинтересованность в чем-то, то поневоле уже не может объективно судить о чем бы то ни было, что связано с этим объектом. Если сказать человеку напрямую, что он неправильно себя ведет, он никогда с этим не согласится, поскольку так ему удобнее, и потому уверен, что поступает правильно.

Поэтому если человек принимает на себя обязательство поступать, как ему говорят, то постепенно обнаруживает, что правда не в его прошлых поступках и мыслях, а в том, что ему советуют. Этот принцип называется в Торе наасэ вэ нишма.

Поскольку цель Творца – насладить творения (каковыми являемся только мы, а все остальное создано Им только со вспомогательной целью), то до тех пор, пока человек не почувствовал совершенства в наслаждении и может обнаружить в нем (по качеству, степени, через какое-то время и т.д.) какой-либо недостаток – это признак того, что еще не пришел к цели творения.

Но, чтобы получить наслаждение, цель творения, необходимо прежде сделать исправление своего желания получать наслаждение – получать, потому что так желает Творец. Причем человек не должен заботиться о получении наслаждения, так как немедленно, как только исправит себя, оно тут же ощутится им, а должен думать только о том, как исправить себя.

Это подобно тому, как человек, желающий купить квартиру, не должен думать, как он ее получит, а должен думать, как он за нее рассчитается, как заработает, потому что, как только у него будут деньги, квартира уже будет его. Таким образом, все усилия должны быть направлены не на квартиру, а на деньги.

Так же и в постижении духовного все усилия надо направить на создание условия для получения света, а не на сам свет, то есть на создание альтруистических мыслей и желаний – и духовное наслаждение тут же ощутится.

Польза от прогресса человечества заключается в том, что, несмотря на то, что человечество постоянно ошибается и вроде бы ничему не учится на собственных ошибках, процесс накопления страданий происходит в вечной душе, а не в бренных телах.

Таким образом, ни одно страдание не пропадает и приведет в каком-то кругообороте в этом мире человеческое тело к осознанию необходимости искать пути избавления от страданий в духовном возвышении.

Высшие, духовные миры справедливо назвать относительно нас антимирами, поскольку в нашем мире все законы природы построены на основе эгоизма, стремлении захватить и понять, а природа высших миров – это абсолютный альтруизм, стремление отдать и верить.

И настолько обратны эти два противоположных полюса духовной и материальной природы, что никакого подобия нет между ними, и все наши попытки представить себе, что там происходит, ни в коем случае не дадут нам ни малейшего представления. Только заменив желание сердца с «захватить» на «отдать» и желание ума с «понять» на «верить» – вопреки уму, – можно приобрести духовные ощущения.

Оба эти желания связаны друг с другом, хотя желание захватить находится в сердце, а желание понять – в разуме. И это потому, что основа их – эгоизм.

Сказано в каббале, что порядок рождения духовного объекта начинается с того, что «отец выводит мать наружу», чтобы родить сына: совершенство «выталкивает» разум из процесса анализа окружающего, чтобы получить новый, высший разум, независимый от желаний и потому истинно объективный.

Недостаточна просто вера в Творца. Эта вера должна быть еще во имя Творца, а не для собственного блага.

Молитвой называется только такое обращение к Творцу, которое подразумевает возбудить в Творце желание помочь молящемуся обрести чувство важности и величия Творца. Только на ощущение такого желания реагирует Творец тем, что поднимает молящегося в высший мир, и раскрывается ему все величие Творца, что дает ему силы для вознесения над собственной природой.

Только получив свет Творца, дающий силы противостоять своей эгоистической природе, человек получает ощущение того, что достиг вечности, постоянства, потому что не может уже в нем ничто измениться, и никогда не вернется снова к эгоизму, а уже вечно будет жить в духовном мире. Поэтому в его ощущениях настоящее и будущее становятся равны, и появляется чувство достижения вечности.

Поскольку наш Творец находится в состоянии абсолютного покоя, то и мы, Его создания, стремимся к состоянию покоя – достижения желаемого. Творец создал две силы для нашего развития: толкающая сзади, то есть страдания, заставляющие нас убегать от нашего состояния, и притягивающая, манящая наслаждением впереди. Но только две эти силы одновременно, а не каждая в отдельности, в состоянии сдвинуть нас с места и заставить двигаться.

И человек ни в коем случае не должен жаловаться, что Творец сотворил его ленивым, что это, дескать, Творец виноват, что ему так трудно сдвинуться с места. Наоборот: именно потому, что он ленив, он не стремится бездумно и импульсивно за любыми мелкими увлечениями в жизни, а долго приценивается, стоит ли тратить силы на то, что случайно приглянулось.

И от страданий он убегает не сразу, а оценивает, зачем, с какой целью он их получил, учится на них, чтобы избежать в будущем, потому что они вынуждают его к действию и движению, которые ему так трудно совершить.

Во всех жизненных ситуациях человек хотел бы использовать весь свой эгоизм. Но окружающие не позволяют ему действовать подобным образом. Все наши законы человеческого общежития построены на том, чтобы договориться между собой об использовании каждым своего эгоизма, чтобы при этом минимально пострадали другие.

Потому что при любом общении мы хотим максимального: ведь продавец хотел бы получить деньги, не отдавая товара, а покупатель хотел бы получить товар бесплатно. Хозяин мечтает о бесплатных работниках, а работник желает получить зарплату, не работая.

Наши желания можно измерить только по силе страданий от

отсутствия того, чего мы желаем: чем больше страдание от отсутствия желаемого, тем больше, значит, желание к нему.

Говорится: «желает Творец жить в низших созданиях» – создать эти условия в нас самих и есть цель творения и наше предназначение.

Идолопоклонство (авода зара) – это следование эгоистическим желаниям тела, в противоположность духовной работе, аводат ашем, аводат акодэш – следованию альтруистическим желаниям или целям (если желаний еще нет).

Духовное слияние – это полное подобие свойств двух духовных объектов.

Духовная любовь – это следствие ощущения полного слияния. Поскольку имеется в виду слияние двух противоположных свойств – человека и Творца, то проверка – любовь ли это или подчинение – заключается в том, что если у человека нет желания вернуться к своей власти, власти своих желаний, то это признак того, что он действительно любит Творца.

Совпадение означает, что так же как есть у Творца радость от доброго влияния на творения, так и у человека есть радость от того, что может что-то дать Творцу.

Возвращение, тшува, означает, что человек в течение своей жизни в этом мире вернется в то духовное состояние, в котором находился при сотворении его души (состояние первого человека до грехопадения).

Есть два органа действия, два действующих начала в человеке – ум и сердце, мысль и желание. И над обоими он должен провести работу по преобразованию их эгоистической основы в альтруистическую.

Все наши наслаждения мы ощущаем в сердце. Если человек в состоянии отказаться от любого земного наслаждения, ради обладания духовным свойством, он заслуживает получать настоящие наслаждения свыше, потому что уже не использует свой эгоизм.

Ум не ощущает наслаждения от того, что понимает то, что делает. Если человек в состоянии делать, не понимая, а в силу веры, против того, что говорит ему разум, что называется идти выше разума, несмотря на то, что умом постиг и думает иначе, то, значит, и в уме исключил свой эгоизм и может поступать по разуму Творца, а не по своему уму.

Свет Творца пронизывает все творение, в том числе и наш мир, хотя никак нами не ощущается. Этот свет называется светом, оживляющим творение. Благодаря ему творение, миры существуют, иначе бы не только остановилась жизнь, но исчез бы и сам материал, из которого они состоят. Этот оживляющий свет проявляет свое действие во всевозможных материальных одеяниях объектов и явлений нашего мира перед нашими глазами.

Все, что нас окружает, и мы сами есть не что иное, как свет Творца – и в Торе, и в материи, и в самом грубом творении. А разница ощущается только нами, воспринимающими внешние оболочки, одежду света. На самом же деле внутри всех творений действует одна сила – свет Творца.

Большинство людей не ощущает свет Творца, а только его внешнюю одежду. Есть люди, которые ощущают свет Творца только в Торе. А есть люди, ощущающие свет Творца во всем, ощущающие, что все вокруг – это исходящий от Творца и все собой заполняющий свет.

Творец решил сотворить человека в нашем мире, чтобы с самых низин своего первоначального состояния человек смог духовно подняться до уровня Творца, стать, как Творец. Поэтому Творец создал свойство эгоизма – желание насладиться. Это ощущение эгоизма и называется первым творением.

Поскольку Творец – это свет, то, естественно, первое творение оказалось заполненным светом-наслаждением.

Таким образом, в начале творения свет-наслаждение заполнял все созданное пространство-эгоизм, заполнял целиком, до предела все желания насладиться, какие только есть в сотворенном эгоизме.

Затем Творец сократил распространение света, скрыл его, и на его месте в творении, в желании насладиться, в эгоизме появилась боль, пустота, тьма, тоска – все, что только можно себе представить при полном отсутствии наслаждения от чего бы то ни было.

Для того, чтобы поддержать минимальное стремление к жизни в человеке, чтобы не покончил с собой от отсутствия какого бы то ни было наслаждения, Творец дает нам желание насладиться маленькой порцией света, «нэр дакик», одетой в различные предметы нашего мира, к которым поэтому мы стремимся.

Таким образом, мы неосознанно и автоматически находимся в постоянной погоне за светом Творца. И мы рабы этого природного стремления.

Но человек должен верить, что скрытие Творца, ощущение безысходности в отсутствии наслаждения специально создается Творцом для пользы человека, потому что, если свет Творца заполнит эгоизм, у человека не будет свободы воли самостоятельно действовать, ибо станет рабом наполняющего его наслаждения.

И только в отрыве от света Творца, в ощущении Его скрытия, когда человек ощущает себя как абсолютно независимое, самостоятельное существо, есть возможность самостоятельного решения и действия.

Но и эта самостоятельность проявляется только при определенных условиях. Ведь хотя Творец скрыл себя от нас, но наш эгоизм в нас остался, и он командует всеми нашим помыслами и чувствами.

Поэтому действительная свобода воли появляется только тогда, когда:

1) человек не ощущает влияния Творца и
2) может поступать независимо от желаний своего тела.

Такая возможность предоставлена нам именно в наших, земных условиях, почему мы в них и находимся. И человек должен верить в то, что нет никого и ничего в мире, кроме Творца.

И даже он сам есть некое самостоятельное осознание своего «я» именно вследствие созданного в его ощущении эгоизма, а если бы избавился от этого качества, то снова стал бы частью Творца.

Человек должен верить, что скрытие Творца ощущается только им, в его чувствах, что скрытие Творца создано специально для пользы человека. Поэтому до тех пор, пока человек не подготовлен узнать истину, он должен верить, что истина не такая, какой он ощущает ее в своих чувствах. А понять ее можно постепенно и только в той мере, в какой человек достигает совершенства в своих качествах.

Таким образом, вся работа человека возможна только в состоянии скрытия от него духовного наслаждения, чтобы, несмотря на скрытие Творца, мог сказать себе, что духовную непривлекательность он ощущает только по желанию Творца, а на самом деле нет ничего более совершенного.

И если человек вопреки ощущению тьмы, подавленности и пустоты, вопреки доводам разума может устремиться к поискам ощущения Творца, духовному сближению, что называется, идет выше своего разума и чувств по принципу «эмуна лемала ми даат», то Творец открывается ему, потому что во всех своих состояниях человек ищет и ждет только этого.

Таким образом рождается в человеке настоящее желание ощутить

Творца, что является необходимым условием для раскрытия Творца.

Сила веры в возможность ощущения Творца измеряется ощущением глубины падения, из которой человек может воззвать к Творцу.

Но человек должен понимать, что если он еще не готов к ощущению Творца, то поневоле эгоистически насладится этим неземным ощущением.

Поэтому человек должен просить Творца: 1) чтобы он был подготовлен ощутить высшее наслаждение; 2) чтобы Творец дал ему силы удержаться в вере выше разума, несмотря на раскрытие Творца.

Есть два вида помех со стороны нечистых сил (клипот), которые в нас: удержание (ахизат клипот) и вскармливание (еникат клипот).

Когда человек не чувствует никакого вкуса в занятиях и работе над собой и через силу идет вперед, то клипа показывает человеку всевозможные недостатки духовного существования: человек ощущает, что нет ничего в духовном.

Вследствие этого у клипот есть возможность «удержать» человека от занятий, поскольку не видит величия духовного. Подобное состояние называется явление Творца в пепле (шхинта бэ афра).

Но если человек силой воли все же продолжает стремиться вперед и начинает ощущать вкус в духовной работе над собой, то клипа начинает «кормиться» от его духовных постижений, то есть то, что человек заработал (наслаждение от духовного), она теперь хочет забрать себе, вселяя в человека мысли, что он должен продолжать работать, но не потому, что Творец желает, а для собственного удовольствия.

И если человек сдается этим мыслям, то все наслаждение переходит в его эгоизм. И это называется «вскармливание» клипот. В этом случае человек должен просить Творца, чтобы Он помог справиться с подобными совратительными мыслями.

Вывод: сначала человек должен просить Творца о том, чтобы ощутить наслаждение в Торе, а потом – чтобы это наслаждение не принять в свой эгоизм.

Возражения тела против духовной работы, так как не получает от этого ни наслаждения, ни уверенности в вознаграждении в будущем, называются «злой язык» – лашон ра. Для того, чтобы избежать соблазна, человек должен притвориться глухим к зову тела и слепым, вообразить, что якобы есть свет Торы, но только он его не видит. А затем Творец открывает ему глаза и слух, и видит свет Торы и слышит, что говорит только ему Творец.

Усилия, которые человек прилагает в любой своей деятельности для постижения духовного, постепенно накапливаются в такой степени, что их количество становится достаточным для образования сосуда (кли) или одежды (левуш) для приема внутрь света Творца, души человека.

(Часть из усилий, соответствующая сфире ход, образует вокруг человека объемную картину-сферу, которую он считает своим духовным миром, аналогично тому, как мы воспринимаем нашу вселенную, мир, который ощущаем сейчас, и поэтому говорим, что находимся в нем.)

Кроме света-Творца и человека, созданного этим светом, находящегося внутри этого света и могущего (больше-меньше, в зависимости от совпадения свойств со светом) ощущать свет, нет ничего.

Если свойства человека и света не совпадают, человек совершенно не чувствует света, то есть Творца. Первоначально человек помещается именно в такие условия полного властвования эгоизма, называемые «наш мир».

Только посредством своих усилий он может постепенно взрастить в себе такое желание и необходимость ощущения Творца (сосуд для света Творца), что начнет ощущать Его. Усилия человека заключаются в том, что он пытается всеми силами сам исправить себя, а убедившись в собственном бессилии, взывает к Творцу молитвой о помощи в спасении от эгоизма и слиянии с Творцом. Этот процесс может длиться месяцы, годы, если проходит под руководством учителя-каббалиста, или несколько жизней (гильгулим), если человек проходит его самостоятельно, путем страданий.

Только правильные усилия в нужном направлении создают сосуд души, внутри которого раскрывается человеку его Творец.

Причины поступков человека называются в каббале отцами, а следствия поступков сыновьями (правильные духовные действия).

Не по своей воле ты рождаешься: тебя заставляет родиться духовно Творец путем страданий (получить душу – свет Творца), и в твоих силах осуществить это самостоятельно путем Торы.

Не по своей воле ты живешь: если не по своей (эгоистической) воле будешь действовать (жить), то получишь настоящую вечную духовную жизнь, которую только и можно назвать жизнью.

Не по своей воле ты умираешь: если не хочешь (духовно) умереть или быть духовно мертвым (без души – света Творца), должен поступать не по своей воле.

Работа в средней линии души начинается с правой линии: белый свет (ловэн дэ аба), свет мудрости (ор хохма) входит в 320 искр (нецуцим), и власть (малхут) эгоизма спускается на свое место, так как на нее есть запрет использования (Цимцум Алеф). Это на языке каббалы. А языком наших чувств: оттого что ор хохма раскрывает эгоизм как зло (авиют), человек ощущает, что нет более мерзкого поступка, чем работать на себя. Но все равно нет у него еще сил работать на других, отдавать.

Поэтому необходима левая линия: красный свет (одэм дэ има), дающий человеку альтруистические желания и силы.

Сами органы духовных чувств по аналогии с нашими пятью органами (зрение, слух, обоняние, речь, осязание) действуют с определенной выбираемой нами целью.

При воздействии белого света человек осознает, что нет ему выгоды использовать для себя эти пять органов, нет смысла работать на эгоизм.

Отсутствие желания самонасладиться, побуждающего эти пять органов к работе, ведет к отсутствию энергии для совершения какого бы то ни было движения, то есть к пассивности и бездействию. Человек еще не осознал, что может быть целью работа на отдачу, альтруистические действия.

Поэтому необходимо воздействие еще одного духовного свойства, называемого красный свет, левая линия, малхут мемутэкет ба бина, чтобы его желание насладиться согласилось на альтруистическую работу (свойства бина).

Получая энергию духовно, альтруистически двигаться, человек начинает действовать на сочетании свойств правой и левой линий и получает в свои новые желания свет Творца (средняя линия), наслаждение совершенством.

Если человек согласен получить силу веры, альтруизма, митук дэ бина, хасадим мехусим, катнут, лемала ми даат, то может впоследствии получить и высший разум, хасадим мегулим.

Принцип отречения от самонаслаждений, избранный одной из мировых религий, и принцип наслаждения, выбранный другой, происходят из нечистых (эгоистических) сил (клипот) правой и левой линий духовного восхождения.

Поэтому там, где в Торе сказано о самоограничении, имеется в виду предварительная стадия работы над собой, попытка отречения собственными силами от намерения самонаслаждения.

Можно явно видеть корни всех верований, течений, групп, религиозных философий в различных клипот, окружающих левую и правую духовные, чистые линии, питающихся посредством схватывания-удерживания (ахиза) или вскармливания (еника).

Но цель работы – в средней линии, взойти до бесконечного, то есть не имеющего конца, границы, то есть не ограниченного нашими свойствами наслаждения Творцом.

Местом в духовных понятиях называется желание. Отсутствие желания называется отсутствием места. Как и в нашем мире человек говорит, что нет места в желудке принять пищу, потому что нет желания.

Духовное место, желание человека ощутить Творца называется сосудом (кли) его души, или шхина. В этот сосуд он получает свет Творца, раскрытие Творца, называемое душой человека. Сам Творец называется шохэн.

Поскольку все наши желания пронизывает эгоизм (рацон лекабэль), есть скрытие света Творца (галут шхина). По мере изгнания эгоизма из наших желаний очищается место. Неисправленное желание называется гой, а поскольку их множество, то они называются народами мира. Исправленное желание называется Исраэль.

В освободившемся месте – исправленном желании – раскрывается свет Творца, сам Творец действует тайно, скрыто от нас.

Процесс раскрытия Творца по мере исправления, очищения (акшара от слова кашрут – ритуальная чистота) наших желаний, мест, сосудов (килим) воспринимается нами как приход света. На самом же деле нет никакого движения, но, подобно процессу проявления фотоснимка, свет постепенно проявляется в наших ощущениях.

Поскольку мы воспринимаем не сам свет, а его воздействие на наш сосуд, то и самого Творца (шохэн) мы называем по имени Его раскрытия – шхина, а о Нем самом мы можем судить только по тем ощущениям, которые Он вызывает в нас.

Поэтому раскрытие Творца называется шхина. Если Творец скрывает себя, говорится, что шхина находится в изгнании, шохэн скрывается. А если человек заслужил раскрытие Творца, это называется возвращением из изгнания.

Мера раскрытия Творца в человеке называется душой (нэшама). Как только какое-либо из своих желаний человек в состоянии исправить на альтруистическое, сразу же в нем проявляется ощущение Творца. Поэтому говорится, что душа человека – это часть самого Творца.

В состоянии конечного исправления Творец заполнит все наши желания, то есть раскроется нам в той мере, в какой Он желает раскрыться творениям, соответственно чему Он создал наши желания еще в начале творения.

Шхина – это сумма всех частных душ. Каждая душа есть часть общего раскрытия Творца.

Мы не можем ответить на вопрос, что за причина вызвала у Творца желание сотворить нас, чтобы дать наслаждение, поскольку этот вопрос касается процесса до начала творения, а мы постигаем максимум то, что раскрывается нам, то есть после этого момента развития.

Исходная ступень, начиная с которой, мы постигаем творение, – это ощущение наслаждения, исходящее от Творца. Поэтому мы называем целью творения «желание Творца насладить создания», постигающие Его.

Все вопросы выше этой ступени – выше нашего постижения. Человек должен постоянно помнить, что все наши понятия и знания исходят только из личного постижения.

Наше желание наслаждения – единственное, что в нас есть. Все возможности нашего тела, его способности, разум, весь наш прогресс – все только для того, чтобы обслуживать это наше единственное желание насладиться от различных объектов, которые мы порождаем, изобретаем, ищем, принимаем как нужные, модные, необходимые, респектабельные и так далее, и все это ради того, чтобы возможно было постоянно получать наслаждения, где бы мы ни были, на любой вкус и нрав.

Мы не можем жаловаться на безграничные вариации желания насладиться. Только одно это желание было достаточно создать Творцу, чтобы далее мы ощутили себя самостоятельными (желающими) существами и могли самостоятельно действовать на основании этого единственного нашего инстинкта – «инстинкта выбора максимального наслаждения».

Выбор максимального наслаждения происходит с привлечением

всех наших умственных, подсознательных, физических, нравственных и многих других данных, возможностей, памяти на всех уровнях – от атомной, молекулярной, биологической, животно-телесной и др. до высших способностей нашего разума.

Простой пример: человек любит деньги, но под угрозой смерти готов все свое богатство отдать грабителю. Таким образом, он меняет одно наслаждение – от богатства – на другое, еще большее – остаться в живых.

Невозможно произвести действие, если человек не будет уверен, что в итоге выиграет по сравнению со своим настоящим состоянием. Причем выигрыш может быть в любом виде, в любом обличии, но главное, что конечное наслаждение будет больше, чем нынешнее, – только тогда человек может действовать.

Какая же разница, получает ли человек наслаждение от эгоизма, получения, или от альтруизма, отдачи?

Дело в том, что запрет пользоваться эгоизмом обусловлен ощущаемым при этом чувством стыда, обязательно возникающим у получающего. Но если получает ради дающего, то не ощущает стыда, и его наслаждение совершенно.

Поскольку первичное духовное создание, именуемое «общая душа», или «первый человек», было не в силах произвести такой переворот в своих замыслах при получении огромного наслаждения от Творца, оно разделилось на 600 тысяч частей (душ). Каждая часть, каждая душа получает «нагрузку» в виде эгоизма, который должна исправить. Когда все части исправятся, они снова сольются в «общую исправленную душу». Такое состояние общей души называется концом исправления – гмар тикун.

Это подобно тому, как в нашем мире человек в состоянии удержать себя от кражи незначительной суммы денег, от небольшого наслаждения из-за страха наказания или стыда, но если наслаждение больше, чем все его силы сопротивления, то не в состоянии удержать себя.

Поэтому, разделив душу на множество частей и каждую часть – на множество последовательных стадий работы в виде многоразовых облачений в человеческие тела (гильгулим), и каждое состояние человека – на множество подъемов (алиет) и спусков (еридот) в желании изменить свою природу, Творец создал нам условия свободы воли для преодоления эгоизма.

Если человек чувствует любовь к Творцу, он немедленно должен пытаться присоединить к этому чувству также чувство страха: не является ли его чувство любви эгоистичным. И только если есть оба этих чувства, есть совершенство в устремлении к Творцу.

Испытывающий стремление к духовному постижению, но не ощущающий еще Творца полон духовного смятения. И хотя свыше дано ему стремление познать Творца, все равно не готов сам сделать шаг вперед к этому, пока свыше не дадут ему такое желание, которое подтолкнет его и позволит понять, что все его ощущения и жизненные обстоятельства таковы, потому что проникнуты желанием Творца обратить внимание на себя и побудить идти навстречу. И тогда во всем окружающем можно видеть обращение Творца к каждому из нас лично.

Ведь именно поэтому мы сугубо индивидуально воспринимаем картину мира и даем свою интерпретацию всему происходящему. Правило «сколько людей, столько и мнений» именно и подчеркивает единственность каждого из нас.

И потому, вслушиваясь в свои чувства, человек может начать диалог с Творцом по принципу «человек есть тень Творца», то есть как тень движется в соответствии с движением человека, и все движения тени только повторяют движения человека, так и внутренние движения человека – его желания, стремления, восприятия, вся его духовная суть, его взгляд на мир – повторяют движения, то есть желания Творца относительно данного человека.

Поэтому, если человек вдруг почувствовал желание ощутить Творца, он сразу же должен осознать, что это не результат каких-либо его действий, а это Творец сделал навстречу ему шаг и хочет, чтобы человек почувствовал влечение, тягу к Нему.

В начале пути Творец при каждом удобном случае обращается к человеку, вызывая в нем тоску и страдания по духовным ощущениям. Но каждый раз на данное человеку влечение Творец ждет такой же реакции со стороны самого человека. То есть если человек понимает, что с той же силой чувств, с какой он хочет ощутить Творца, Творец хочет ощутить его, и пытается развить в себе эти чувства и усилить их, он тем самым движется навстречу Творцу, пока не соединяется с Ним по своим желаниям и свойствам.

Но поскольку, находясь в начале пути, человек еще не чувствует и не понимает Творца, то после нескольких бесплодных попыток продвинуться навстречу Творцу ему вдруг начинает казаться, что только он желает сблизиться с Творцом, а Творец пренебрегает им. И человек, вместо того, чтобы дополнить свои стремления до необходимого предела и слиться с Творцом, начинает в сердце обвинять Творца в пренебрежении к себе и сердиться, совершенно забывая, что точно в той же степени Творец желает его и потому-то дал ему такие стремления к себе.

И пока в человеке нет полной веры в единственность Творца, он неизбежно будет круг за кругом возвращаться к тем же ошибкам до тех пор, пока Творец, суммируя все усилия человека удержать мысль о том, что свое влечение к Творцу он получает от Творца, получит необходимое число усилий человека и поможет, открывшись ему, показывая всю истинную панораму миров и самого себя.

Полностью слиться с Творцом человек может только в том случае, если все свои стремления с радостью устремит к Творцу. И это называется «всем сердцем», то есть даже тем, чего не требуется для подобия Творцу.

Если человек в состоянии полностью принизить все выявленные в себе эгоистические желания, ощущая при этом радость в сердце, он создает условия для заполнения его сердца светом Творца.

Главное в работе человека над собой – это достичь чувства наслаждения в том, что делает что-либо приятное Творцу, потому что все, что делает для себя, отдаляет его от Творца. Поэтому все усилия должны быть направлены на отыскание приятного в обращении к Творцу, сладости в мыслях и чувствах о Нем.

Когда человек чувствует себя абсолютно опустошенным, это и есть подходящее время искать величие Творца и опору в Нем. И чем более опустошенным и беспомощным он себя ощущает, чем более величественным может представить себе Творца, тем выше он сможет подняться, прося у Творца помощи в духовном восхождении, в том, чтобы Творец раскрыл ему свое величие, и это лишь для того, чтобы появились силы для движения вперед.

В таком состоянии человек нуждается в Творце и Его помощи, поскольку разум говорит ему в это время совершенно противоположное. Поэтому ощущение собственной опустошенности приходит именно для того, чтобы человек заполнил его ощущением величия Творца, называемым верой.

Праведником называется тот, кто:

1) во всем, что чувствует, будь то плохое или хорошее, оправдывает действия Творца, несмотря на воспринимаемые телом, сердцем и разумом чувства. Оправдывая любые ощущения, посылаемые ему Творцом, он как бы совершает шаг вперед навстречу Творцу, так называемый «правый» шаг;

2) ни в коем случае не закрывает глаза на свое истинное положение и ощущения, сколь бы они ни были неприятны. Даже если и не понимает, для чего необходимы подобные состояния, не пытается их стушевать. Поступая таким образом, он как бы делает вперед «левый» шаг.

Совершенство в духовном продвижении заключается в том, что человек постоянно движется вперед, попеременно меняя эти два состояния.

Абсолютным праведником называется тот, кто оправдывает все действия Творца как над собою, так и над всем творением, то есть достигший возможности воспринимать ощущения не в свои эгоистические желания, а уже оторвавшийся от них и желающий только радовать.

В таком состоянии не может быть у человека духовных падений, так как все, что с ним происходит, он не расценивает с точки зрения собственной выгоды, и потому все, что ни делается, все к лучшему.

Но поскольку не в этом заключается цель Творца в творении, но в том, чтобы творения именно в своих ощущениях наслаждались, то достижение уровня праведника – это еще не конечное состояние человека. Поэтому после того, как человек достигает ступени праведника, он должен постепенно вновь начать возвращать себе свой эгоизм, подавленный им во время постижения уровня праведника.

Но и этот возвращаемый вновь эгоизм праведник прилагает к приобретенному желанию радовать Творца и потому уже может не только отдавать, но и получать наслаждения в свои возвращаемые желания, доставляя этим радость Творцу.

Это подобно тому, как альтруист нашего мира стремится творить добро, поскольку родился с такими склонностями, а не получил их от Творца в качестве вознаграждения за работу над собой, и ничего не хочет якобы ради себя, поскольку создан его эгоизм таким образом, что он наслаждается, отдавая людям, и действует таким образом ради заполнения своего эгоизма, и не может действовать иначе.

И это подобно ситуации, в которой человек находится в гостях у своего друга: чем с большим аппетитом и наслаждением он вкушает предлагаемое ему, тем большее удовольствие он доставляет дающему, а не будучи голодным, не в состоянии порадовать друга.

Поскольку при получении наслаждения у получающего возникает чувство стыда, то, если он отклоняет угощение достаточное количество раз, у него создается ощущение, что, вкушая, он делает одолжение хозяину – тогда чувство стыда пропадает, и наслаждение испытывается в полной мере.

В духовных ощущениях нет самообмана, будто праведник не желает получить никаких наслаждений. Завоевывая ступени праведности, он на самом деле отказывается от эгоистических наслаждений с помощью Творца, заменяющего его эгоистическую природу на альтруистическую, и потому действительно стремится лишь доставить радость Творцу.

А уже видя, что Творцу доставляет наслаждение только то, что Его создания наслаждаются исходящим от Него наслаждением, не уменьшаемым или даже уничтожаемым чувством стыда, праведник вынужден вновь использовать свой эгоизм, но уже с другой целью – наслаждаться ради Творца.

В итоге Творец и человек полностью совпадают по намерению и действию: каждый стремится усладить другого и потому наслаждается. И нет никаких ограничений в получении наслаждения в таком виде: и напротив, чем ощущаемое наслаждение больше, тем выше духовный уровень, и есть дополнительное наслаждение – от слияния с Творцом, то есть наслаждение от постижения бесконечной силы, власти, могущества без всякой заботы о себе.

Поэтому уровень праведника недостаточен для достижения цели творения – наслаждения исходящим от Творца светом, это лишь необходимая ступень исправления наших намерений – «для чего мы хотим наслаждаться». Постижение ступени праведника лишь позволяет нам избавиться от чувства стыда при получении наслаждения от Создателя.

Насколько эгоизм – природа человека нашего «этого» мира – простая категория, всеобщий закон жизни материи, а альтруизм – категория утопическая, настолько наоборот они воспринимаются находящимися на ступенях духовного мира.

Усложнение происходит по причине сокрытия (астара) Творца. Человек наслаждается, только наполняя свои желания – а Тора говорит, что это зло, не для его пользы. И человек не понимает, почему так, ведь он не может чувствовать в страданиях никакого наслаждения, а должен верить, что это добро для него.

Поэтому на каждое действие или мысль у человека возникает множество расчетов. Причем, чем ближе он находится ко входу в духовный мир (махсом), тем все сложнее, и понятней становится одна истина: «Много мыслей в сердце человека, но только совет Творца их разрешит» (арбэ махшавот бэ лев иш, ве эйцат ашем такум).

Отличие человека, желающего духовно возвыситься, то есть приобрести духовные свойства, свойства Творца, от человека, выполняющего желания Творца за вознаграждения и в силу полученного воспитания, в том, что у последнего есть вера в вознаграждение и наказание, и поэтому он выполняет желания Творца. Творец в таком случае для него как дающий работу, платящий зарплату, а человек – как работник, которому не важен хозяин, а важна зарплата: вознаграждение наслаждением или наказание страданием в этом или будущем мире. И это дает ему силы выполнять заповеди, и он не спрашивает себя, для чего он выполняет волю Творца, ведь верит в вознаграждение.

Но тот, кто хочет выполнять желания Творца не ради платы, постоянно спрашивает себя: для чего же он это делает? Ведь если это желание Творца, то для чего Творцу это надо, ведь Он полон, совершенен? Что же Ему добавят наши действия? Очевидно, что для нас самих. И человек начинает исследовать, что же за выгода есть для него в выполнении желаний Творца. И постепенно осознает, что платой за выполнение является исправление самого человека, пока не получит свыше свою душу – свет Творца.

Тора говорит, что грешникам эгоизм представляется как небольшое препятствие, похожее на нитку, а праведникам – на высокую гору. Поскольку Тора говорит только относительно одного человека, в котором его свойства, мысли и желания называются различными именами нашего мира, то под грешниками и праведниками подразумеваются состояния одного человека.

Сокрытие означает не только сокрытие Творца, но и сокрытие сути человека от него самого. Мы не знаем самих себя, наших истинных свойств – они раскрываются нам только в том объеме, в котором мы можем исправить их. (Человек подобен ящику с отбросами: чем больше он в себе копается, тем больше нечистот и зловония он ощущает).

Поэтому тем, кто еще в начале пути, грешникам, показывает Творец, что их эгоизм не такой уж непреодолимый, чтобы у человека не опустились руки от вида непосильной работы.

Тем же, кто уже находится в пути, в той мере, в какой они приобрели силу сопротивления эгоизму и ощущение важности исправления, Творец раскрывает истинные размеры их зла.

А праведникам, то есть тем, кто желает стать праведником, Творец раскрывает всю величину их эгоизма, и им он представляется как высокая, непреодолимая гора.

Итак, по мере продвижения человека ему раскрывается все больше его собственное зло в той мере, в какой он может его исправить. Поэтому, если человек вдруг раскрывает в себе нечто отрицательное новое, он должен помнить, что если он это почувствовал, значит, может с этим справиться, то есть не поддаться унынию, а просить Творца его исправить.

Например, когда человек начинал работать над собой, то ощущал во всех наслаждениях окружающего мира только 10 грамм наслаждения и мог пренебречь им. А потом Творец дает ему вкус наслаждения в 15 грамм. И начинается работа, потому что человек чувствует себя от прибавления вкуса в наслаждениях более низким (от ощущения стремления к ранее не привлекавшим его наслаждениям) и более слабым (от разницы между силой притяжения к наслаждению и силой своего сопротивления).

Но в таком состоянии человек обязан заявить себе, что это от того, что Творец добавил ему вкус в наслаждениях на 5 грамм. А затем пробовать самому справиться и, видя, что не в состоянии, просить Творца. Но, получив силы справиться с наслаждением в 15 грамм, тут же получает прибавление во вкусе наслаждения еще на 5 грамм и снова чувствует себя более слабым и более низким и т.д.

Вся информация о духовном объекте аккумулируется в понятии «танта» – таамим (музыкальные знаки), нэкудот (точки), тагин (знаки над буквами), отиет (буквы) в понятиях и на языке каббалы. На языке духовной работы таамим – это вкус, ощущаемый от поступления света. Поэтому тот, кто желает попробовать вкус настоящей жизни, должен внимательно отнестись к духовной точке, находящейся в его сердце.

У каждого человека есть точка в сердце, но обычно она не подает признаков жизни, не светит, и потому человек ее не ощущает. В таком случае она называется черной точкой. Эта точка есть часть, зародыш души человека (нэфеш дэ кдуша).

Свойство этой точки альтруистическое, потому что она – зерно будущего сосуда души и ее света – часть Творца. Но начальное ее состояние в человеке скрыто, и потому называется такое ее состояние изгнанием (Творец в изгнании), так как человек не ценит ее. Такое состояние души называется «точки» (нэкудот).

Если человек возносит важность этой точки выше своего «я», выше головы, как знаки над буквами (тагин), уподобляя не пеплу, но короне на своей голове, то эта точка изливает свет в тело (отиет), из потенциальной точки она превращается в источник сил для духовного возвышения человека.

Поэтому вместо всех наших просьб о помощи к Творцу единственной нашей молитвой должна быть молитва об осознании важности ощущения Творца как средства нашего исправления ради Него.

Возможность совершать благие (альтруистические) действия есть не средство, а награда для желающего быть подобным Творцу.

Последовательность процесса выхода человека из эгоизма в духовный мир описывается в Торе как выход из Египта. Появление у человека альтруистических желаний (келим дэ ашпаа) называется выходом из Египта. Но альтруистические желания означают, что человек предпочитает идти путем веры, а не знания, а выйти из эгоизма возможно только под действием видения духовного, света знания – ор хохма, рассечением пограничного моря (ям суф), преодолением границы между двумя мирами.

Поэтому Творец совершает чудо – дает человеку свет знания, хотя у человека еще нет соответствующего сосуда (кли гадлут) для получения этого света.

Человек с помощью этого света преодолевает рубеж (махсом), затем чудо проходит, но вошедший в духовный мир один раз уже не возвращается на уровень нашего мира. Следующий этап заключается в том, что человек должен теперь сам приобрести сосуд для получения света-знания. Это происходит трудным путем продвижения по духовной пустыне, пока не удостаивается получить свет Торы, поднявшись на «гору Синай».

Выполнение заповедей происходит силой веры выше знания (эмуна лемала ми даат), когда свои мысли и желания человек ставит ниже веры, малое состояние, катнут, малхут ола ле кэтэр, то есть малхут представляет собой в таком состоянии только точку кэтэр, ор кэтэр или нэфеш в нэкуда шель малхут. В таком минимальном своем состоянии нечистые (эгоистические) силы человека не могут одолеть его, потому что веру поставил выше знания и ощущения. Малым такое состояние называется потому, что, не имея сил для противоборства с эгоизмом, человек его просто не принимает в расчет. Это подобно тому, как, не имея силы принять лишь небольшое количество пищи, человек вовсе отказывается от всей порции.

Но связь с Торой, светом Творца, может быть, только если человек сможет получить в себя этот свет, то есть работать альтруистически со своим эгоизмом. И в той мере, в какой человек исправил свой эгоизм на альтруизм, в исправленные сосуды входит свет Торы. Такое состояние духовного сосуда (исправленного эгоизма, кли) человека называется большим, гадлут: малхут спускается с кэтэр до того уровня, на ту сфиру, на уровне которой человек в состоянии противостоять желанию самонаслаждения и получать не для своего наслаждения. Полностью получить весь свет Торы, ощутить всего Творца, полностью слиться с Ним можно, только полностью используя эгоизм на службе альтруизма. Такое состояние называется концом исправления. И это цель творения.

Все наши ощущения сугубо субъективны, и картина мира, видимая нами, зависит от нашего внутреннего состояния – душевного, физического, от настроения и тому подобное. Но в духовных восприятиях ощущение – это сама действительность, потому как там, где духовно находится человек, там же он и воспринимает настоящее.

Нашим миром называется настоящее наше ощущение. Будущим миром называется то, что мы ощутим в следующее мгновение. Времени нет, есть только смена ощущений. Если человек воспринимает все верой выше знания, то полностью живет в будущем...

В нашей повседневной жизни человек, имеющий свой бизнес, например, систематически подводит итоги своей работы и прибыли. И если видит, что его затраты и усилия не оправдываются, то есть прибыль меньше затрат, то закрывает этот бизнес и открывает новый, потому что ожидаемая прибыль стоит перед его глазами. И ни в коем случае не обманывает сам себя, а четко подсчитывает свою прибыль в виде денег, почестей, славы, покоя и тому подобное – в том виде, в каком он желает ее иметь.

Почему таким же образом человек не подводит общий итог своей жизни, допустим, раз в год – для чего он его прожил? Но если хоть немного займется своим духовным развитием, начинает ежеминутно себя об этом спрашивать.

Наш мир является миром лжи, и потому само тело не хочет этих вопросов, потому что не может на них ответить. Действительно, что оно может ответить человеку на исходе года или на исходе жизни? Все прошло: и хорошее, и плохое, и с чем он остался? Зачем работал на свое тело? Ответа нет, потому что нет оплаты за прожитое. И поэтому тело не позволяет такие вопросы задавать.

В то время как духовное, поскольку это истина, и его вознаграждение вечно, каждый раз само задает человеку вопрос о его духовной прибыли, дабы возбудить человека на еще большую прибыль от его усилий, чтобы больше исправил себя и больше получил вечного вознаграждения.

Зачем же Творец дает человеку ложные занятия в жизни в нашем мире? Процесс создания духовного сосуда чрезвычайно сложен и потому длителен. Человек ведь обязан пройти в своих ощущениях весь вселенский эгоизм, то есть ощутить всего его, во всей его низости, и вкусить во всех его ложных наслаждениях до самых его низин. Эта работа по накоплению опыта происходит не за один круговорот жизни в нашем мире.

Но вся информация накапливается в душе и проявляется в нужный момент. А до этого процесс накопления скрыт от человека, и он ощущает только свое настоящее состояние. Поскольку вся наша суть – это желание насладиться, то тем, кто еще не созрел для духовного восхождения, чтобы было им откуда взять силы жить, Творец дает «жизнь», называемую ложью.

Есть свет, несущий исправление желаний-сосуда, а есть свет, несущий знание и наслаждение. На самом деле это один и тот же свет Творца, но человек сам выделяет из него то свойство, которым он желает воспользоваться для духовной цели.

Религиозная масса использует понятия вознаграждения и наказания в основном относительно будущего мира. Каббалист же пользуется этими понятиями только относительно нашего мира, но не относительно будущего, хотя и в будущем мире это есть.

Вознаграждением называется наслаждение, а наказанием – страдание. Когда человек в силу воспитания или собственной выгоды выполняет указания Торы ради себя, то ожидает вознаграждения или наказания в будущем мире, потому что только в будущем мире он почувствует наслаждения от выполнения Торы и заповедей и страдания от невыполнения.

Каббалист же получает вознаграждение или наказание в этом мире: ощущает наслаждение от возможности получать свет веры или наказание от его отсутствия.

«Оставь зло и твори добро». Первой стадией работы над своим исправлением является осознание зла, ибо как только человек убедится, что эгоизм – его злейший, смертельный враг, возненавидит его и оставит. Такое состояние нестерпимо. То есть не надо убегать ото зла, а надо только прочувствовать, что является злом, – и потом инстинктивно произойдет отдаление от вредного.

Осознание того, что же является злом, происходит именно под воздействием добрых поступков, то есть при выполнении заповедей и изучении каббалы, потому что при этом человек начинает стремиться к духовному совершенству и чувствует, что мешает ему начать жить.

Скрытие (астара) Творца от человека – ощущаемое как страдание, сомнение в Высшем управлении, неуверенность, мешающие мысли – называется «ночь».

Раскрытие (гилуй) Творца человеку, ощущаемое как наслаждение, уверенность в Высшем управлении, чувство принадлежности к вечному, понимание законов всей природы, называется «день».

В состоянии скрытия Творца человек должен работать над обретением веры в то, что такое состояние для его пользы, потому что во всех состояниях Творец делает только самое лучшее и полезное для человека. И если бы человек был уже готов получить без вреда для себя свет Творца, Творец, несомненно, раскрылся бы ему.

Но так как человек не в силах совладать и с теми наслаждениями, которые ощущает, Творец не может добавить такие огромные наслаждения от своего света, рабом которых человек сразу же станет, и уже никогда не сможет выбраться из пут своего эгоизма, и еще больше из-за этого удалится от Творца.

Ценность и красоту вещей, объектов, явлений и категорий каждое поколение определяет для себя заново и большинством. При этом каждое поколение отрицает стандарт предыдущего. Поэтому нет абсолютного стандарта, а большинство в каждом народе и в каждом поколении диктует свой стандарт, и все пытаются придерживаться его. Поэтому постоянно возникают новые моды и новые объекты подражания.

Все, что диктует большинство, называется красивым, и придерживающиеся этого получают уважение и почести. Достичь того, что ценится в глазах общества, считается почетным, и человек готов приложить для этого большие усилия.

И только поэтому так тяжело достичь духовных свойств, ибо большинство не считает эту цель престижной, не почитает ее, как, например, новую моду.

Но действительно ли так важно постичь духовное? Объективно духовное очень важно, но, чтобы мы его не испортили, создан специальный прием, называемый скрытием (астара), чтобы мы не видели всего величия духовного мира. И человек может только верить, что есть огромная важность в ощущении Творца, но, по мнению большинства, важность духовного постижения равна нулю, презираема практически всеми.

И это несмотря на то, что воочию видим, как ничтожные личности определяют для всех эталоны красоты, приоритеты, нормы поведения, законы общества и прочие стандарты и постоянно их меняют, что только доказывает несостоятельность диктующих и ложь стандартов.

Вера выше разума дает человеку возможность именно разумом ощутить своего злейшего врага, того, кто ему мешает достичь добра. И в той мере, в какой человек верит выше разума в духовное наслаждение, он чувствует и осознает зло.

Объективно нет никого, кроме Творца (но это самый высший уровень каббалистического постижения, а до постижения этого уровня человек ощущает в мире и себя тоже). В процессе же познания различают, что есть:

1) Творец;
2) первое творение;
3) творения;
4) наслаждение, которое Творец желает дать творениям.

Вся последовательность, естественно, разворачивается не во времени, а по цепочке «причина-следствие».

Существует Творец. Творец желает создать творение, чтобы насладить его. Творец создает желание насладиться именно тем (по количеству и виду) наслаждением, которое Он желает дать. Творение принимает наслаждение и абсолютно наслаждается, потому что получает именно то, что желает.

Это первое творение называется малхут. Состояние полного наслаждения малхут называется «мир бесконечности», потому что малхут бесконечно наслаждается светом Творца, который полностью заполняет ее. Но, ощущая одновременно с наслаждением и самого Творца Его желание насладить, малхут стремится стать подобной Ему. Это приводит к тому, что малхут исторгает свет.

Это действие малхут называется сокращением (сокращение получения света – цимцум). Стать подобной Творцу малхут может при получении наслаждения ради Творца, потому что так желает Творец. В таком случае из получающей она превращается в дающую наслаждение Творцу по собственной воле.

Опустошенная малхут делится на части – души, каждая из которых отдельно производит исправление эгоизма. Микропорции малхут, лишенные света Творца, находятся в условиях, называемых «наш мир». Последовательно, раз за разом, находясь в этих условиях, эти части выходят из желания самонасладиться и приобретают желание «наслаждать». Сила, помогающая душе выйти из желаний эгоизма, называется «вытаскивающей» (Машиах).

Уровни постепенного духовного исправления называются духовными мирами, а их внутренние ступени – сфирот. Конец исправления заключается в возвращении в первоначальное, до цимцум, состояние получения наслаждения не ради себя, а ради Творца. Такое состояние называется концом исправления (гмар тикун).

Все вопросы, возникающие у человека о цели творения, цели его усилий – «необходимо ли это», «все равно Творец сделает по своему плану и желанию, зачем требует что-то от меня» и тому подобное – посылаются человеку непосредственно Творцом. И возникает еще один вопрос: а зачем?

Если бы все вопросы укрепляли человека на его пути к духовному, то смысл вопросов был бы ясен. Но у начинающего постоянно возникают мысли о трудности, безнадежности, невыгодности такого пути. Нет другой силы и желания, кроме Творца, и все создано Творцом для достижения нами цели творения, в том числе, конечно, и эти «мешающие» вопросы, и мысли, и силы, противодействующие нашему продвижению к Нему.

Творец создал много преград на пути избранного Им к духовному возвышению именно для того, чтобы этот человек приобрел чувство страха, что не достигнет цели, что навсегда останется в своем низменном состоянии, если не приобретет ощущение величия Творца, от чего его сердце сдается альтруизму.

Человек должен понять, что только Творец может открыть ему глаза и сердце, чтобы ощутить величие духовного. Для ощущения необходимости в этом возникают в человеке «мешающие» вопросы.

Один из основных вопросов, возникающих у начинающего, формулируется в следующей форме: если бы Творец захотел, Он бы открылся мне. А если бы открылся мне, то я (мое тело – мой сегодняшний диктатор) сразу, автоматически согласился бы заменить свои эгоистические поступки на альтруистические, и моим диктатором стал бы Творец. Я не хочу сам свободно выбирать свои поступки. Я верю, что Творец прав, что лучшее для меня – это не думать о своей выгоде. Только тогда я выигрываю по-настоящему, навечно. Но я ведь не могу сам себя изменить. Так пусть придет Творец и сделает это. Ведь это Он меня создал таким, что только Он Сам может исправить то, что сотворил.

Конечно, Творец может дать человеку желание духовного, что называется пробуждение свыше (иторэрут милемала), но тогда человек работает ради наслаждения без свободы воли, под диктатом эгоистического желания самонасладиться. Такая работа называется «не во имя Творца» (ло ли шма).

Цель Творца в том, чтобы человек сам, свободной волей своей выбрал правильный путь в жизни, оправдав этим действия Творца в творении, что возможно осмыслить только в условиях полной свободы от эгоизма, независимо от личных наслаждений.

Поэтому Творец создал условием духовного возвышения принятие веры в Него и в справедливость управления (эмуна лемала ми даат). При этом наша работа сводится к тому, чтобы:

1. Верить, что есть Управляющий миром.

2. Осознать, что хотя вера не важна нам, но Творец избрал для нас именно этот путь.

3. Верить в то, что идти надо путем «отдачи», а не путем «получения».

4. Работая «на Творца», верить, что Он принимает нашу работу независимо от того, как она выглядит в наших глазах.

5. Пройти в своем развитии две разновидности веры выше знания: а) человек идет в вере выше знания, потому что нет у него другого выбора; б) даже если получает знания и уже не должен верить и идти выше знания, все равно он избирает для себя идти путем веры выше знания.

6. Знать, что если работа происходит в рамках эгоизма, то плоды всех успехов, которых он в своем воображении надеется достичь, служат только его благу, тогда как при любви к Творцу человек отдает все блага, все плоды своих усилий другим.

7. Благодарить Творца за прошлое, потому что от этого зависит будущее, поскольку в той мере, в какой человек ценит прошлое и благодарит за него, в той мере он ценит то, что получил свыше, и сможет сохранить полученную свыше помощь и не потерять ее.

8. Основную работу осуществлять в продвижении по правой линии, то есть с ощущением совершенства. Он счастлив той, даже незначительной, связью с духовным, которая есть у него, счастлив тем, что заслужил у Творца получение силы и желания сделать хоть что-то в духовном.

9. Идти и по левой линии, но достаточно 30 минут в день для того, чтобы сделать расчет для себя: насколько он предпочитает любовь к Творцу любви к себе. И в той мере, в какой человек почувствует свои недостатки, в той же мере на эти ощущения он должен обратиться с молитвой к Творцу, чтобы приблизил его к Себе истинным путем, именно в сочетании двух линий.

В самой же работе человек должен сконцентрировать свои мысли и желания на том, чтобы:

1) познать пути Творца и тайны Торы, чтобы эти знания помогли выполнять желания Творца. Это главная из целей человека;

2) стремиться полностью исправить свою душу, вернуться т. о. к ее корню – Творцу;

3) стремиться постичь Творца, слиться с Ним в осознании Его совершенства.

О Творце говорится, что Он находится в состоянии абсолютного покоя. Так же и человек по достижении цели творения входит в такое состояние. Ясно, что состояние покоя можно оценить, только если до этого имели место движение, усилия, работа. А поскольку имеется в виду духовный покой, то, очевидно, и работа подразумевается духовная.

Духовная работа состоит в стремлении доставлять радость Творцу. Вся наша работа имеет место только до тех пор, пока наше тело сопротивляется работе без всякой выгоды для себя, не понимая смысла альтруистической работы и не чувствуя вознаграждения.

Огромные усилия требуется приложить человеку, чтобы противостоят справедливым, в принципе, жалобам тела: вот уже много времени, как ты мучаешь себя в попытках чего-то духовно постичь, а что получаешь взамен? Ты знаком с кем-то, кто преуспел в этом? Неужели Творец желает, чтобы ты вот так мучился? Поучись на своем опыте, ну чего ты достиг? С твоим ли это здоровьем так издеваться над собой? Подумай о себе и о семье, о подрастающих детях. Если Творец захочет, то как привел тебя к каббале, так поведет и дальше! Ведь всем управляет только Творец!

Все вышеперечисленные и многие подобные жалобы тела (слышимые подчас через родных, что тоже относится к телу) абсолютно справедливы. И возразить на них нечем. Да и не надо! Потому что, если человек желает выйти из рамок желаний своего тела, он просто должен не принимать их во внимание и сказать себе: тело право, его доводы логичны, его жалобы истинны, но я хочу выйти из тела, что значит выйти из его желаний, и поэтому действую на основе веры, а не здравого смысла. Это в нашем мире мой разум считается логичным. Но в духовном мире, хотя я не понимаю этого, так как у меня еще нет духовного разума и видения, все действует по другому закону, который нам только кажется странным и не имеющим реальной основы, – по закону всесилия Творца и полного добровольного умственного и чувственного рабства у Него, а потому полной веры в Его помощь, несмотря на возражения тела.

Такая работа человека над собой называется «давать ради отдачи», то есть чисто альтруистическое действие: все отдает просто потому, что желает отдать, машпиа аль минат леашпиа, состояние «малое» (катнут), правая линия – кав ямин. Получаемое от такой работы наслаждение от подобия Творцу – ибо только отдает, как и Творец, – называется светом веры, или милосердия – ор хасадим.

И если человек пытается так поступать, то Творец открывается ему, и человек получает ощущение бесконечного величия и всесилия Творца. Вера уступает место знанию, тело начинает чувствовать важность Творца и готово делать ради Него все, поскольку ощущение важности, согласие Великого принять от человека что-либо ощущается как получение наслаждения.

Но в таком случае человек чувствует, что вновь идет на поводу у тела. И не величие Творца, а наслаждение и собственная уверенность в работе на самого Великого определяют его действие. То есть снова падает в объятия эгоизма и личной заинтересованности. И именно период полного отсутствия ощущения Творца позволял ему утверждать, что делает все ради Творца, альтруистически, духовно. Раскрытие Творца называется левой линией – кав смоль, а знание – светом мудрости – ор хохма.

Поэтому раскрытие Творца вызывает необходимость строгого ограничения в получении знания управления и ощущения величия, чтобы в такой пропорции уравновесить веру и знание, необходимость отсутствия ощущений и наслаждения Творцом, чтобы не впасть вновь во власть эгоизма.

Прибавляя к первоначальному состоянию «катнут» еще и небольшое количество эгоизма, которое может использовать (и все равно идти, будто ничего и не узнал, как в состоянии «катнут»), человек – уравновешивая правую линию с небольшим количеством левой – создает как бы среднюю линию – кав эмцаи. Часть левой линии в кав эмцаи определяет высоту духовной ступени человека. Само состояние называется «большое» – гадлут.

Последующее продвижение вплоть до самой высшей, последней ступени, где человек и Творец полностью сливаются по свойствам и желаниям, происходит постепенным увеличением попеременно правой, а затем левой линии и их уравновешиванием на каждой из ступеней духовной лестницы.

~

В состоянии правой линии (кав ямин, катнут, хафэц хэсэд) человек должен быть счастлив без всякой причины, только от одной мысли, что в его мире существует Творец. И ему не требуется никаких других условий для счастья. Такое состояние называется «счастлив имеющимся». Если ничего не может вывести его из этого состояния, то оно называется совершенным.

Но если начинает делать проверку своего духовного состояния, то видит, что он при этом вовсе не приближается к Творцу. А поскольку уже испытал, что сам не в силах исправить себя, то просит об этом Творца. Свет Творца, помогающий человеку преодолеть эгоизм тела, называется душой.

~

Самая верная проверка – альтруистический поступок или эгоистический – состоит в том, что чувствует человек, что готов пренебречь любым для себя исходом, наслаждениями, платой, несмотря на то, что испытывает огромное желание насладиться следствием своего труда. Только в таком случае человек, получая наслаждение, может утверждать, что делает это ради Творца, а не ради себя (мэкабэль аль минат леашпиа).

Весь путь постепенного духовного подъема – это последовательный отказ от получения все больших наслаждений: вначале от наслаждений нашего мира, а затем от настоящих духовных наслаждений – ощущения Творца.

Для того, чтобы дать возможность человеку постепенно войти в эту работу, Творец скрыл Себя. Поэтому сокрытие Творца надо понимать, как часть нашего исправления и просить Его открыться нам, ибо, как только сможем ощутить Его без всякого вреда для нас, Он тут же Сам откроется нам.

Если бы наслаждения от ощущения Творца человек ощутил в начальном, эгоистическом состоянии, у него никогда не было бы сил расстаться с эгоизмом – просить Творца дать силу воли не наслаждаться. Как ночные бабочки, летя на огонь, погибают от него, так и человек сгорел бы в огне наслаждения, но не смог бы с ним расстаться. Каждый хоть раз в жизни ощутил свое бессилие перед большим наслаждением и, даже стыдясь самого себя, знает, что не сможет удержаться, если наслаждение больше, чем сила воли, чем осознание зла.

Поэтому в состоянии сокрытия Творца мы можем действовать, не «продаваясь» наслаждению, силой веры, что такова Его воля для нашей же пользы. Но если мы хотим совершить что-либо, наше тело сразу же требует предварительного расчета – а стоит ли это делать, потому что без цели в виде платы наслаждением оно не в состоянии работать и ищет всевозможные недостатки (авонот) в наших духовных стремлениях и оговаривает (мекатрэг) наши цели.

Наше тело сначала спрашивает, зачем нам надо этим заниматься – в таком случае оно называется злым желанием – ецер ра. Затем оно мешает нам выполнять задуманное – в таком случае оно называется сатан, поскольку желает увести нас с пути («сатан» от глагола «листот»). А затем оно духовно умертвляет человека тем, что изымает все духовные ощущения из его занятий каббалой и дает наслаждения именно в объектах нашего мира – в таком случае оно называется ангелом смерти (малах мавэт).

А ответ на все претензии тела может быть только один: я иду вперед, назло тебе, силой веры, потому что того требует Творец. И это условие Творца называется законом Торы – хукат Тора.

Не в силах человек удержать себя от наслаждения, используя эгоизм, если только не убедит себя, что это во вред ему, то есть противопоставит сердцу разум. Но в таком случае это будет всего лишь простой расчет, что ему выгоднее: наслаждение сейчас и страдания потом или отказ от наслаждения и пребывание в том состоянии, в котором он находится. Но всегда при отказе от наслаждения обязан дать своему телу точный отчет, почему не стоит насладиться тем, что идет к нему в руки.

Поэтому человек может ответить телу на том языке, который его тело понимает – языке наслаждений: что стоит отказаться сейчас от никчемных наслаждений ради райских. Или на языке страданий: не стоит наслаждаться, а потом терпеть вечные муки ада. И таким образом строит обычный человек свою оборону против тела. Но при этом все равно жажда наслаждения может обмануть трезвый расчет и нарисует неверную картину соотношения наслаждений и страданий.

Надежным решением может быть только ответ телу, что человек решил работать на духовное без всякой личной выгоды, потому что в таком случае обрывается всякая связь между его действиями и телом, и оно уже не может вмешиваться в расчеты, выгодно или не выгодно работать. Этот ответ называется работой в сердце, потому что сердце ищет наслаждений.

Ответ же разуму должен быть таким: я верю в то, что Творец слышит все мои просьбы – молитвы о помощи. Если человек в состоянии стоять на своих ответах, то Творец открывается, и человек видит и чувствует только Творца.

Человек состоит из 70 основных желаний, называемых 70 народов мира, потому что духовный прообраз человека – соответствующий духовный объект (парцуф Зэир Анпин) в мире Ацилут состоит из 70 сфирот.

Как только человек начинает стремиться сблизиться с Творцом, получить свет Торы, сразу же он начинает ощущать в себе желания, о которых и не подозревал.

Все 70 желаний имеют два корня, потому что человек идет вперед на сочетании двух линий – правой и левой. Против действий человека в правой линии находится его нечистая (эгоистическая) сила (скорлупа, клипа) против работы в сердце, называемая Ишмаэль. Против действий человека в левой линии находится его нечистая сила против работы разума, называемая клипой Эйсав.

Но когда человек идет дальше в своей работе, то видит, что для входа в духовный мир он обязан избавиться от этих двух клипот, так как они не желают получить Тору. Как говорится в Торе, Творец, прежде чем дать Тору Исраэлю, предлагал ее Эйсаву и Ишмаэлю, но они отказались.

Лишь после того, как человек видит, что ни от одной из этих сил он не получит Тору – свет Творца, он придерживается только средней линии – Исраэль, по закону «действовать, а потом услышать» (наасэ ве нишма), что значит получать ради Творца.

Поскольку человек полностью, всеми своими мыслями, намерениями и желаниями погружен в свой эгоизм, то не в состоянии независимо, объективно, неэгоистично мыслить и поэтому не в состоянии контролировать себя.

В принципе, контролировать себя нет необходимости, зная наперед, что все, что человек думает и делает, основано на эгоистических желаниях. Но при работе над собой, прилагая усилия развить духовные стремления, человек нуждается в проверке своего состояния, проверке для себя, а не для Творца, который и так прекрасно знает наше состояние.

Самый верный метод проверки истинного духовного состояния человека состоит в испытании, есть ли в нем радость от работы на Творца. Таким образом, испытание подразумевает не тяжелые физические, а нравственные усилия, как в состоянии, когда он не получает, как ему кажется, самого необходимого, так и в состоянии, когда получает от Творца.

Каббала говорит о человеке как о целом мире. То есть внутри человека находится все, что находится вокруг нас: вселенная, народы-желания, гои, праведники народов мира, Исраэль, Храм и даже сам Творец – духовная точка в сердце.

Тора говорит нам в первую очередь об этих внутренних наших свойствах, а уж затем, как о следствии их, о внешних объектах, обозначаемых этими именами. Причем от духовного состояния этих внутренних свойств непосредственно зависит духовное состояние внешних объектов и их влияние на нас.

Начальное духовное состояние человека называется гой. Если он начинает стремиться сблизиться с Творцом, то называется праведником народов мира. Как может проверить себя человек, находится ли он уже на этой ступени?

Поскольку в гое есть только эгоистические желания, то все, что ему не хватает для насыщения своего эгоизма, он ощущает отобранным у него – будто имел то, что хотел, а затем лишился.

Это чувство исходит из нашего духовного «прошлого»: на высшем духовном уровне наша душа имеет все, а при духовном падении в наш мир все теряет. Поэтому, как только человек ощущает желание чего-то, оно равносильно тому, что в этот момент он полон претензий к Творцу за то, что забрал у него, или за то, что не дает ему того, что он желает.

Поэтому если человек в состоянии заявить в своем сердце, что все, что делает Творец, все для блага человека, и быть при этом в радости и любви к Творцу, будто он получил от Творца все, что только мог пожелать, во всем оправдывая управление Творца, то этим он успешно проходит испытание его намерения (кавана) и называется «праведник народов мира».

Если же человек далее работает над исправлением эгоизма с помощью Творца, то испытывают уже не его мысль, а его действия: Творец дает ему все, что только желает человек, а человек должен быть готов все это вернуть, но часть получить – ту часть, которую в состоянии получить ради Творца.

Причем часто испытания ощущаются как выбор из двух возможностей: человек ощущает, что половина его желаний тянет его в одну сторону, а половина – в другую. (Обычно человек не ощущает вообще в себе никакой борьбы противоположных сил добра и зла, потому что только силы зла властвуют в нем, и задача сводится к решению, какой из них воспользоваться с большим выигрышем).

В случае же равновесия сил нет у человека никакой возможности выбрать, предпочесть одно другому, человек ощущает себя находящимся между двух действующих на него сил, и единственное решение в том, чтобы обратиться за помощью к Творцу, чтобы перетянул его на хорошую сторону.

Поэтому ко всему, что с ним происходит в жизни, человек должен относиться как к испытанию свыше – тогда стремительно взойдет к цели творения.

Понять творение в целом и то, что с нами происходит, в частности, можно, только поняв его конечную цель. Тогда мы поймем действия Творца, потому что все они определяются только конечной целью. Как и в нашем мире, если мы не знакомы с будущим результатом, нам невозможно понять смысл действий человека. Как говорится, глупцу незаконченную работу не показывают.

Творец представляет все творение, свет. И Его цель – насладить этим светом человека. Поэтому единственное, что должен создать Творец – это желание насладиться. Ибо все существующее представляет собой свет и желание насладиться. Все, что создано, кроме человека, создано только для помощи ему в достижении цели творения.

Мы находимся в самом Творце, в океане света, заполняющем собою все, но можем ощутить Творца только в той мере, в какой мы подобны Ему по свойствам; только в те наши желания, которые похожи на желания Творца, может войти свет.

В той мере, в какой мы различны по свойствам и желаниям с Творцом, мы не ощущаем Его, потому что не входит в нас Его свет. Если же все наши свойства противоположны Его свойствам, то мы вообще не ощущаем Его и представляем себя единственными в этом мире.

Творец желает дать нам наслаждение, Его свойство – «желание дать». Поэтому сотворил все миры и населяющие их объекты с противоположным свойством – «желанием получать».

Все наши эгоистические свойства создал Творец, и не наша вина в низости нашей природы, но Творец желает, чтобы мы сами исправили себя и этим заслуженно наполнились Им, стали, как Он.

Свет оживляет все творение в неживой, растительной, животной и человеческой материи. В нашем мире – это неявный, неощущаемый нами свет. Мы плаваем в океане света Творца. Если в нас входит какая-то часть света, она называется душой.

Поскольку свет Творца дает жизнь, живительную силу и наслаждение, то тот, кто не получает света, а получает только незначительное свечение для поддержки физического существования, называется духовно мертвым, не имеющим души.

Только единицы в нашем мире, называемые каббалистами (каббала от слова лекабель – получать, учение о том, как получить свет), овладевают приемами получения света.

Каждый человек из своего первоначального состояния – совершенного неощущения океана света, в котором он «плавает», должен достичь полного наполнения светом. Такое состояние называется целью творения, или концом исправления (гмар тикун). Причём такого состояния человек должен достичь еще при жизни в этом мире, в одном из своих кругообращений.

Стадии постепенного наполнения человека светом Творца называются духовными ступенями, или мирами.

Продвигаться к цели творения человека заставляют страдания: если эгоизм вместо наслаждения испытывает большие страдания, он готов ради их прекращения сам отказаться от желания «получать», поскольку лучше ничего не получать, чем получать страдания. Всевозможные страдания преследуют нас до тех пор, пока мы полностью не откажемся от «получения» и захотим только «отдавать».

Различие между людьми только в том, какого вида каждый желает получить наслаждение: животные (телесные, имеющиеся и у животных), человеческие (известность, почёт, власть), познавательные (научные открытия, достижения). В каждом человеке стремления к этим видам наслаждения соединяются в особой, только ему свойственной пропорции.

Разум человека является лишь вспомогательным инструментом для достижения желаемого. Желания человека меняются, но тот же разум помогает ему отыскать пути достижения желаемого.

Под воздействием страданий эгоизм отказывается от желания получать наслаждения и обретает желание «отдавать». Период, необходимый для полного аннулирования эгоизма, называется 6000 лет, но никакого отношения к времени не имеет.

Эгоизм называется телом, и состояние, когда человек его не использует, называется смертью тела. Это состояние достигается в 5 этапов постепенного отказа от эгоизма: от его самой лёгкой части и до самой эгоистической.

В отрицающие эгоизм желания человек получает свет Творца. Таким образом, он последовательно получает пять видов света, называемые нэфеш, руах, нэшама, хая, ехида.

Этапы духовного восхождения человека:

1. Погоня за эгоистическими наслаждениями этого мира. Так может человек закончить жизнь, до следующего возвращения в этот мир, если не начнёт заниматься каббалой – тогда переходит к стадии 2.

2. Осознание эгоизма как зла для себя и отказ от его использования.

В самом центре эгоистических желаний человека находится зародыш духовного желания. В определённый момент жизни человек начинает ощущать его как своё стремление к познанию, освоению, изучению духовного.

Если человек действует в соответствии с этим желанием, развивает, а не подавляет его, то оно начинает расти, и при правильном намерении, под руководством учителя неощутимый прежде духовный свет начинает ощущаться человеком в его появившихся духовных желаниях и помогает своим присутствием ощутить уверенность и силы для дальнейшего исправления эгоизма.

3. Достижение состояния абсолютного бескорыстного желания радовать Творца своими поступками.

4. Исправление приобретённого желания «отдавать» в желание «получать ради Творца». Для этого человек привлекает к работе свои желания наслаждаться, но только с другим намерением – «ради Творца». Начало такой работы называется «оживление мёртвых», уже отторгнутых эгоистических желаний. Постепенно исправляя свои эгоистические желания на противоположные, человек выигрывает вдвойне: наслаждается Творцом и подобием Ему. Завершение исправления эгоизма на альтруизм называется «конец исправления» (гмар тикун).

Каждый раз, исправив определённую часть своих желаний, человек получает в них часть своей души, и этот свет позволяет продолжать далее исправлять желания, пока человек не исправит всего себя и полностью получит свою душу, тот свет, ту часть Творца, которая соответствует его первородному эгоизму, каким его создал Творец.

Переделав весь свой эгоизм на альтруизм, человек полностью уничтожает этим препятствие для получения света Творца, заполнения себя Творцом и т. о. полностью сливается с Создателем, ощущая весь океан света вокруг и наслаждаясь им.

Уже не раз говорилось об ограниченности наших возможностей в познании мира, о том, что в той степени, в какой мы не можем познать самих себя, в той же точно степени мы не можем познать Творца, что все наши познания есть следствия субъективных ощущений, вернее, реакций нашего тела на те внешние воздействия, которые оно в состоянии ощутить.

Иными словами, мы получаем и воспринимаем только ту информацию, которая избирательно посылается нам с учётом качества-свойства и количества-глубины возможностей нашего восприятия.

Не имея достоверной информации о строении и функционировании не ощущаемых нами высших неуловимых субстанций, мы позволяем себе философствовать и спорить о возможном их строении и действии, что в общем подобно детским спорам, кто прав в том, чего никто не знает.

Попытки всех религиозных, светских, научных и псевдонаучных философий объяснить, что такое душа и тело, сводятся к четырём основным взглядам:

1. Верующий – все, что «есть» в любом объекте, – это его душа. Души отделяются друг от друга своими качествами, называемыми духовными качествами человека. Души существуют независимо от существования нашего тела: до его рождения, до облачения в него и после его смерти – чисто биологического процесса разложения белковой материи на её составные части. (Понятие верующий, верящий не совпадают с понятием религиозный).

Поэтому смерть физического тела не может влиять на саму душу, а лишь является причиной отделения души от тела. Душа же есть нечто вечное, поскольку не состоит из материи нашего мира. По своей природе душа едина и неделима, не состоит из многих составляющих и потому не может ни разделяться, ни разлагаться, а следовательно, и умирать.

Тело же есть внешняя оболочка души, как бы ее одежда, в которую душа одевается и, действуя через тело, проявляет свои свойства, умственные, духовные, свой характер, как человек, управляя машиной, проявляет во всех действиях машины свои желания, характер и интеллект.

Кроме того, душа даёт телу жизнь и движение и заботится о сохранении тела настолько, что без души тело лишено жизни и движения. Само тело – мёртвый материал, как мы это можем наблюдать после ухода души из тела в момент смерти. Моментом смерти мы называем выход души из тела, и поэтому все признаки жизни тела человека определяются душой.

2. Дуалистический – вследствие развития наук появился новый взгляд на тело человека: наше тело может существовать и без какой-то духовной субстанции, помещённой в него и оживляющей его, может существовать абсолютно самостоятельно, независимо от души, что мы можем доказать с помощью биологических и медицинских опытов, оживляя тело или его части.

Но тело в таком виде – это лишь самостоятельно существующий биологический объект, форма существования белковой материи, а то, что придаёт ему разные личные свойства, – это душа, спускаемая в него свыше, что соответствует и первому подходу.

Отличие данного взгляда от предыдущего в том, что если в соответствии с первым считается, что душа даёт телу как жизнь, так разум и духовные свойства, то соответственно второму – душа даёт телу только духовные свойства, поскольку из опытов видно, что тело может существовать само, без помощи каких-либо дополнительных высших сил.

И потому остаётся для души только роль источника разума и добрых качеств, свойственных духовному, но не материальному.

Кроме того, этот подход утверждает, что, хотя тело может самостоятельно существовать, оно является порождением души. Душа является первичной, поскольку является причиной появления, рождения тела.

3. Неверующий – отрицающий существование духовных структур и присутствие души в теле, признающий только материю и ее свойства. А так как нет души, то разум и все свойства человека также являются порождением его тела, представляющего собой механизм, управляемый передачей электрических сигналов по нервам-проводам. (Неверующий – не адекватно понятию нерелигиозный).

Все ощущения тела происходят от взаимодействия нервных окончаний с внешними раздражителями и передаются по нервам-проводам в мозг, где анализируются и осознаются как боль или наслаждения и в соответствии с этим диктуют исполнительному органу вид реакции.

Таким образом, все построено, как в механизме с датчиками, передачей сигналов и мозговым устройством обработки и выдачи сигнала на исполнительное устройство и контролем исполнения с помощью обратной связи. А мозговое устройство действует по принципу отдаления от боли и приближения к наслаждению – на основании этих сигналов строится в человеке отношение к жизни и определяются его поступки.

А ощущаемый нами разум есть не что иное, как картина происходящих в нашем теле процессов, как бы их фотография. И все отличие человека от животного в том, что в человеке мозг развит настолько, что все процессы, происходящие в организме, собираются в такую полную картину, что ощущаются нами как разум и логика. Но весь наш разум – лишь следствие нашего телесного ощущения и осознания.

Несомненно, что из всех подходов к проблеме этот подход самый трезвый, научный и понятный, поскольку опирается только на опыт и потому занимается только телом человека, а не чем-то неуловимым, называемым душой, и потому абсолютно достоверный в том, что касается тела человека.

Но проблема этого подхода в том, что он не удовлетворяет даже неверующих и отталкивает тем, что представляет человека роботом в руках слепой природы (заданных заранее свойств характера, законов развития общества, требований нашего тела по поддержанию жизни и поиску наслаждения и тому подобное), совсем лишая нас звания разумных существ.

Ведь если человек – всего лишь механизм, вынужденно действующий согласно заложенным в нем природным данным и диктуемым ему обществом правилам, то этим отрицается вся свобода воли и выбора поступков, а значит, и объективное мышление.

Ведь хотя человек и сотворён природой, но сам-то он считает себя мудрее её. И потому не могут принять такого взгляда даже неверующие в Высший Разум. Ведь в таком случае они представляются себе полностью отданными во власть слепой природы, не имеющей никакой мысли и цели и играющей ими, разумными существами, неизвестно как и для чего, и нет разумной причины ни их жизни, ни смерти.

Чтобы каким-то образом исправить столь научно достоверный, но душевно неприемлемый подход к своему существованию, постепенно в наше время принимает человечество «современный» взгляд на себя.

4. Современный – особенно в последнее время стало модным (хотя человек полностью принимает предыдущий чисто материалистический подход к мирозданию как научно достоверный и понятный ему) соглашаться с тем, что существует нечто вечное, не умирающее, духовное в человеке, одевающееся в материальную, телесную оболочку, и что именно это духовное, называемое душой, и есть суть человека, а наше тело – только его одежда.

Но все равно сторонники этого взгляда не могут объяснить, каким образом облачается душа в тело, какая связь между ними, что является источником души, что она собой представляет. И потому, закрыв глаза на все эти проблемы, человечество использует старый испытанный приём самоуспокоения – забывается в водовороте мелких забот и радостей сегодня, как и вчера...

Кто же может понять, что такое тело и что такое душа, какая связь между ними, почему мы воспринимаем себя состоящими из двух – материальной и духовной – частей, в какой из этих двух наших составляющих мы сами, наше вечное «я», что происходит с нашим «я» до рождения и после смерти, то ли это «я», которое чувствует себя сейчас, находясь в теле, и вне его, до рождения и после смерти.

И главное: все эти вопросы и картины различных вариантов превращений и кругооборотов душ и тел рождаются, возникают в нашем материальном сознании, исследуются нашим телесным разумом – истинны ли они или являются только плодом фантазий – воображаемых картин духовного мира, прихода из него в наш мир и ухода из нашего в духовный – выдаваемых нашим материальным мозгом? Ведь они составляются нашим мозгом по аналогии с его земными представлениями, потому что другой информации в нем нет, и потому только на основании картин нашего мира, запечатлённых в нем, наш мозг в состоянии работать и выдавать нам фантазии и предположения. Например, мы не можем изобразить инопланетное существо, совершенно не подобное нам ни в чем и не имеющее элементов нашего тела.

Но если все, что мы способны вообразить и на основании чего строим свои теории, является лишь некой игрой в «вообрази себе то, не знаю что, чего не могу вообразить» – и потому мы принимаем то, что мозг выдает нам по аналогии с нашим миром, за истину за неимением другого ответа, то есть ли вообще для нас, находящихся в рамках восприятия нашего мира, ответ на вопрос «что такое душа и тело»?

Я уже писал в предыдущих частях этой книги об ограниченности нашего познания: в той степени, в какой мы не можем истинно увидеть, ощутить и исследовать ни один предмет в нашем мире, в той же степени мы не можем истинно судить не только о своей душе, но и о своем теле.

Из четырех категорий познания объекта – материала объекта, внешней формы объекта, отвлеченной формы объекта, сути объекта – мы постигаем лишь его внешнюю форму, какой она нам видится, и материал, из которого состоит объект, каким мы его представляем по результатам наших исследований, но отвлеченная форма объекта (то есть его свойства вне облачения в материал) и его суть – абсолютно непостижимы для нас.

Каббала называется тайным учением, так как раскрывает постигающему ее ранее от него скрытое, тайное. И только постигающий видит открывающуюся ему истинную картину мироздания, как пишет в стихе наш учитель – раби Ашлаг:

Воссияет вам чудно истина,

И уста лишь ее изрекут,

А все, что раскроется в откровении, –

Вы увидите – и никто другой!

Каббала – учение тайное, потому что скрыто от простого читателя и раскрывается только на определенных условиях, постепенно проясняющихся для изучающего из самого учения при особом руководстве в «мысленаправленности» наставником.

И только тот, для кого каббала из тайного учения стала уже учением явным, видит и понимает, как устроен «мир» и так называемые «душа» и «тело», и не в состоянии передать другим воспринимаемую им картину творения, не в состоянии и не имеет права передать, кроме одной единственной истины: по мере духовного восхождения постигается единственная в творении истина – нет никого, кроме Творца!

Мы созданы с такими органами чувств, что из всего мироздания ощущаем лишь его малую часть, называемую нами «наш мир». Все изобретаемые нами приборы лишь расширяют диапазон наших органов чувств, причем мы не можем себе представить, каких органов чувств мы лишены, потому что не испытываем в них недостатка, как не может человек испытывать потребность в шестом пальце на руке.

Не обладая же органами для ощущения других миров, мы не можем ощутить их. Таким образом, несмотря на то, что нас окружает поразительно богатая картина, мы видим лишь ее ничтожный фрагмент, причем и этот ощущаемый нами фрагмент необычайно искажен ввиду того, что мы, улавливая его малую часть, на основании ее строим свои представления об устройстве всего мироздания.

Как видящий только в рентгеновском спектре наблюдает только скелетную картину задерживающих рентгеновские лучи предметов, так и мы видим искаженную картину вселенной.

И как по рентгензрению нельзя судить об истинной картине вселенной, так и мы не можем по результатам ощущений наших органов чувств представить себе истинную картину мироздания. И никаким воображением мы не можем заменить то, что не можем ощутить, ибо все наши фантазии тоже строятся на наших предыдущих ощущениях.

Тем не менее попытаемся потусторонний, то есть находящийся по ту сторону наших представлений, непостижимый для наших органов чувств, так называемый духовный мир умозрительно представить в нашем воображении в понятном нам виде.

Для начала представьте: вы стоите в пустоте. От вас, от того места, где вы находитесь, и в даль этой пустоты уходит дорога. Вдоль дороги через определенные промежутки стоят отметки – от нулевой, где вы стоите, и до конечной. Этими метками вся дорога разделена на четыре части.

Перемещение вперед вдоль дороги происходит не попеременным перемещением ног, как в нашем мире, а попеременным изменением желаний. В духовном мире нет места, пространства, движения в наших привычных представлениях. Духовный мир – это мир чувств вне физических тел. Объекты – чувства. Движение – изменение чувств. Место – определенное качество.

Место в духовном мире определяется его свойством. Поэтому движением является изменение объектом своих свойств, подобно тому, как в нашем мире мы говорим о душевном движении как о движении чувств, а не физическом перемещении. Поэтому путь, который мы пытаемся представить – это постепенное изменение наших внутренних свойств – желаний.

Расстояние между духовными объектами определяется и измеряется разницей их свойств. Чем ближе свойства, тем ближе объекты. Приближение или удаление объектов определяется относительным изменением их свойств. А если свойства абсолютно схожи, то два духовных объекта сливаются в один, а если в одном духовном объекте вдруг проявляется нечто новое, то это свойство отделяется от первого, и таким образом рождается новый духовный объект.

На противоположном от нас конце пути находится сам Творец. Его местонахождение определяется Его свойствами – абсолютно альтруистическими.

Родившись в нашем мире с абсолютно эгоистическими свойствами, мы полярно удалены от Творца, и цель, которую Он ставит перед нами, заключается в том, чтобы мы, живя в этом мире, достигли бы Его свойств, то есть духовно слились с Ним. Наш путь есть не что иное, как постепенное изменение наших свойств до полного подобия свойствам Творца.

Единственное свойство Творца – это отсутствие всякого эгоизма, из чего следует отсутствие всякой мысли о себе, своем состоянии, своем влиянии и власти – всего, что составляет всю суть наших мыслей и стремлений.

(Но поскольку мы находимся в этом мире в некоей материальной оболочке, то забота о минимуме для поддержания ее существования является необходимой и не считается проявлением эгоизма. И вообще, определить, является ли любая мысль или желание тела эгоистическими, можно простой проверкой – если человек хотел бы быть свободным от этой мысли, но не может в силу объективной необходимости поддержать свое существование, то подобная мысль или действие считаются вынужденными, а не эгоистическими, и не отделяют человека от Творца.)

Творец продвигает человека по направлению к цели следующим образом: Он дает человеку «плохое» желание или страдание, что подобно движению вперед левой ноги, и если человек находит в себе силы просить Творца о помощи, то Творец помогает ему тем, что дает хорошее желание или наслаждение, что подобно движению вперед правой ноги... и снова человек получает сверху еще более сильное плохое желание или сомнение в Творце, и снова он еще большим усилием воли просит Творца помочь ему, и снова Творец помогает ему тем, что дает еще более сильное хорошее желание и т.д.

Таким образом человек движется вперед. Движения назад нет, и чем чище желания, тем дальше от исходной точки, абсолютного эгоизма, находится человек.

Продвижение вперед можно описать во многих вариациях, но всегда это поочередное прохождение сквозь чувства, чередование чувств: было чувство чего-то духовного, то есть подсознательное ощущение существования Творца, и потому – уверенность, и потому – радость. Затем это чувство начало пропадать, как бы таять. Это означает, что человек поднялся на более высокую ступень своего духовного восхождения, которую он еще не может ощутить ввиду отсутствия органов чувств, необходимых для ощущения качеств этой ступени. Ощущения этой следующей ступени еще не родились, поскольку человек их еще не выстрадал, не заработал, не создал на них соответствующие органы восприятия.

Новые органы чувств для последующей ступени (то есть желание наслаждения, действующего на этой ступени и соответственно чувство страдания ввиду его отсутствия) можно развить в себе двумя путями:

а) путем Торы: человек получает ощущение Творца, затем оно пропадает. Ощущается страдание из-за отсутствия наслаждения, и оно необходимо для ощущения наслаждения. Таким образом рождаются новые органы ощущения Творца на каждой ступени. Как в нашем мире: без желания человек не в состоянии выявить в объекте наслаждение. Все отличие между людьми, людьми и животными состоит в том, чем каждый из нас желает насладиться. Поэтому невозможно духовное продвижение без предварительного желания, то есть без страдания при отсутствии того, чего желаешь.

б) путем страданий: если не смог усилиями, учебой, просьбами к Творцу, воспринятыми от товарищей по группе, поднять себя к новым желаниям, к новому уровню любви к Творцу, к трепету пред Творцом, то появляется легкость мыслей, пренебрежение духовным, тяга к низким наслаждениям – и человек опускается в нечистые (эгоистические) миры АБЕА.

Страдания рождают в человеке стремление избавиться от них – в такой степени, что это ощущение страданий и будет сосудом, в который он сможет получить новое ощущение Творца, как и при постижении этого же чувства путем Торы.

Таким образом, отличие между продвижением путем Торы и путем страданий в том, что при движении вперед путем Торы человеку дают свет Торы, то есть ощущение присутствия Творца, а потом забирают – от отсутствия наслаждения появляется чувство нехватки света и тяга к свету, которая и есть сосуд – новые органы чувств – и человек стремится получить в них ощущение Творца – и получает, то есть стремления тянут его вперед.

При движении путем страданий человек подгоняется сзади страданиями, а не как в первом случае тянется к наслаждениям.

Творец управляет нами в соответствии со своим планом – привести, переместить каждого из нас и все человечество в целом в этой или в последующих наших жизнях к конечной точке этого пути, где находится Он, а весь наш путь – это этапы нашего сближения по свойствам с Творцом.

Лишь слившись по свойствам с Творцом, мы полностью постигнем всю истинную картину мироздания, увидим, что нет никого в мире, кроме Творца, а все миры и населяющие их объекты – все, что мы чувствовали вокруг себя, да и мы сами – являются лишь Его частью, вернее Им самим...

Все мысли и действия человека определяются его желаниями. Мозг лишь помогает человеку достичь того, чего он желает. Желания человек получает свыше от Творца, и изменить их может только Творец.

Сделано это Творцом специально – чтобы, поняв, что во всем, что с нами произошло в прошлом, происходит в настоящем и произойдет в будущем, в материальном (семейном, общественном) и в духовном – во всех наших состояниях, – мы абсолютно зависимы только от Него, и только от Него зависит улучшение нашего состояния, что только Он является причиной происходящего с нами, и чтобы, осознав это, мы вознуждались в связи с Ним, от абсолютного неприятия Его в начале пути до полного слияния с Ним в конце пути.

Можно сказать, что отметки вдоль нашей дороги есть мера нашей связи, близости с Творцом, и весь наш путь проходит от точки полного разрыва до точки полного слияния с Ним.

Если человек вдруг испытывает желание приблизиться к Творцу, желание и тягу к духовному, испытывает духовное удовлетворение – это является следствием того, что Творец привлекает человека к себе, давая ему такие чувства.

И наоборот, «упав» в своих стремлениях или даже в своем материальном, общественном и др. положениях, через неудачи и лишения, человек начинает постепенно понимать, что это специально делается Творцом, чтобы дать человеку ощутить зависимость от Источника всего с ним происходящего, и то, что «только Творец может помочь ему, иначе он пропал».

И так делается Творцом специально, чтобы возникло в человеке твердое требование к своему Создателю изменить его состояние, чтобы вознуждался человек в связи с Ним, и тогда Творец уже в соответствии с желанием человека может приблизить его к Себе.

Таким образом, помощь Творца в избавлении человека из сонного или удовлетворенного состояния, чтобы продвинуть его вперед к намеченной Творцом цели, состоит, как правило, в том, что посылаются человеку неудачи и лишения, как духовные, так и материальные, через окружающих человека друзей, семью, коллег, общество.

И потому мы созданы Творцом такими, что все ощущаемое нами как приятное – от приближения к Нему, и наоборот, все неприятные ощущения – из-за удаления от Него.

По этой причине и создан наш мир таким, что человек в нем зависим от здоровья, семьи, окружающих, их любви, уважения, чтобы Творец мог через эти обстоятельства жизни, как через посыльных, посылать человеку отрицательные воздействия, вынуждая его искать пути выхода из давящих состояний, пока человек не обнаружит и не осознает, что все зависит только от Творца.

И тогда, если найдет в себе силы и терпение, удостоится немедленно связывать все происходящее с ним с желанием Творца, а не с какими-либо причинами или даже со своими поступками и мыслями в прошлом. То есть осознает, что только Творец, а не кто-либо иной – даже не он сам – причина всего происходящего.

Дорога, которую мы представили, – это путь как отдельного человека, так и всего человечества в целом.

Начиная с начальной точки, где мы стоим в соответствии с нашими сегодняшними желаниями, называемой «наш мир», и до конечной цели, к которой все мы поневоле должны прийти, называемой «будущий мир», наш путь делится на 4 этапа, или состояния:

1. Абсолютное неощущение (сокрытие) Творца. Следствие этого: неверие в Творца и в управление свыше, вера в свои силы, в силы природы, обстоятельств и случая. На этом этапе (духовном уровне) находится все человечество.

Земная жизнь на этом этапе является процессом накопления опыта в нашей душе через посылаемые человеку различного вида страдания. Процесс накопления опыта души происходит путем повторяющихся возвращений одной и той же души в этот мир в разных телах. По достижению душой определенного опыта человек получает ощущения следующей, первой духовной ступени.

2. Неявное ощущение Творца. Следствие этого: вера в вознаграждение и наказание, вера в то, что страдания – следствие удаления от Творца, а наслаждения – следствие приближения к Творцу.

И хотя под влиянием больших страданий человек может некоторое время вновь вернуться к 1-му, неосознанному процессу накопления опыта, но так или иначе этот процесс продолжается до тех пор, пока человек не осознает, что только полное ощущение управления Творца даст ему силы продвинуться вперед.

В первых двух состояниях у человека есть свобода веры в управление свыше. И если человек пытается, несмотря на все «возникающие» – посылаемые свыше – помехи укрепить в себе веру и ощущение управления Творцом, то после определенного количества усилий Творец помогает ему тем, что открывает Себя и картину мироздания.

3. Раскрытие частичной картины управления миром. Следствие этого: человек видит вознаграждение за хорошие поступки и наказание

за плохие и потому не в состоянии удержаться от совершения доброго и отрешения от дурного, как никто из нас не в состоянии уклониться от приятного или явно вредить себе.

Но этот этап духовного развития еще не окончательный, так как на этом этапе все поступки человека вынужденные, ввиду явных вознаграждения и наказания.

Поэтому есть еще один этап духовного развития – постижение того, что все, что делается Творцом, делается Им с абсолютной любовью к нам.

4. Раскрытие полной картины управления миром. Следствие этого: ясное осознание того, что управление мира Творцом основано не на вознаграждении и наказании за соответствующие поступки, а на абсолютной безграничной любви к Его созданиям.

Постигается эта ступень духовного развития вследствие того, что человек видит, как в любых обстоятельствах, со всеми созданиями в целом и с каждым в отдельности, с хорошими и плохими, независимо от их проступков, Творец всегда поступает только с чувством безграничной любви.

Испытав на себе постижение высшей ступени наслаждения, человек предвкушает будущее состояние всех, еще не достигших этого: как и они – каждый в отдельности и все в целом – достигнут того же. Постигается это состояние человеком вследствие того, что Творец раскрывает ему всю картину творения и Свое отношение к каждой душе в каждом поколении, на протяжении всего существования всех миров, созданных с единственной целью – насладить создания, что является единственной причиной, определяющей все действия Творца относительно нас, от начала и до конца творения, когда все вместе и каждый в отдельности достигают безграничного наслаждения от слияния со своим Источником.

Вследствие того, что человек явно видит, каковы все замыслы и действия Создателя с Его творениями, он проникается чувством безграничной любви к Творцу, а вследствие схожести чувств Творец и человек сливаются в единое целое. И поскольку такое состояние и есть цель творения, то три первые ступени постижения управления являются всего лишь предварительными для постижения четвертой ступени.

Все желания человека как бы находятся в его сердце, потому что физиологически ощущаются в нем. Поэтому сердце мы принимаем за представителя желаний всего тела, всей сути человека. Изменения желаний сердца говорят о переменах в личности.

От рождения, то есть от появления в этом мире, сердце человека занято только заботой о теле, только его желаниями оно наполняется и живет.

Но есть в глубине сердца, в глубине желаний так называемая внутренняя точка (нэкуда ше балев), скрытая за всеми мелкими желаниями, не ощущаемая нами – потребность духовных ощущений. Эта точка является частью самого Творца.

Если человек сознательно, волевыми усилиями, преодолевая пассивность тела, ищет в Торе пути сближения с Творцом, то эта точка постепенно заполняется добрыми и чистыми желаниями, и человек постигает Творца на первом духовном уровне – уровне мира Асия.

Затем, пройдя в своих ощущениях все ступени мира Асия, он начинает ощущать Творца на уровне мира Ецира и т.д., пока не достигает высшей ступени – постижения Творца на уровне мира Ацилут. И каждый раз эти ощущения он испытывает в той же внутренней точке своего сердца.

В прошлом, когда его сердце было под властью желаний тела, то есть точка в сердце не получала совершенно никакого ощущения Творца, он мог думать только о желаниях, о которых тело заставляло его думать и, соответственно, желать только того, чего желало тело. Теперь же, если просьбами и требованиями к Творцу о своем духовном спасении он постепенно заполняет сердце чистыми, свободными от эгоизма желаниями и начинает получать ощущение Творца, он в состоянии думать только о Творце, так как в нем рождаются мысли и желания, свойственные данной духовной ступени.

Таким образом, всегда человек желает только то, что заставляет его желать то духовное влияние, которое он получает от ступени, на которой находится.

Отсюда понятно, что человек не должен стремиться сам изменить свои мысли, а должен просить Творца изменить их, так как все наши желания и мысли являются следствием того, что мы получаем, точнее, в какой степени мы ощущаем Творца.

Применительно ко всему творению ясно, что все исходит от Творца, но сам Творец создал нас с определенной свободой воли, и эта возможность распоряжаться своими желаниями появляется только у постигающих ступени АБЕА – чем выше поднимается духовно человек, тем выше его степень свободы.

Процесс развития духовной личности для большей наглядности можно сопоставить с развитием материальной природы нашего мира.

Поскольку вся природа и все мироздание представляют собой только одно, но личное по величине в каждом создании желание самонаслаждения, то по мере увеличения этого желания появляются в нашем мире более развитые существа, поскольку желание заставляет работать мозг и развивать интеллект для удовлетворения своих потребностей.

Мысли человека являются всегда следствием его желаний, следуют за его желаниями, направлены только на достижение желаемого и ни на что более.

Но, вместе с тем, есть у мысли особая роль – с ее помощью человек может увеличить свое желание: если будет постоянно углублять и расширять мысль о чем-то и постоянно возвращаться к ней, то постепенно это желание начнет возрастать по сравнению с другими желаниями.

Таким образом, человек может изменить соотношение своих желаний: постоянными мыслями о малом желании он в состоянии сделать из малого желания большое – настолько, что оно начнет довлеть над всеми остальными желаниями и определит саму суть человека.

Самый низший уровень духовного развития – это неживой, подобно неживой части природы: космическим телам, в том числе и нашей планете, минералам и пр. Неживой уровень духовного развития не дает возможности самостоятельно действовать, не индивидуален ни в чем, потому что его ничтожное желание наслаждения сводится только к стремлению сохранить неизменными свои свойства. На этом уровне отсутствует самостоятельное движение. Вся его функция сводится к слепому, автоматическому выполнению желания создавшего его Творца.

А поскольку Творец захотел, чтобы неживые объекты вели себя только таким образом, то дал им самый низший уровень желаний, не вызывающий в них необходимости развиваться, поэтому они, не имея никаких желаний, кроме первоначально созданных в них Творцом, слепо выполняют свою задачу, заботясь только о нуждах духовно неживой природы, не чувствуя окружающего.

И в людях, пока еще духовно неживых, также нет никаких своих личных желаний, а лишь желания Творца руководят ими, и они обязаны в силу своей природы их неукоснительно неосознанно выполнять, повинуясь программе, заложенной в них Создателем.

Поэтому, хотя Творец создал природу людей такой ради Своей цели, в этом духовном состоянии люди не могут чувствовать никого, кроме себя, а потому и делать что-либо ради других, а могут работать лишь на себя. И потому этот уровень духовного развития называется неживой.

Более высокая ступень развития – у растительной природы. Поскольку Творец придал ее объектам большее по сравнению с неживой природой желание наслаждения, то это желание вызывает у растений потребность в некотором движении и росте для удовлетворения своих нужд.

Но это движение и рост групповые, а не индивидуальные. Подобно этому у людей, находящихся на растительном уровне желаний, существует некоторая степень духовной независимости от задающего программу Творца, а поскольку Творец создал всю природу на основе абсолютного эгоизма, то есть стремления к самоудовлетворению, то эти личности уже желают своим «растительным» уровнем желания удалиться от желаний, в них созданных, и делать что-либо ради других, то есть действовать как бы против собственной природы.

Но как растения в нашем мире, хотя и растут вверх и вширь, то есть обладают какой-то свободой движения, но движения эти коллективны, и ни одно растение не в состоянии – ввиду отсутствия соответствующего желания – даже представить себе, что возможно индивидуальное движение, так и человек с «растительным» уровнем желания не в состоянии стремиться к индивидуальным проявлениям, противоречащим мнению коллектива, общества, воспитанию, а желает лишь сохранять и выполнять все желания и законы своей «растительной» природы – той же группы людей с «растительным» уровнем развития.

То есть как у растения, так и у человека этого уровня желаний нет индивидуальной, личной жизни, а его жизнь – это часть жизни общества, в котором он – лишь один из многих. То есть у всех растений и у всех людей такого уровня одна общая жизнь, а не индивидуальная у каждого.

Как все растения можно уподобить единому растительному организму, где каждое из них подобно отдельной ветви растения, так и люди «растительного» духовного уровня, хотя и могут уже в чем-то пойти против своей эгоистической природы, но поскольку растительный уровень духовного желания еще мал, они находятся в плену законов общества или своего круга и не имеют индивидуальных желаний, а потому и сил поступать против общества и воспитания, хотя против собственной природы в чем-то они уже могут идти, – то есть действовать на благо других.

Выше по духовному уровню развития находится так называемый животный уровень, поскольку данные ему Творцом желания развивают его носителей настолько, что их может удовлетворить возможность независимо от других передвигаться и в еще большей степени, чем растения, самостоятельно мыслить для удовлетворения своих желаний.

То есть у каждого животного есть свой индивидуальный характер и чувства, независимые от окружения. И поэтому человек этого уровня развития может идти вопреки эгоистической природе и уже в состоянии действовать на благо ближнего.

Но хотя он уже независим от коллектива и обладает своей личной жизнью, то есть его внутренняя жизнь может не зависеть от мнения общества, он все еще не в состоянии чувствовать никого, кроме себя.

Находящийся на человеческом, так называемом говорящем уровне развития уже в состоянии действовать против своей природы, не подчиняется коллективу, как растение, то есть совершенно независим от общества в своих желаниях, чувствует любое другое создание и потому может заботиться о других, помогать им в исправлении тем, что страдает их страданиями, в отличие от животного, чувствует прошлое и будущее и потому в состоянии действовать, исходя из осознания конечной цели.

Все миры и ступени, на которые они делятся, представляют собой как бы последовательность стоящих друг за другом экранов, скрывающих от нас (свет) Творца.

По мере того, как в нас появляются духовные силы противодействовать собственной природе (соответственно каждой силе), соответствующий экран исчезает, как бы растворяется.

Эта последовательность экранов скрывает от нас Создателя. Эти экраны существуют в нас самих, в наших душах, а кроме наших душ с задерживающими «экранами», все, что вне нас – это сам Творец.

Мы можем ощутить только то, что проникает в нас сквозь экран. Все, что вне нас, совершенно не ощущаемо нами. Как в нашем мире мы видим лишь то, что, попадая в поле зрения, отпечатывается на внутренней поверхности глаза.

Все наши знания о духовных мирах – это то, что постигли и ощутили души каббалистов и передали нам. Но и они постигли то, что было в их духовном поле зрения. Поэтому все известные нам миры существуют только относительно душ.

Исходя из вышесказанного, все мироздание можно разделить на три части:

1. Творец – о котором мы не можем говорить по той причине, что можем судить только о том, что попадает в наше духовное поле зрения, проходя сквозь экраны.

2. Замысел творения – то, с чего мы можем начать говорить, то есть с чего начинаем постигать замысел Творца. Утверждают, что он заключается в наслаждении созданий.

Кроме как об этой связи Творца с нами, мы не можем более ничего сказать о Нем ввиду отсутствия всякой иной информации. Творец захотел, чтобы мы почувствовали Его влияние на нас как наслаждение и создал наши органы чувств такими, чтобы Его воздействия мы воспринимали как наслаждение.

А поскольку все ощущается только душами, мы не можем говорить о самих мирах вне связи с тем, кто их ощущает, потому что без восприятия душ сами миры не существуют. Ослабляющие экраны, стоящие между нами и Творцом – это и есть миры. «Олам» – от слова «алама» – скрытие. Миры существуют только для передачи какой-то доли исходящего от Творца наслаждения (света) душам.

3. Души – нечто созданное Творцом, ощущающее само себя как индивидуально существующее. Но это сугубо субъективное чувство, ощущаемое душой, то есть нами, как свое «я», специально так создано Творцом в нас. Относительно же Творца мы являемся Его интегральной частью.

Весь путь человека от его начального состояния и до полного слияния по свойствам с Творцом делится на пять ступеней, каждая из которых, в свою очередь, состоит из пяти под-ступеней, в свою очередь также состоящих из пять под-ступеней – итого 125 ступеней.

Каждый находящийся на определенной ступени получает от нее те же ощущения и влияние, которые получают все находящиеся на этой ступени и имеющие одинаковые духовные органы чувств, и потому чувствует то же, что и все находящиеся на этой ступени. Это подобно тому, что все находящиеся в нашем мире имеют одинаковые органы чувств и соответственно им одинаковые ощущения и не могут ощущать других миров.

Поэтому книги по каббале понятны лишь тем, кто достиг ступени, на которой находится и о которой повествует автор, поскольку тогда у читающего и автора есть общие ощущения, как у читающего обычную книгу и писателя, описывающего происходящее в нашем мире.

Ощущение близости Творца, духовное наслаждение и просветление, получаемые от слияния с Ним и от понимания Его желаний и законов Его управления – так называемый свет Творца, ощущение Его самого – получает душа от духовных миров. Ощущение приближения к Творцу постигается по мере постепенного продвижения по нашему духовному пути. Поэтому на каждом этапе дороги мы по-новому воспринимаем Тору – проявления Творца: постигающим только наш мир Тора представляется в виде книги законов и исторических повествований, описывающей поведение человека в нашем мире, а по мере духовного продвижения по нашему пути за именами объектов и действий нашего мира человек начинает видеть духовные действия Творца.

Из всего вышесказанного понятно, что всего в творении есть два участника – Творец и человек, им созданный, а все картины, возникающие перед человеком, как то: ощущение нашего мира или даже ощущения более высоких миров – есть различные степени проявления, раскрытия Творца на пути приближения к человеку.

Все мироздание можно описать как функцию трех параметров: мира, времени и души, которые управляются изнутри волей и желанием Творца.

Мир – вся неживая вселенная. В духовных мирах – неживой уровень желаний.

Душа – все живое, включая человека.

Время – причинно-следственная последовательность событий, происходящих с каждой отдельной душой и со всем человечеством, подобно историческому развитию человечества.

Источник существования – план развития событий, происходящих с каждым из нас и со всем человечеством в целом, план управления всем творением по приведению его к заранее выбранному состоянию.

Решив создать миры и человека в них для постепенного приближения к Себе Творец, постепенно удаляя от Себя путем ослабления Своего света, Своего присутствия, создал наш мир.

Этапы постепенного (сверху вниз) сокрытия присутствия Творца называются мирами:

1) Ацилут – мир, находящиеся в котором абсолютно слиты с Творцом.

2) Брия – мир, находящиеся в котором связаны с Творцом.

3) Ецира – мир, находящиеся в котором чувствуют Творца.

4) Асия – мир, находящиеся в котором почти или полностью не ощущают Творца, включая и наш мир как последний, самый низкий и наиболее удаленный от Творца.

Эти миры вышли один из другого и как бы являются копией один другого. Только каждый нижестоящий, то есть более удаленный от Творца является более грубой (но точной) копией предыдущего. Причем копией по всем четырем параметрам: мир, душа, время, источник существования.

Таким образом, все в нашем мире является точным следствием процессов, ранее уже произошедших в более высоком мире, а то, что происходит в нем, в свою очередь является следствием процесса, происходившего ранее в еще более высоком мире и т.д. – до места, где все 4 параметра – мир, время, душа, источник существования – сливаются в едином источнике существующего – в Творце! Это «место» называется миром Ацилут.

Одевание Творца в оболочки миров Ацилут, Брия, Ецира (Его проявление нам путем свечения через ослабляющие экраны этих миров) называется каббалой. Одевание Творца в оболочку нашего мира, мира Асия, называется письменной Торой.

Вывод: нет разницы между каббалой и Торой нашего мира. Источник всего – Творец. Другими словами, учиться и жить по Торе или учиться и жить по каббале – зависит от духовного уровня самого человека: если человек духовно находится на уровне нашего мира, то он видит и воспринимает наш мир и Тору, как все.

Если же он духовно возвысится, то увидит другую картину, так как оболочка нашего мира спадет, и останутся только оболочки миров Ецира и Брия. Тогда Тора и вся действительность будут выглядеть для него иначе – так, как это видят населяющие, постигающие мир Ецира.

И Тора, которую он увидит, из Торы нашего мира, повествующей о животных, войнах, предметах нашего мира, превратится в каббалу – описание мира Ецира.

А если человек поднимется еще выше, в мир Брия или в мир Ацилут, то картину мира и управления им он увидит другую – соответственно своему духовному состоянию.

И нет разницы между Торой нашего мира и каббалой – Торой духовного мира, а разница только в духовном уровне людей, которые ею занимаются.

И из двоих, читающих одну и ту же книгу, один увидит в ней историю еврейского народа, а другой – картину управления мирами ощущаемым им явно Творцом.

Находящиеся в состоянии полного сокрытия Творца пребывают в мире Асия. Поэтому все в мире, в конечном итоге, видится им нехорошим: мир полон страданий, поскольку они не могут чувствовать иначе – вследствие сокрытия от них Творца. А если и получают какое-либо удовольствие, то лишь следующее за предшествующим ему страданием.

И лишь при достижении человеком мира Ецира Творец частично раскрывается ему, и видит он управление вознаграждением и наказанием, и потому возникает в нем любовь (зависимая от вознаграждения) и страх (наказания).

Следующая, третья ступень – любовь, не зависимая ни от чего, возникает как следствие осознания человеком того, что никогда Творец не причинял ему зла. Но только добро. И это соответствует миру Брия.

А когда Творец раскрывает ему всю картину мироздания и управления всеми творениями, то возникает в человеке абсолютная любовь к Создателю, так как видит абсолютную любовь Создателя ко всем созданиям. И это постижение возносит его на уровень мира Ацилут.

Таким образом, наше отношение к Творцу есть следствие понимания Его действий и зависит только от того, насколько Он откроется нам, поскольку мы созданы такими, что воздействия Творца влияют на нас (наши мысли, наши качества, наши поступки) автоматически, и мы лишь можем просить Его изменить нас.

Хотя все действия Творца абсолютно добрые, Им же специально созданы силы, действующие якобы вопреки желанию Творца, вызывающие критику Его действий и потому называемые нечистыми.

На каждой ступени, от начала нашего пути и до его конца, существуют созданные Творцом две противоположные силы: чистая и нечистая. Нечистая сила специально вызывает в нас недоверие и отталкивает нас от Творца. Но если, невзирая на это, мы напрягаемся в просьбе к Творцу помочь нам, то есть вопреки этой силе укрепляем связь с Творцом, то получаем вместо нее чистую силу и поднимаемся на более высокую ступень. А нечистая сила перестает на нас действовать, так как выполнила уже свою роль.

Стремление нечистой силы мира Асия (первая ступень) – трактовать все происходящее отрицанием наличия Творца.

Стремление нечистой силы мира Ецира (вторая ступень) – пытаться убедить человека, что мир управляется не вознаграждением и наказанием, а произвольно.

Стремление нечистой силы мира Брия (третья ступень) – нейтрализовать в человеке осознание любви Создателя к нему, вызывающее любовь к Творцу.

Стремление нечистой силы мира Ацилут (четвертая ступень) – доказать человеку, что не со всеми творениями или не всегда Творец поступает с чувством безграничной любви, чтобы не допустить появления у человека чувства абсолютной любви к Творцу.

Таким образом, видно, что для восхождения на каждую духовную ступень, для каждого возвышения, раскрытия Творца и наслаждения от сближения с Ним, предварительно надо победить соответствующую по силе и характеру обратную силу в виде мысли или желания, и только тогда можно взойти еще на одну ступень, сделать еще один шаг по нашей дороге вперед.

Из вышесказанного ясно, что всей гамме духовных сил, чувств четырех миров Асия – Ецира – Брия – Ацилут соответствует гамма противоположных и параллельных сил и чувств – четыре нечистых мира Асия – Ецира – Брия – Ацилут. Причем продвижение вперед происходит только попеременно: если человек усилием воли преодолевает нечистую силу – все помехи, посылаемые ему Создателем, прося Создателя раскрыться, чтобы таким образом найти силы выстоять против нечистых сил, мыслей и желаний, – то, соответственно, постигает чистую ступень.

С рождения любой из нас находится в состоянии абсолютного неощущения Творца. Чтобы начать продвигаться по описанному нами пути, необходимо:

1) Прочувствовать нынешнее свое состояние как невыносимое.
2) Хотя бы неявно ощутить, что Творец существует.
3) Прочувствовать, что только от Творца мы зависим.
4) Осознать, что только Он может нам помочь.

Приоткрывая Себя, Творец может немедленно менять наши желания, создавать в нас качественно новый разум. Появление сильных желаний немедленно вызывает появление сил для их достижения.

Единственное, что определяет человека, – это его желания. Их набор является сутью человека. Разум наш существует только для того, чтобы помочь нам достигнуть того, чего мы хотим, то есть разум является не более чем вспомогательным инструментом.

Человек проходит свой путь поэтапно, шаг за шагом продвигаясь вперед, находясь попеременно под влиянием нечистой (левой) эгоистической силы и чистой (правой) альтруистической. Преодолев с помощью Творца левую силу, человек приобретает свойства правой.

Путь этот, как два рельса – левый и правый, две силы – отталкивания и притяжения к Творцу, два желания – эгоизм и альтруизм. Чем дальше от начальной точки нашего пути, тем эти две противоположности сильнее.

Продвижение вперед есть функция уподобления Творцу: подобия в желаниях и в любви. Ведь любовь Творца – это единственное Его чувство к нам, из которого вытекает все остальное: делать нам только доброе, привести нас к идеальному состоянию – а это может быть только состояние, подобное состоянию Творца, – бессмертие с ничем не ограниченным наслаждением от чувства бесконечной любви к Творцу, излучающему подобное чувство.

Так как достижение этого состояния является целью творения, то все посторонние желания называются нечистыми.

Цель, которую поставил перед Собою Творец – привести нас к состоянию подобия Ему – эта цель обязательна для каждого из нас и для всего человечества, хотим ли мы этого или не хотим.

Хотеть мы этого не можем, так как, находясь в нашем мире, не видим тех великих наслаждений и избавления от всех страданий, которые приносит нам слияние с Творцом.

Страдания посылаются нам Творцом, поскольку только таким путем можно подтолкнуть нас вперед, заставить нас захотеть сменить наши взгляды, окружение, привычки и поступки, ибо инстинктивно человек хочет избавиться от страданий.

Не может быть наслаждения без предшествующего ему страдания, не может быть ответа без вопроса, сытости без предшествующего чувства голода, то есть для получения любого ощущения необходимо предварительно испытать прямо противоположное ему ощущение.

Поэтому, чтобы испытать тягу и любовь к Творцу, необходимо испытать и прямо противоположные чувства, такие как ненависть, удаленность по взглядам, привычкам, желаниям.

Не может возникнуть никакого чувства в пустоте – обязательно должно быть желание ощутить это чувство. Как, например, надо научить человека понимать, а поэтому и любить музыку. Не может несведущий понять радость ученого, после долгих усилий открывшего что-то новое, к чему так стремился.

Желание чего-либо называется в каббале сосудом (кли), так как именно это ощущение отсутствия и является условием наслаждения при наполнении, и от его величины зависит величина будущего наслаждения.

Даже в нашем мире мы видим, что не от величины желудка, а от желания, ощущения голода зависит величина наслаждения от пищи, то есть именно степень страдания от отсутствия желаемого определяет величину сосуда и т. о. величину будущего наслаждения.

Наслаждение, наполняющее желание именно им насладиться, называется светом, потому что дает сосуду именно такое чувство полноты и удовлетворения.

Необходимо предварительное желание до чувства страдания от отсутствия желаемого, дабы быть действительно готовым к принятию наполнения, которого так ждал.

Задача в творении нечистых сил (желаний), называемых клипот, как раз и состоит в том, чтобы создать в человеке бесконечное по величине желание.

Если бы не желания клипот, человек никогда бы не захотел большего, чем требуется телу, и остался бы на детском уровне развития. Именно клипот подталкивают человека к поиску новых наслаждений, поскольку постоянно создают в нем все новые желания, требующие удовлетворения, заставляющие человека развиваться.

Достижение свойств мира Ацилут называется воскрешением мертвых, так как этим человек переводит в чистую сторону все свои бывшие нечистые, то есть мертвые, желания. До мира Ацилут, проходя как бы по двум рельсам пути, человек только меняет свои желания на противоположные, но не исправляет на чистые.

Теперь же, войдя в мир Ацилут, он может свои прошлые желания снова взять и исправить и т. о. подняться еще выше. Этот процесс называется воскрешением мертвых (желаний). Конечно же, речь не может идти о нашем материальном теле – оно, как тела всех остальных созданий, населяющих этот мир, разлагается после исхода души из него, ничего без души собою не представляя.

Если в результате работы над собой человек достигает такого состояния, что ненужные мысли не властвуют над ним и не отвлекают его от связи с Творцом, хотя он чувствует, что они еще существуют в нем, такое внутреннее состояние называется субботой.

Но если он отвлек свои мысли и стремления от Творца, сам или слушая посторонние мысли, впустил их в себя, это называется нарушением субботы. И он уже не считает эти мысли, полученные им извне, посторонними, а считает их своими и уверен, что эти-то мысли и есть правильные, а не те, что ранее призывали его, не задумываясь, идти за Творцом.

Если большой специалист в каком-то ремесле попадает в среду плохих работников, убеждающих его, что выгоднее посредственно работать, а не вкладывать в свою работу всю душу, то, как правило, такой специалист постепенно теряет свое искусство.

Но если он находится среди плохих работников другой специальности, то это ему не вредит, поскольку нет между ними по работе никакой связи. Поэтому тот, кто действительно желает преуспеть в своем ремесле, должен стремиться попасть в среду специалистов, относящихся к своей работе как к искусству.

Кроме того, яркое отличие специалиста от простого ремесленника в том, что специалист получает наслаждение от самой работы и от ее результата большее, чем от оплаты за произведенную работу.

Поэтому желающие духовно возвыситься обязаны строго проверять, в какой среде, среди каких людей они находятся. Если это неверующие, то вы – как специалисты в разных областях: ваша цель – духовно возрасти, а их цель – насладиться этим миром.

И потому нечего особенно опасаться их мнения. Даже если вы на мгновение и примете их точку зрения, спустя мгновение вы поймете, что это мнение вы получили от них, и вновь вернетесь к своим целям в жизни.

Если это люди верующие, но не особенно заботящиеся о правильной цели выполнения заповедей, уже заранее предвкушающие вознаграждение в будущем мире и потому выполняющие заповеди, необходимо остерегаться их. И чем они ближе к вашим целям и мыслям, тем дальше необходимо держаться от них.

А от тех, кто называет себя «каббалистами», требуется бежать сломя голову, поскольку могут незаметно для вас испортить ваше искусство в новом для вас ремесле...

Должно показаться странным, что у людей, которых весь мир называет евреями, возникает вопрос, кто же они такие. И сам вопрос, не говоря уже о многочисленных ответах, подозрительно неясен и тем, кто должен называться евреем, и тем, кто их так называет.

Что же понимает каббала под словом ехуди (иудей), иври (еврей), исраэли (израильтянин), бней Авраам (дети Авраама) и другими обозначениями в Торе определенной группы людей.

Каббала представляет мироздание состоящим всего из двух аспектов: Творца и созданного Им желания насладиться Его близостью. Это желание (как любое из наших желаний, но существующее без телесной оболочки) насладиться близостью Творца как источника бесконечного абсолютного наслаждения называется душой.

Причина и цель творения – желание Творца дать наслаждение душам. Стремление души состоит в наслаждении Творцом. Желание Творца и желание души исполняются при их сближении, слиянии.

Слияние, сближение осуществляется путем совпадения свойств, желаний. Как, впрочем, и в нашем мире близким мы называем человека, которого таковым чувствуем, а не того, который находится на близком от нас расстоянии. И как в нашем мире, чем с большего первоначального отдаления происходит соединение, чем с большими трудностями достается желаемое, тем больше получаемое от соединения с желаемым наслаждением.

Поэтому Творец помещает душу в крайне удаленное от Него состояние: 1) абсолютно скрывает Себя как источник наслаждений; 2) помещает душу в тело, в желание насладиться всем, что ее окружает.

Если, несмотря на 1) сокрытие Творца и 2) мешающие желания тела, человек развивает в себе желание соединиться с Творцом, он может именно благодаря сопротивлению тела достичь во много раз большего желания насладиться Творцом, чем наслаждалась его душа до облачения в тело.

Методика, или инструкция воссоединения с Творцом называется каббалой, от глагола лекабэль (получать), получать наслаждение от Творца.

Каббала с помощью слов и понятий нашего мира рассказывает нам о действиях духовного мира.

Говорится в пасхальном сказании, что вначале наши предки были идолопоклонниками, а потом Творец выбрал одного из них – Авраама – и повелел ему отделиться от своего племени и поселиться в другом месте. Коренные жители того места звали Авраама Авраам-иври, оттого, что пришел к ним из-за (ми эвер) реки. Отсюда слово еврей. (Слово «жид» не имеет корня в иврите и, наверное, происходит от слова «ожидать» – прихода Машиаха).

Поскольку, согласно каббале, все, что говорится в Торе, говорится для обучения человека пути к цели творения (слово «Тора» происходит от слова «ораа» – обучение), то каббала видит в этих словах следующий смысл: «вначале» – в начале работы над собой, в начале пути сближения с Творцом «наши предки» – начальное состояние желаний человека, – «были идолопоклонниками» – все желания человека были направлены только на то, чтобы насладиться этой недолгой жизнью, «а потом Творец выбрал одного из них» – из всех желаний человек вдруг избрал желание духовно вознестись и ощутить Творца, «и повелел ему отделиться от своего племени и поселиться в другом месте» – чтобы ощутить Творца, человек должен выделить из всех своих желаний только одно – желание ощутить Творца и отстраниться от других.

Если человек в состоянии выделить одно из всех своих желаний, взрастить его и жить только этим желанием – соединиться с Творцом, то он как бы переходит в другую жизнь, в сферу духовных интересов и называется иври.

Если человек ставит своей целью полное слияние с Творцом, то он уже, хоть и не достиг пока этого, называется ехуди – от слова «ихуд» (единство).

Если человек хочет идти или идет прямым путем навстречу Творцу, то он называется Исраэль – от слов «исра» (прямо) и «Эль» (Творец).

Таково истинное происхождение этих слов и их духовное значение. К сожалению, нет возможности точно описать, какое отличие между этими именами, поскольку для этого пришлось бы объяснить этапы духовного восхождения, к каждому из которых то или иное имя относится.

Творение мира включает в себя его создание и управление, чтобы мир мог существовать и продвигаться по установленному заранее плану к той цели, для которой он создан.

Для осуществления управления свыше и свободы выбора в поступках человека созданы две системы управления – так, что любой положительной силе соответствует равная ей отрицательная сила: созданы четыре положительных мира АБЕА, и также созданы противоположные им отрицательные четыре мира АБЕА, причем в нашем мире – мире

Асия – не видна разница между положительной и отрицательной силами, между человеком, духовно поднимающимся к Творцу, и не развивающимся духовно.

И сам человек не может правдиво судить, продвигается ли он вперед или стоит на месте, и не может определить – положительная или отрицательная сила желания действуют на него в данный момент. Поэтому воодушевление и чувство уверенности в истинности пути обманчиво и, как правило, не является доказательством правильности выбора поступков и того, что выбранный путь верен.

Но если человек находится в начале своего духовного пути, то как может он продвигаться в желаемом для цели творения и своего существования направлении?

Каким образом без явного четкого ощущения и представления, что есть добро и зло для его конечной цели, для его истинного вечного благополучия, а не для кажущегося временного удовлетворения, он сможет найти свой верный путь в этом мире?

Все человечество дружно ошибается и заблуждается, выбирая себе теории смысла существования и пути к этим надуманным целям. И даже у находящегося в начальной точке верного пути нет никакого видимого ориентира, и каждую свою мысль и желание он не в состоянии определить как верные.

Мог ли Творец сотворить нас без какой-либо помощи в абсолютно безысходном, беспомощном состоянии?

Ведь даже наш здравый смысл подсказывает, что неразумно было создавать что-либо с четкой целью, а затем оставить весь процесс во власти слепых и слабых созданий. И, конечно, не мог так поступить Создатель, а дал, очевидно, нам возможность в любых обстоятельствах находить верный путь.

И действительно, есть одна очень важная проверка правильности выбранного пути – и в этом помощь Творца! Те, кто идет по пути нечистой, эгоистической АБЕА, не достигают духовной цели, и иссякают их силы, пока окончательно не упираются в стену безысходности, так как не удостаиваются помощи Творца в виде раскрытия пред ними всей картины мироздания, и наоборот, те, кто идут по пути чистых миров

АБЕА, вознаграждаются видением и ощущением всего мироздания как благословением со стороны Творца и достигают высшей духовной цели.

И это единственная проверка в нашем мире (то есть в нашем состоянии) того, каким путем идти, какие поступки и мысли выбирать как нужные для достижения цели из всех мыслей и желаний, поставляемых нам как из чистого мира Асия, так и из нечистого мира Асия.

Таким образом, разница между идущим по правильному пути и заблудшим в том, что первый обязательно должен быть вознагражден благословением Творца свыше тем, что Творец откроется и приблизится к нему.

Поэтому если человек видит, что не открываются ему тайны Торы, значит, его путь неправильный, хотя он полон воодушевления, сил и воображения, что уже достиг духовных сфер. Это обычный удел любительского занятия каббалой или «тайными» философиями.

Весь наш путь духовного восхождения по ступеням миров АБЕА представляет собой поочередное влияние на нас каждый раз той силы, на ступени которой мы находимся.

Каждая из этих сил изображается определенной буквой нашего алфавита, то есть каждая буква нашего алфавита символизирует духовную силу, управляющую определенной ступенью в мирах АБЕА.

Только одна сила в состоянии спасти человека, то есть вывести его из власти эгоистических желаний – и это сила благословения Творца, изображаемая буквой бэт. Соответственно противоположной ей силы в нечистой АБЕА нет, потому что благословение исходит от единственного Творца, и потому не может быть ничего противоположного ему в нечистых мирах АБЕА. И поэтому только с помощью силы благословения Творца существует мир, и только с ее помощью можно действительно различать добро и зло, точнее, что для человека – благо и что ему во зло, отличать чистые силы от нечистых и преодолевать нечистые на всем пути человека до достижения цели творения, точно определяя, обманывает ли себя человек или действительно входит в духовные миры.

Каждая сила в системе нечистых сил зла существует благодаря тому, что получает поддержку от соответствующей ей противоположной силы системы чистых сил, кроме силы благословения Творца.

И поэтому ни одной силой не мог быть создан мир, кроме силы благословения Творца, которая, не уменьшаясь, исходит от Творца до самой низшей ступени миров – нашего мира – и потому способна исправить создания, придавая им силы исправиться и начать возвышаться.

С помощью такой силы создан мир, поэтому нечистые эгоистические силы не могут ни уменьшить ее воздействия, ни использовать ее, так как нечистые силы могут мешать лишь там, где есть слабость чистых сил.

Поэтому подобной помощи достаточно для выяснения, какие мысли чистые в человеке, а какие нет, так как при направлении мыслей не к Творцу сразу же исчезает сила благословения.

Огласовки букв (нэкудот) символизируют исход света, ощущения Творца. Поскольку любое ощущение Творца, любое духовное ощущение градуируется, состоит из десяти сфирот, то, начиная с высшей из них (кэтэр), огласовки соответствуют: 1 – камац, 2 – патах, 3 – сэголь, 4 – цэйрэ, 5 – шва, 6 – холам, 7 – хирэк, 8 – кубуц, 9 – шурук, 10 – без огласовки, то есть соответствует малхут – последней, никогда не заполняющейся ступени ощущения.

Иногда в процессе, во время продвижения к цели человек вдруг испытывает чувство собственного ничтожества и бессилия от того, что нет у него знания Торы и не в состоянии он совершить никаких неэгоистических действий, а все мысли только о преуспевании его в этом мире.

И человек впадает в уныние, говоря себе, что приближение к Творцу дано лишь особым личностям, у которых от рождения есть особые силы и свойства, мысли и желания, соответствующие этой цели, сердце их стремится к Торе и работе над собой.

Но затем к нему приходит чувство, что каждому уготовано место рядом с Творцом и что постепенно все, в том числе и он, удостоятся духовных наслаждений слияния с Творцом, что нельзя отчаиваться, а надо верить в то, что Творец всемогущ и планирует путь каждого, слышит и чувствует все, что чувствует каждый из нас, ведет нас и ждет нашего обращения к Нему о сближении.

Затем он вспоминает, что уже не раз говорил это себе, и все равно ничего не изменялось. В конечном итоге он остается погруженным в мысли о никчемности, собственной слабости.

Но если приходит мысль, что это состояние посылается ему Творцом специально для его преодоления, и он усилием воли начинает работать над собой, то вдруг получает вдохновение и силы от будущего состояния, к которому он стремится.

Это означает, что свет его будущего состояния светит ему издали, потому что еще не может светить внутри него самого, поскольку его желания пока эгоистические, а свет (духовное наслаждение) не может войти и светить (насладить) в таких желаниях...

Творение есть сгусток эгоистических желаний и называется человеком. Творец же абсолютно альтруистичен.

Поэтому возвращение к Творцу, слияние с Творцом, ощущение Творца есть не что иное, как совпадение с Ним по тем или иным свойствам. И это возвращение к Творцу называется тшува.

Человек сможет утверждать, что сделал тшува, когда это подтвердит сам Творец – тем, что человек будет в состоянии постоянно его ощущать, что позволит человеку постоянно быть мысленно с Творцом и таким образом оторваться от желаний своего тела.

Только сам человек и никто другой чувствует, сделал ли он «тшува». И с помощью сил, получаемых от ощущения Творца, человек в состоянии постепенно полностью вернуться к Нему, изменить свои эгоистические желания на альтруистические, и чем больше «плохих» желаний имел в начале своего пути, тем большую работу он может теперь проделать над собою и в большей степени слиться с Творцом. Поэтому не должен человек сожалеть о своих плохих качествах, а только просить об исправлении, и так каждый раз, когда приходят ему мысли о собственном ничтожестве.

Потому что эти мысли появляются у него от отдаленного ощущения Творца, и Творец посылает их не всем, а только ему, а остальные люди не чувствуют себя плохими, не осознают свой эгоизм, а наоборот, утверждают, что они почти праведники, или деланно восклицают, что они грешники, потому что написано, что должен человек себя так чувствовать.

Эти мысли посылаются Творцом человеку не для того, чтобы он страдал и впадал в уныние, а для того, чтобы воззвал к Творцу, требуя освобождения от самого себя, своей природы. Каждый раз, когда человек вновь чувствует свою слабость, и уже прошел это ощущение в прошлом, и ему кажется, что он не должен заново повторять уже пройденные им ощущения падения, надо помнить, что каждый раз он проходит новые исправления, которые накапливаются, пока не соединит их вместе Творец.

Все эти отрицательные ощущения отстранения от Творца, недовольства духовными путями, претензии о безысходности – испытывает человек в той мере, какая необходима, чтобы удостоиться прорваться к ощущению высших сил Творца и наслаждений, от Него исходящих. Тогда открываются «врата слез», потому что только через них можно войти в залы Творца.

Поражаясь силе и стойкости своего эгоизма, не имеет права человек утверждать, что это Творец дал ему мало сил противостоять эгоизму, или что от рождения имеет он мало способностей, терпения или остроты ума, или не те условия даны ему свыше, и поэтому он не может исправить себя и достичь того, чего может на его месте достичь кто-либо другой в мире, и не должен утверждать, что это его страдание за прошлые прегрешения или деяния в прошлой жизни, что так уж начертано ему судьбой. И не имеет права отчаиваться и бездельничать, потому что если будет правильно использовать свои малые силы и способности, то преуспеет много. А все черты характера и свойства, которые дал ему Творец, даже самые низкие и ничтожные – все это пригодится ему сегодня или в дальнейшем, чтобы достичь своего предназначения – исправления именно своей души.

Подобно зерну, если будет брошено на благодатную почву с должным уходом – прорастет и даст плоды.

Поэтому необходимы человеку руководитель и подходящая почва, среда, дабы все его качества взрастить и сбалансировать так, чтобы каждое из них и все вместе в соответствующей пропорции могли способствовать достижению его главной цели.

Все вопросы, возникающие в сознании человека, посылает Творец и ждет от человека должного ответа. А ответ на вопросы тела (разума), эгоистические вопросы типа «а зачем?» – только один, и он выше понимания тела: «Это желание Творца, чтобы именно по этому пути я пришел к Нему».

Все слова Торы и все советы – только о том, как приблизиться к Творцу и слиться с Ним, потому что весь наш недостаток в том, что мы не чувствуем величия Творца. Ведь, едва начав стремиться к Нему, мы уже хотим ощутить Его в своих чувствах.

Но это невозможно до тех пор, пока нет у нас экрана (масах), отражающего свет Творца, то есть нет альтруистических сосудов-чувств.

А пока таких свойств у нас нет, мы можем получать лишь издали ощущение Творца, называемое ор макиф – окружающий свет, который может светить человеку, даже еще очень удаленному по своим свойствам от Творца.

Окружающий свет всегда больше внутреннего света, получаемого с помощью экрана, при наличии определенных альтруистических сил в человеке, поскольку окружающий свет – это сам Творец, а внутренний свет (душа) – это всего лишь та «часть» Творца, которую человек смог постичь, исправив свои свойства в той или иной степени.

Как же человек может получить свет Творца в то время, как он еще не исправил своих свойств? Ответ прост – только за счет увеличения свечения ему окружающего света, то есть за счет возвеличивания, возвышения Творца в своих глазах, постоянного стремления к ощущению Его как источника всего происходящего, чтобы во всех случаях человек твердо осознавал, что то, что с ним происходит, – это все деяния Творца, и нет ничего другого в мире.

А все старания свои должен направить на то, чтобы ни при каких обстоятельствах не начать вдруг думать, что происходящее с ним – это случайность, или судьба, или следствия его прошлых поступков, или воля и желания других людей, а пытаться никогда не забывать Творца.

Ни в коем случае не следует интерпретировать текст какой-либо части Торы согласно нашему восприятию, уподобляя описанию событий в нашем мире.

Например, как я уже писал в предыдущих частях книги, обманщик-Лаван, упоминающийся в Торе, – это самый высокий уровень наполнения души светом Творца, Фараон – символ всего нашего эгоизма.

Говорится в ТАНАХе о том, что пришел в город человек по имени Птахия, и собрал вокруг себя пустых людей, и ушли они все в пустыню. Так вот: Птахия от слова лифтоах (открыть) – человек, который открывает людям глаза. Собрал вокруг себя «пустых» людей, которые чувствовали пустоту в своей жизни, вывел их из города в пустыню – раскрыл им пустыню их существования, чтобы, как говорится в Теилим (псалмах): «лех ахарай ба мидбар» – иди, говорит человеку Творец, за Мной по пустыне – с чувством, что твоя жизнь без духовных ощущений, как иссохшая пустыня без капли воды, так, чтобы малейший проблеск спасения от ощущения никчемности показался тебе как «маим карим аль нэфеш аефа» – прохладным родником для утомленной души.

Главное наше сказание – о выходе из Египта – из духовного плена Фараона – нашего эгоизма: «И вот умер Фараон» – увидел наконец-то человек, что эгоизм не для его пользы: убивает его, заставляет тратить на себя всю жизнь. И умер в его глазах этот символ и принцип. Но пока не осознал эгоизма как своего единственного врага, считает жизнь и работу свою в Египте (в плену желаний тела) хорошим своим состоянием. Даже потом временами (в духовных падениях) плачет о «горшках с мясом и хлебом», которые вдоволь имел в Египте (обслуживая собственный эгоизм).

Пока еще был жив (в сердце) Фараон (эгоизм), царь (властвовал в их мыслях и принципах) египетский, то поневоле все мысли и поступки диктовались им, что и означает находиться в плену египетском (мицраим от слова миц ра – концентрация зла), в плену всевозможных эгоистических желаний. А самим невозможно понять, что власть нашей природы над нами есть зло, пока Творец не окажет человеку услугу – «и умер царь египетский» – даст человеку такие обстоятельства в жизни, что он осознает, что эгоизм – его враг, и умрет этот символ зла в нем, и сразу же почувствует, что не в состоянии больше так существовать, работая впустую.

И «воскричали сыны Израиля от тяжелой работы», обнаружив, что не в состоянии даже двинуться без эгоистической выгоды своей, не имея еще духовной, альтруистической природы, «и дошла эта их молитва до Творца, и услышал ее» – только если человек действительно кричит из самой глубины своей (а это возможно, только если уже дошел до самой последней черты своего терпения и страдания) – лишь тогда Творец помогает ему, причем помощь эта приходит неожиданно, человек никогда не может предчувствовать заранее, какая капля его слез будет последней, просто все капли должны быть как последняя, но помощь Творца «ешуат ашэм кеэрэв аин» – появляется вдруг и всегда неожиданно!

Книгу Зоар многие непосвященные называют нравоучением на основе каббалы – «мусар аль пи каббала», так как Зоар написан языком заповедей – того, что должен делать человек. Понятно – говоря так о книге Зоар, они пытаются отрицать ее тайную, скрытую суть, которая в той же мере находится и в любой книге Торы, и сводят всю Тору к выполнению «желания Творца о соблюдении нами заповедей». Для чего их выполнять – этот вопрос остается открытым. В принципе, для выполнения заповедей в таком случае вообще не нужен Творец, если человек не нуждается в Нем – для чего же Сам Создатель? Авторы Зоар специально изложили эту книгу, говорящую только о строении и действии духовных миров, научным юридически-поучающим языком, дабы у читающего не осталось никакого сомнения, что главное в Торе не мудрость – а «дающий мудрость», что главное в Торе и заповедях – чтобы вознуждаться в Творце и приблизиться к Нему душевными свойствами.

Все препятствия, которые ощущает человек на пути своего продвижения к Творцу для того, чтобы войти в духовные сферы, – это не что иное, как знак приближения к Творцу, к вратам в духовный мир. Потому что нет более удаленного состояния от Творца, чем состояние человека, вообще не подозревающего о существовании духовного мира или не имеющего желания почувствовать его.

А если человек почувствовал, что он далек от духовного мира, – это значит, что Творец дает ему ощущение его истинного состояния, пробуждая его таким образом к сближению. И если бы не возникало в нас подобных ощущений удаленности от Творца, не было бы у нас никакой возможности начать сближение с Ним. Поэтому чувство удаленности есть признак начала сближения.

И так на протяжении всего пути к Творцу: постоянно человек ощущает всевозможные мешающие ему препятствия. На самом же деле это не что иное, как помощь со стороны Творца, имеющая целью возбудить в нас негодование, неудовлетворенность настоящим состоянием и требование к Творцу о его изменении.

А все препятствия, которые человек в своем духовном продвижении должен преодолеть, нужны для того, чтобы он привык идти по линии удаления, чувствуя, что удаляется от Творца, осознавая все более свой эгоизм. Это ощущение все равно не влияет на его действия, поскольку заранее знает, что оно и есть раскрытие его истинного состояния, что и раньше он находился в состоянии не лучшем настоящего, но только не знал об этом.

И так до тех пор, пока забота о собственном состоянии не перестанет его беспокоить, а все мысли и желания сведутся к желанию заботиться не о своем состоянии, а о том, каким он выглядит в глазах Творца. И это определяет все его действия и мысли. А что именно желает видеть Творец в человеке, последний ощущает сам по мере изучения каббалы и выполняет все указания Торы только ради этой высшей цели, и тогда становится вся Тора орудием сближения с Творцом.

Пока человек не станет соизмерять все свои поступки и мысли с желанием Творца, – все, что бы он ни делал, он делает, соизмеряя с желаниями других. Человек не может быть волен сам совершить что-либо – или на него влияют ему подобные, определяя его поведение и действия, либо свои мысли и действия он определяет в соответствии с желаниями Творца, но никогда абсолютно свободно человек не поступает.

Сокрытие Творца от нас – для нашей же пользы. Как в нашем мире всякий еще не полностью познанный нами объект привлекает больше, чем уже изведанный, так и сокрытие духовного мира необходимо для того, чтобы человек взрастил в себе сознание важности постижения духовного мира.

Хотя никогда человек не в состоянии по-настоящему оценить величие Творца и духовных миров (частичного проявления Творца), но именно благодаря сокрытию, в той мере, в какой Творец посылает ему ощущение сокрытия и удаленности, возбуждается в нем стремление ощутить Творца, а также сознание важности постижения сокрытого.

С другой стороны, величина сокрытия определяется (его) потребностью в познании скрытого. И так человек постепенно приобретает сознание важности постижения скрытого от него в такой мере, что ему кажется, будто он крайне удален от страстно желаемого.

Почести, оказываемые человеку, наполняют его эго и, соответственно, наносят вред его душе настолько, что те великие праведники, которые стали широко известны и приобрели почитателей, считают, что получили такую огласку своего имени от Творца в качестве наказания.

Но тех великих, которых Творец желает защитить, чтобы не потеряли самую малую часть своего духовного уровня, Творец оберегает – тем, что посылает им ненавистников, завистников и противников их взглядов, готовых всячески очернить этих праведников, чтобы соответственно равны были почести, оказываемые им, тем страданиям, которые они должны испытать от своих современников.

Насколько тяжело человеку, еще не вошедшему в духовные миры и еще не ощущающему духовных сил и желаний, удерживать свои действия и мысли в нужном направлении, настолько легко ему и естественно поступать в соответствии с природой духовных миров, если получил духовные силы и вошел в духовные миры, приобрел другую, высшую природу.

В момент духовного падения исчезают все прежние духовные постижения, желание служить Творцу и слиться с Ним, воевать с собой и быть только в состоянии духовного взлета, исчезает даже само воспоминание и представление о том, что вообще может быть такое желание, как духовный подъем. А если это и дается кому-то, то только высшими мыслями можно оградить себя от множества пусть и малых наслаждений этого мира. А у простого человека, каким он себя сейчас чувствует, есть еще цели в этом мире, кроме духовных стремлений. Да и как может быть у него, простого человека, какая-то связь с Творцом, тем более возможность слиться с Ним – ведь сама мысль об этом кажется ему теперь такой странной и далекой...

О таких именно моментах сказано: «Там, где находится величие Творца, там же ты найдешь Его скромность», ибо Творец дал возможность воссоединиться с Ним каждому из созданий. И когда человек снова через некоторое время воспрянет духом, он обязан не забывать эти бывшие у него состояния духовного падения, дабы по-настоящему оценить духовно возвышенные состояния стремления к слиянию с Творцом как личный, индивидуальный подарок Творца. В таком случае не возникнет необходимости в состояниях духовного падения в будущем, поскольку уже заранее работой над собою, возвышением веры выше разума, учебой и соблюдением установленного порядка действий и мыслей человек создает в себе духовный сосуд для постепенного духовного возвышения.

Желательный путь духовного возвышения – путь Торы. Путь страданий поневоле ждет человека, если нет другого метода воздействия на него, чтобы достиг совершенства.

Как уже говорилось, путь Торы заключается в том, что дают человеку свыше возможность создать в себе необходимые для духовного роста желания, посредством его духовного возвышения и падения показывая ему, что духовный свет – это наслаждение, и что его отсутствие – страдание. Таким образом в человеке создается стремление к свету – духовному возвышению и ощущению Творца. Но без наполнения человека высшим духовным светом и его исчезновения невозможно создать желание к свету. И чем большим светом наполнит Творец человека, а затем «заберет», тем с большей силой возжелает этого света человек.

И этот путь называется путем Торы, то есть света. Но есть и путь страданий – когда человек в поиске путей побега от невыносимых страданий, настигающих его в жизни, а не от желания вернуть себе ушедшее наслаждение, возбуждает в себе желание наполниться духовным светом как живительным источником его спасения... Оба пути ведут к одной цели, но один притягивает наслаждением и совершенством спереди, а второй подталкивает сзади, вынуждая к бегству от боли.

Для того, чтобы человек мог анализировать внешние воздействия и внутренние ощущения, в нем созданы два вида их восприятия: горькое и сладкое – воспринимаемые сердцем, лживое и истинное – воспринимаемые умом.

Духовное постижение невозможно ощутить в сердце – это абсолютно противоположно его природе, а потому ощущается как горькое, а любое собственное наслаждение ощущается как сладкое. Поэтому работа над собой в изменении направленности желаний называется работой сердца.

Работа ума совсем иная, поскольку человек абсолютно не может полагаться на собственный разум и логику в анализе происходящего, ведь при этом он поневоле вынужден полагаться на свой эгоистический природный разум, от которого не в силах оторваться в осмысливании происходящего, поскольку таким образом создан Творцом.

Потому есть только один путь – полностью отказаться от естественного подхода в осмысливании и верить в советы мудрецов, изложенные в книгах по каббале и передаваемые учителем, достигшим духовного уровня познания.

Если человек в состоянии с помощью Творца совершить хоть малейший анализ верой, а не разумом, и ощутить сердцем горечь эгоизма, ему сразу же свыше поступает духовное постижение достигнутого уровня, озарение, силы.

Затем Творец раскрывает человеку следующую, ранее скрытую, более низкую эгоистическую ступень человека. Ранее скрытую – дабы человек, ощутив сразу всю бездну своего эгоизма, не имея еще сил справиться с ним, не пал духом от вида непосильного количества работы. Человек должен понимать, что весь мировой эгоизм изначально находится в нем, но скрыт от него и постепенно ощущается по мере получения от Творца сил и способностей исправления.

Поэтому тот, кто продвигается по духовным ступеням, постепенно преодолевая «свой» разум, с каждым продвижением ощущая себя все более непонимающим и глупым в сравнении с указаниями мудрецов в каббалистических книгах и наставника-каббалиста, в той же степени, в какой он принижает значимость «своего» ума, дается ему высший разум, и в конечном итоге вместо того, чтобы стать глупее, отказавшись использовать нашу земную, эгоистическую логику, он становится мудрее всех!

И потому кто еще не постиг высшего разума, не изменил своего способа логического анализа, не ощущает сладости в неэгоистических мыслях вместо горечи и истину веры вместо лжи своего, ограниченного природой нашего мира, разума, тот может продвигаться вперед, используя уже исправленный анализ своего учителя, во всем слушая его и во всем идя за ним.

В этом и заключается совет Торы – следовать советам мудрецов. Ведь если хотя бы один каббалист с истинным духовным восприятием ума и сердца поведет за собой человечество, все смогут прийти к цели творения не путем страданий, а легким и безболезненным путем Торы! Но если даже во главе народа, избранного первым пройти этот путь – с которым в первую очередь производит расчет Творец, с которого больше и в первую очередь требует Творец, – стоят люди, ничего не понимающие в высшем замысле и управлении, то горе и постоянные неудачи являются нашим уделом.

Лишь во время войн, катастроф или других больших несчастий, когда уже не видно, казалось бы, никаких решений наших проблем, мы все можем явственно видеть руку Творца и Его помощь. Но это только в критические моменты, в которые мы попадаем, не желая познать и использовать каббалистические знания об управлении мирозданием.

Почему люди рождаются с разными способностями ощущать тонкие воздействия и с разными способностями разумно и логично схватывать суть вещей? И чем виноват человек, что не дано ему, не создал его Творец таким, как сотворил гениев и мыслителей или богатые чувствами тонкие натуры? И вообще, почему все мы, рождаясь, получаем от Творца неравные начальные умственные и духовные желания и способности?

Люди, родившиеся с большими желаниями, широким сердцем и острым умом, называются в Торе умными, потому что способны получить высший разум. И противоположно этому рождаются ограниченные в умственных и душевных своих возможностях. Таких Тора называет глупыми.

Но поскольку у каждой души есть свое личное предназначение, ради которого она и «спустилась» в этот мир, нечего ни одному из нас стыдиться за свои задатки – их такими создал в каждом из нас Творец. И за плохие мысли наши нам нечего стыдиться – их тоже посылает нам Творец. А вот за то, как мы реагируем на плохие мысли, боремся ли с ними или слепо внимаем им, желаем ли исправить себя – каждый в силу своих природных способностей – и что делаем для этого – вот чего должен стыдиться человек, и об этом его спрашивает Творец.

И все же, каким образом глупец может достичь духовных высот? Сказал Творец: «Я создал мудрых, и Я создал глупых. И поместил мудрых в каждом поколении, дабы помочь этим глупым, чтобы, приклеившись всем сердцем к поднимающимся, смогли и они достичь полного слияния со Мной».

Но зачем все же нужны глупцы в мире? Ведь их абсолютное большинство по сравнению с несколькими мудрецами мира! Все дело в том, что для каждого духовного свойства необходим свой отдельный носитель. И именно люди с ограниченными духовными способностями являются носителями эгоизма. А мудрецы, желающие бесконечного духовного подъема ради служения Творцу, по окончании исправления своего эгоизма нуждаются в работе над эгоизмом глупцов, поскольку для постоянного подъема обязаны постоянно впитывать в себя «чужой» эгоизм, и исправлять его, и таким образом подниматься.

И потому все нуждаются друг в друге. Но поскольку массы могут дать мудрецу лишь свой ничтожный эгоизм (желания мелких, преходящих наслаждений нашего мира), то на каждого мудреца в мире приходится миллиарды глупцов. Но, поступая в соответствии с указаниями мудрецов, если глупцы сознательно идут за мудрецом, все могут достичь цели своего существования – абсолютного слияния с Творцом.

***

Хотя духовная работа по возвышению альтруизма над эгоизмом происходит в сердце, а по возвышению веры над утверждениями разума – в уме, но все это относится к отказу человека использовать свои, природой данные ему от рождения, разум и желания самонасладиться и самоутвердиться. Ведь даже работая уже с альтруистическими целями, человек все равно предпочитает видеть и знать, кому он дает, и кто получает плоды его труда – и в таком случае нет у человека ничего, кроме как веры в существование Творца и в то, что Он получает плоды его усилий.

И здесь осмысливание единственности Творца по принципу «нет никого, кроме Творца», посылающего все ощущаемое и мысленно воспринимаемое, создающего именно такой ход мыслей у нас, приводящего именно к таким выводам и решениям, – помогает человеку найти правильный взгляд на все происходящее и на коррекцию своих желаний и мыслей в соответствии с замыслами Творца.

***

Вся Тора говорит только о Творце, Его действиях, потому и называется Тора именами Творца, поскольку подобно тому, как имя человека говорит нам, о ком именно идет речь, любое слово в Торе – это имя Творца, ибо выражает Его определенное действие, говорит, что именно в данный момент Он посылает нам.

А о нас говорится в Торе как о части Творца, которую Он отдалил от Себя, придав этой части эгоизм. Потому душа человека состоит из двух противоположных частей. Божественной части, которая проявляет свои желания чувствовать Творца (в некоторых из нас), и тогда человек начинает искать что-то духовное, чтобы наполнить себя, а всем, чем другие наслаждаются, наполняют себя, он уже не в состоянии удовлетвориться. Вторая же часть души – это ощущаемая в полной мере наша специально созданная эгоистическая природа – желание всем завладеть, все узнать, сделать, увидеть результат своих действий, то есть во всем и вся увидеть часть своего «я».

Эта эгоистическая часть нашей души и есть творение – единственное, что создано, так как альтруистическая часть души – это часть самого Творца. Взяв в Себе Свое желание и придав ему дополнительный эгоизм, Он этим отделил от Себя эту часть, и она стала называться душой, существующим отдельно от Него творением. И называется творением именно потому, что в ней есть часть нового – ее эгоизм, созданное свойство, ранее не существовавшее – ведь в самом Творце такого желания нет.

И только об этом объекте – душе, состоящей из части Творца и части вновь созданного эгоистического чувства «все получить в себя», и говорится в Торе. А не о теле, состоящем из мяса и костей: оно, как все тела – животное, и его удел, как и всех животных – сгнить и превратиться снова в элементы этого мира.

А ощущаем мы себя как тело потому, что не ощущаем нашу душу. Но по мере того, как человек начинает ощущать душу, он все меньше ощущает свое физическое тело, его желания, его боль, поскольку душа все больше говорит в нем. Еще более продвинувшийся вообще не чувствует желаний своего тела, поскольку прислушивается только к тому, что говорит ему его душа – часть Творца в нем. И потому под словом «тело» понимает себя, то есть свои душевные желания, свою обретенную суть, а не телесные желания, которых практически не ощущает.

Тора говорит не о нашем физическом теле, килограммах мяса и костей, а о двух стремлениях души – о желании божественной части к ощущению Творца, слиянию с Ним и о желании эгоистической части к самоудовлетворению, самонасыщению, ощущению себя вместо Творца. Оба этих желания называются в Торе телом – или телом эгоистическим, телом физическим – телом нашего мира, так как только нашему миру свойственен эгоизм, или телом духовным, так как альтруистические желания – это желания Творца, свойственные духовному миру.

Всегда и во всем Тора говорит о том, что происходит в тех или иных случаях с нашей душой, с нашими желаниями – как их меняет Творец и как мы можем их изменять, вернее, просить Его, чтобы Он их изменил, потому что мы сами их изменить не в состоянии.

Но самое основное для начинающего – сквозь все постоянно возникающие самые различные мысли и желания силой воли упорно ловить и удерживать мысль, что это идет от Творца, что эти мысли и желания, самые разные и подчас самые низкие, посылает ему Творец. И делает Творец это для того, чтобы, несмотря на эти помехи, человек упорно не терял с Ним связь, удерживая в себе веру в то, что все эти мысли и желания посылаются ему Творцом, посылаются для того, чтобы он, борясь с этими мешающими мыслям о Творце помехами, укреплял свою веру, чувство, что все исходит от Творца. И по мере укрепления в себе этого убеждения он сможет достичь такого состояния, что это ощущение постоянно будет жить в нем, несмотря на все возрастающие помехи, которые будут постоянно посылаться Творцом именно для укрепления в нем этого чувства. И в это постоянное чувство веры во всесущность Творца войдет тогда ощущение Его присутствия в человеке, Творец «облачится» в самого человека, и это уже определит все мысли и желания его, и он станет частью Творца.

Человек должен ощутить, что именно чувство удаленности от Творца и есть то необходимое чувство, с помощью которого, внутри которого он сможет затем ощутить самого Творца. Именно эти два чувства и называются в каббале кли (сосуд) и ор (свет) – это желание ощутить Творца, которое постепенно рождается в человеке под воздействием мешающих мыслей и желаний, специально отвлекающих от мыслей о Творце и Его единственности и потому заставляющих человека силой воли увеличивать силу веры и удерживать мысли о Творце. Свет – это уже ответ на желание человека ощутить Творца, когда Сам Творец «одевается» в это желание человека – свет входит в сосуд.

Порядок духовного роста таков, что человек пробуждается к желанию духовного, к ощущению Творца, к потребности познать себя лишь только под действием света, когда чувствует жизнь, воодушевление от сближения с духовными ощущениями, чувствует себя более совершенным.

Но затем начинают посещать его посторонние мысли, и он падает с этого уровня под их воздействием и возвращается к своим обычным желаниям и мыслям. Затем возникающее в нем через некоторое время сожаление о своих преходящих и ничтожных заботах и мыслях рождает горечь и гнев на себя, а подчас и на Творца, что посылает ему отталкивающие от духовного мысли и желания.

И как ответ на горькое чувство сожаления о своем духовном состоянии человек получает свыше свет, чувство сближения с Высшим, чувствует, что все готов отдать за это чувство ощущения Творца, за чувства безопасности, уверенности, бессмертия, ощущаемое им при приближении к абсолютному и вечному совершенству, излучаемому Творцом.

И не стыдится он за свои прошлые мысли и чувства и ничего не боится в этом мире, поскольку ощущает в это время свою бессмертную, как часть вечного Творца, душу, во всем согласен с Творцом, и во всем оправдывает его действия с созданиями, и готов, отказавшись от своего разума, следовать за своим Создателем. Это чувство, являющееся следствием заполнения души человека светом Творца, делает его абсолютным рабом духовных ощущений.

Но вновь через некоторое время возникает в нем посторонняя мысль... и так постепенно – от многих последовательно посещающих человека мешающих мыслей и приходящих вслед за ними ощущений духовного подъема – рождается в нем настолько цельное чувство требования духовного, что получает постоянный свет Творца.

Рав Барух спросил своего деда Бааль Шем Това: «Известно, что в давние времена желавшие постичь Творца постоянно подвергали себя ограничениям, а ты их отменил в соответствии со сказанным, что каждый, подвергающий себя добровольным лишениям, является нарушителем Торы и должен дать ответ за это. Так что же главное в работе человека над собой?» Ответил Бааль Шем Тов: «Я пришел в этот мир показать другой путь – человек должен стремиться овладеть тремя вещами: любовью к Творцу, любовью к народу, любовью к Торе – и тогда нет необходимости в добровольных лишениях».

Возможность благодарить Творца уже сама по себе является благом, данным Творцом. Милосердие Творца в том, что мы можем любить Его, а сила Его в том, что мы можем бояться Его.

В чем причина того, что человек, стремящийся приблизиться к Творцу и чувствующий, что уже близок к Нему в какой-то мере, вдруг ощущает отдаление? Ответ Бааль Шем Това: «Это подобно обучению ребенка ходьбе: его поддерживают, и он, совершая несколько шагов, приближается к отцу, но отец, желая научить сына самостоятельно ходить, отодвигается, пока сын не научится ходить».

Сказал Бааль Шем Тов: «Работа человека над собой заключается в постоянной, до последнего вздоха борьбе с эгоизмом и вместо него, раз за разом, внесении в себя на его место Творца».

Творец, подобно великому властителю, сидит в центре своего дворца. Он возвел много стен и препятствий на пути к Себе, разбросал между стен Своего дворца богатство, раздает почести и посты тем, кто преодолевает препятствия. Человек, получая их, успокаивается. Но только тот, кто отказывается от всего, желая быть рядом с Творцом, удостаивается войти к Нему.

Как необходимо переходное состояние между зерном и ростком, прорастающим из него, состояние полного разложения зерна, абсолютного исчезновения, так и человек – до тех пор, пока не достигнет состояния полного отрицания своего «я», – не сможет получить новую духовную природу. Творец сотворил «я» человека из «ничего», поэтому, чтобы слиться с Творцом, необходимо вернуться из состояния «я» обратно в «ничто». Поэтому говорится, что спаситель (Машиах) родился в день разрушения Храма. И каждый раз, когда человек доходит до состояния полного отчаяния, приходит к выводу, что «все прах и суета сует» – именно из такого состояния начинается новая ступень его духовного роста, потому что может отречься от всего.

Сказал Магид из Мезрича, великий каббалист прошлого века, что есть десять правил духовной работы.

Трем правилам можно научиться у младенца:

1) Радуется независимо ни от чего.
2) Даже минуты не бывает спокоен.
3) Желаемое требует изо всех сил.

Семи правилам можно научиться у вора:

1) Работает по ночам.
2) То, чего не достиг в прошлую ночь, пытается достичь в следующую.
3) Предан своим товарищам.
4) Рискует собой для приобретения даже незначительных вещей.
5) То, что украл, не ценит и продает за гроши.

6) Получает побои, но не успокаивается.

7) Видит в своем деле преимущества и не желает сменить его.

И добавил: к каждому замку есть ключ, но, если замок не поддается, смелый вор ломает его. Творец любит человека, ломающего свое сердце, чтобы попасть в дом Творца.

Когда человек достигает духовных ступеней, только тогда он становится ничтожным в собственных глазах и может склониться перед Творцом, ощущая, что ничего ему не требуется: ни собственного духовного спасения, ни духовного возвышения, ни вечности – а только Творец.

Во время духовного упадка кажется человеку, что Творец скрывает Себя, и тяжело удержаться в вере в Его существование и управление. Но если человек чувствует, что Творец скрывается от него, то это уже не сокрытие Творца, а состояние, из которого Творец ожидает усилия человека для сближения с Ним.

Творец называется местом (маком) именно потому, что человек должен войти в Него всем своим существом, чтобы Творец окружал его и был местом его пребывания. (Как уже отмечалось, мы находимся в океане света Творца и должны это постичь.)

Вся Тора предназначена для истребления нашего эгоизма. Поэтому заповедь «возлюби ближнего» является естественным следствием слияния с Творцом, потому что нет никого кроме Него, и когда человек постигает это – все творение, в том числе и наш мир, объединяются в его ощущении в одном Творце. Отсюда понятно, как могли праотцы соблюдать всю Тору еще до получения ее.

Требование физического выполнения заповедей обусловлено необходимостью исправления «неживого» уровня души человека. Тот, кто выполняет заповеди в силу воспитания (бэ тмитут), находится на уровне «духовно неживой», на котором не ощущается связь с Творцом.

Следствие духовного возвышения проявляется еще и в том, что человек начинает любить самых злостных врагов и ненавистников всех народов. Поэтому самая большая работа может быть в молитве за своих врагов.

Когда начали нападать на раби Леви Ицхака из Бердичева за его широкую работу по обучению правильному служению Творцу, дошли слухи об этом до раби Элимелеха из Лиженска. Он сказал: «Чего удивляться! Такое происходит постоянно! Если бы не было этого, ни один народ не смог бы нас поработить».

Есть два периода борьбы с эгоистическими желаниями: поначалу человек устремляется за ними, а когда начинает убегать от них, обнаруживает их непрестанную погоню за собой.

Отрицающим единство Творца (кофэр) называется тот, кто еще ощущает, что Творец и все происходящее в мире и с ним самим – не абсолютно одно и то же.

Раби Ихиэль Михаль (Магид ми Злочив), каббалист прошлого века, жил в очень большой бедности. Спросили его ученики: «Как можешь ты произносить благословение Творцу, что дал тебе все необходимое (ше аса ли коль цархи)?» Ответил: «Могу благословлять Творца, давшего мне все, потому что именно бедность, очевидно, необходима мне для сближения с Ним, поэтому дает мне ее».

Нет ничего более отрицающего управление Творца, чем уныние. Причем в это чувство впадает любой человек от всевозможных причин: страданий, ощущения собственного бессилия, отсутствия желаемого и тому подобного. Невозможно принимать удары и радоваться без осознания их необходимости и великой пользы, когда каждый удар воспринимается уже как лекарство. Единственная тревога человека должна быть о том, почему он тревожится. О страданиях – говорил раби Моше из Коврина – надо сказать, что они не плохие, потому как нет плохого в мире, а горькие, потому как это и есть настоящий вкус лекарства.

Самое серьезное усилие необходимо приложить для «излечения» от чувства уныния, поскольку следствием веры является радость, и только приобретением веры можно спастись от уныния. Поэтому на сказанное в Мишне «Обязан человек благодарить за плохое», – немедленно добавляет Талмуд: «Обязан принять в радости», потому что нет зла в мире!

Поскольку человек постигает только то, что входит в его чувства, а не остается снаружи, то и Творца мы постигаем по Его воздействию в нас. Поэтому все наши ощущения, отрицающие единственность их источника, именно для того, чтобы в итоге выявить и почувствовать единственность Творца.

Сказано, что после перехода через море поверили в Творца и запели. Только вера дает возможность воспеть.

Если человек считает, что он в состоянии работой над собой исправить себя, должен проверить свое отношение к вере во всемогущество и единственность Творца, потому что только через Творца, молитвой об изменении, возможно что-либо изменить в себе.

«Мир сотворен для наслаждения человека – барати олам кедей леитив». Олам (мир) происходит от слова элем, алама – сокрытие. Именно через ощущение противоположности сокрытия и раскрытия человек постигает наслаждение. И в этом смысл сказанного: «сотворил помощь против тебя – эзер ке нэгдо».

Эгоизм сотворен в помощь человеку: постепенно в борьбе с ним человек приобретает необходимые для духовного ощущения органы чувств. Поэтому воспринимать помехи и страдания человек должен с полным осознанием их цели – подтолкнуть человека просить помощи Творца в спасении от страданий. Тогда эгоизм и все неприятное превращаются в «помощь против тебя» – против самого же эгоизма.

Можно по-другому себе представить, что эгоизм стоит «напротив нас» вместо Творца, заслоняя, скрывая Творца от нас, как сказано: «Я стою между Творцом и вами» – «я» человека стоит между ним и Творцом. Потому и существует заповедь вначале «знать, что сделал» нам Амалек, а затем «стереть все воспоминания» о нем.

Не надо искать в себе мешающие мысли, а именно первое, что возникает в сердце и в мыслях человека с момента пробуждения, необходимо связать с Творцом. В этом помощь «помех», возвращающих человека к мысли о Творце. Поэтому самое большое зло состоит в том, что человек забывает о Творце.

Насколько эгоизм подталкивает человека согрешить, настолько же он подталкивает человека быть чрезмерным «праведником» – в обоих случаях человек отрывается от истины. Насколько человек может разыгрывать из себя праведника перед посторонними, настолько, подчас не ощущая того, что обманывает себя, он уверен, что на самом деле праведник.

Сказал раби Яков Ицхак из Люблина (Хозэ ми Люблин): «Я больше люблю грешников, знающих, что они грешники, чем праведников, знающих, что они праведники. Но грешники, считающие себя праведниками, вообще никогда не смогут выйти на истинный путь, потому что даже на пороге ада им кажется, что их привели туда, чтобы спасать других».

Цель настоящего каббалиста в том, чтобы ученик уважал и боялся Творца больше, чем его, верил в Творца больше, чем в него, зависел от Творца больше, чем от него.

Раби Нахум из Ружин, каббалист прошлого века, застав учеников за игрой в шашки, рассказал им о схожести правил этой игры и духовных: во-первых, запрещено делать два хода одновременно; во-вторых, можно ходить только вперед, но не назад; в-третьих, дошедший до конца имеет право идти как угодно, по своему желанию.

Если человек подозревает, что люди говорят о нем, то заинтересован слышать их. Желаемое, но скрытое называется тайной. Если человек читает Тору и чувствует, что там говорится о нем, считается, что он приступил к изучению тайной Торы (Торат анистар), где говорится о нем, но это еще для него тайна. А по мере духовного продвижения он узнает, что сказано в Торе о нем, и Тора из тайной становится открытой, явной (Торат анигле). Кто изучает Тору без вопросов о себе, не ощущает в Торе тайной или уже явной части, тому Тора предстает как история или свод юридических законов. Сказано в Талмуде: «Вся Тора говорит только о настоящем».

С точки зрения эгоизма, нет ничего более странного и противоестественного, нереального и глупого, чем «продаться» в рабство Творцу, стереть в себе все свои мысли и желания и предоставить всего себя Его воле, какой бы она ни была, не зная ее наперед.

Такими нелепыми кажутся человеку духовные требования во время удаления от Творца. И наоборот, как только он чувствует духовный подъем, сразу же соглашается с этим состоянием без всякого сопротивления и критики разума. И уже не стыдится своих мыслей и поступков, направленных на то, чтобы отдать себя в рабство Творцу.

Эти противоположные состояния специально даются человеку, чтобы он ощутил, что спасение от эгоизма сверхъестественно и происходит только по воле Творца.

Человек находится в состоянии неудовлетворенности, потому что сравнивает свое настоящее состояние с прошлым или с надеждами и страдает от отсутствия желаемого.

Но если бы он знал, какие огромные наслаждения может получить и не получает свыше, страдал бы несравненно больше. Но он находится относительно духовных наслаждений как в бессознательном состоянии, не чувствует их отсутствия. Поэтому самое главное – ощутить Творца, а затем, даже если это ощущение пропадает, уже естественно будет стремиться снова ощутить Его. Теилим, 42: «Как лань стремится к источникам вод, так душа моя стремится к Тебе, Творец».

Стремление ощутить Творца называется «Лаким Шхинта ми афра» – стремление «поднять» шхину – ощущение Творца, из пепла – самого низкого в наших глазах состояния, когда все в нашем мире представляется нам более ценным, чем ощущение Творца.

Выполняющие заповеди в силу соответствующего воспитания, что тоже является желанием Творца, делают это, как и те, кто желает постичь Творца. Все отличие в ощущении самого человека. Но это самое главное, потому что желание Творца, чтобы творения наслаждались Его близостью.

Поэтому, чтобы выйти из автоматического выполнения заповедей и стать самостоятельно действующим, человек обязан четко осознать, что получено им благодаря воспитанию, обществу, а какие стремления – его собственные.

Например, человек получил воспитание по системе «Мусар», говорящей, что наш мир ничто. В таком случае духовный мир представляется всего лишь чуть большим, чем ничто. каббала же говорит человеку, что этот мир, как он и ощущается, – полон наслаждений, но духовный мир, мир ощущений Творца – несравненно более прекрасен. Таким образом, духовное представляется не просто больше, чем ничто, а больше всех наслаждений нашего мира.

Нельзя заставить себя желать услаждать Творца, как Он услаждает нас, потому что нет таких желаний (келим дэ ашпаа) у человека, но надо пытаться познать, «к Кому» должен стремиться. Это проверка истинности стремления к Творцу, ведь при искреннем желании Творца все остальные мысли и желания исчезают, как свет свечи исчезает в свете факела.

До появления ощущения Творца каждый человек ощущает себя как единственного в мире. Но поскольку лишь Творец единственен – ибо только Он в состоянии дать наслаждение всему миру, а мы абсолютно противоположны этому желанию, – то при первом же ощущении Творца человек приобретает, пусть временно, те же свойства. И это называется ки нэр бифнэй авука.

Все, чего человек должен достичь в этом мире, – это жить в нем по закону духовного мира.

Быть постоянно связанным (давук) с Творцом означает верить в то, что все плохое, что человек чувствует, тоже исходит от Творца, посылается Творцом.

Есть Творец и творение – человек, не ощущающий Творца, а лишь способный «верить» в существование и единственность Творца, в то, что только Творец существует и всем управляет (слово «верить» взято в кавычки, потому что вера в каббалистическом смысле означает именно ощущение Творца).

Единственное, чего человек желает, – это получать наслаждение. Таким его создал Творец. И это цель творения, желание Творца. Но человек должен наслаждаться в том же виде, что и Творец.

Все, что когда-либо происходило, происходит или произойдет с каждым из нас – все хорошее или плохое – заранее планируется и посылается нам Творцом. В конце исправления (гмар тикун) мы все убедимся в том, насколько все это было необходимо для нашего блага.

Но пока каждый из нас находится на пути своего исправления, этот путь воспринимается нами как долгий, тысячелетний, горький, кровавый и необычайно болезненный, и как бы ни был готов к очередному удару человек, как только он ощущает на себе какое-либо неприятное воздействие, он забывает, что это исходит от той же единственной в мире силы, от которой исходит все, а он, человек, представляет собой лишь материал в руках Творца, и начинает представлять себя самостоятельно действующим лицом, а причиной неприятных обстоятельств считать себе подобных, а не Творца.

Поэтому самое важное, чему мы должны научиться в этом мире – не просто заранее понимать, что все исходит только от Творца, но не поддаваться мешающим чувствам и мыслям во время самых трагических событий, не начинать вдруг мыслить «самостоятельно», будто то, что с нами в данный момент происходит, исходит от подобных нам, а не от Творца, что исход дела тоже зависит от людей или обстоятельств, а не от Творца.

Но научиться этому можно только на своем опыте, и во время учебы человек забывает о причине происходящего с ним, о том, что все это для того, чтобы взрастить его, а забываясь, впадает в ложное ощущение отсутствия управления и полного сокрытия Творца.

Происходит этот процесс следующим образом: Творец дает человеку знание и ощущение того, что только Он, Творец, управляет миром, а затем посылает человеку пугающие, полные неприятных последствий жизненные обстоятельства.

Неприятные ощущения настолько захватывают человека, что он забывает о том, кто и с какой целью посылает ему эти удары. Время от времени в процессе этого «эксперимента» человеку дается осознание – почему это с ним происходит, но под усилением неприятных воздействий это ощущение пропадает.

Но даже когда человек вдруг «вспоминает», Кто и зачем посылает ему такие страдания, он не в состоянии убедить себя отнести их к Творцу и просить только Творца о спасении, а одновременно со знанием того, что это исходит от Творца, ищет самостоятельно пути своего спасения.

Подобные ощущения можно умозрительно представить в следующей картине:

1) на пути человека к Творцу находится нечистая, отвлекающая, пугающая сила или мысль, и человек должен сквозь нее пробиваться к Творцу, чтобы соединиться с Ним;

2) человек находится рядом с Творцом, как ребенок на руках матери, а посторонние силы-мысли хотят оторвать его от Творца, чтобы перестал чувствовать Его и ощущать Его управление;

3) Творец якобы поручает человеку охранять нечто важное от своего врага, тот нападает, и человек отчаянно воюет с ним.

По окончании борьбы человека с его врагом человеку становится ясно, что он воевал только с помехами, посылаемыми самим Творцом для обучения и возвышения. В итоге этой внутренней борьбы человек получает знания о себе и об управлении и любовь к Творцу – видя в конце борьбы, с какой целью прежде посылались Творцом все препятствия.

Воспитание человека должно состоять не в принуждении и подавлении, а в развитии навыков, необходимых для выработки в нем критики своих внутренних состояний и желаний. Правильное воспитание должно включать обучение навыкам мыслить, в то время как традиционное воспитание ставит целью привить человеку автоматические поступки и реакции в будущем. Вся цель воспитания должна заключаться в формировании привычки постоянно и самостоятельно производить анализ и оценку собственных независимых, не навязанных извне или воспитанием действий.

Каким образом человек может прийти к правде? Ведь эгоистически правда ощущается как горечь, боль, а кто согласен на подобные ощущения?

Человек получает живительную силу и энергию от наслаждения, почета и зависти. Например, будучи одет в порванную одежду – стыдится от того, что у другого одежда лучше. Но если одежда другого тоже порванная, то остается только половина неприятного ощущения. Поэтому говорится «общее несчастье, половина успокоения» (царат рабим, хаци нэхама).

Если бы человек получал удовольствие только от одного из трех источников, он бы не смог продвинуться вперед, развиваться духовно. Например, если бы в нас было стремление только к наслаждению, без стремления к почету, человек ходил бы голым в жаркую погоду, потому что не испытывал бы стыда.

Стремление к почету, высокому положению в глазах общества может уменьшиться, если все общество сократит свои потребности, как, например, во время серьезных испытаний и войн. Но в стремлении насладиться или уменьшить страдания человек не так зависим от мнений окружающих, как, например, не болят зубы меньше оттого, что болят еще у кого-то, поэтому работа «ради Творца» должна строится на основе наслаждения, а не почета, иначе человек может успокоиться и остановиться на полпути.

Говорится, «зависть ученых увеличивает знания». Нет у человека желания к почестям, но почему почитают другого, а не его? Поэтому прилагает усилия в науке, чтобы только не уважали другого больше, чем его. Эти стремления увеличивают знания. Также среди начинающих: видя, что другие встают до рассвета заниматься, человек тоже заставляет себя встать, хотя в душе желает, чтобы никто не встал – тогда и ему не придется вставать.

Если бы человек знал, что все его мысли не принадлежат ему, а приходят к нему от окружающих, он мог бы с ними бороться, но общество действует на нас таким образом, что мы ощущаем получаемые от общества мысли и желания как свои. Поэтому важно, какое общество выбирает себе человек, каковы цели и идеалы круга, в котором он вращается.

Но если человек желает быть под влиянием, получить мысли только определенного круга людей, самое надежное средство – быть среди них, а еще вернее – прислуживать, помогать им, потому что получить может низший от высшего, и потому в группе сотоварищей по учебе необходимо считать всех более исправленными и знающими, чем сам.

Это называется приобретением от «авторов» (ми пи софрим), так как получает от общения. Причем, находясь среди других людей на работе и дома, желательно мысленно быть со своими сотоварищами по учебе, и тогда никакие посторонние мысли не проникнут обманом в человека, и не станет вдруг рассуждать, как его соседи, жена, коллеги.

(Начинающему абсолютно невозможно разобраться, кто в нашем мире истинный каббалист, а кто ложный, потому что все говорят одни и те же истины о работе над собой и о необходимости отрешения от эгоизма. Но эти слова, как свет Творца, заливающий собой все, как свет без сосуда. То есть говорящий их может произносить самые проникновенные слова, но не понимает их внутреннего смысла, не имея келим – ощущения этого света.)

Намного труднее, чем непосредственно от учителя, получить мысли и свойства из книг автора-каббалиста, что называется «ми сфарим», ибо если желает получить мысли автора, обязан верить, что автор – большой каббалист. И чем выше будет его мнение об авторе, тем больше сможет понять из его книг.

Из тысяч постигших Творца только раби Шимону Бар Йохаю (РАШБИ), раби Ашкенази Ицхаку (АРИ) и раби Иегуде Ашлагу (Бааль Сулам) было дано разрешение писать о каббале на языке, понятном для непосвященных, то есть для еще не постигших ощущения духовных ступеней. Остальные каббалистические книги используют образы, понятные только для уже вошедших в духовные миры, и поэтому непригодны для начинающих.

При помощи этих двух средств – избранного им общества и выбранных им книг – человек постепенно достигает самостоятельного мышления (до этого он находится в положении всех существующих на этой земле – желает быть самостоятельным, но не может, «роцэ вэ ло яхоль»).

Сказано, что зависть, наслаждение и желание почета уводят человека из этого мира (кина, таава вэ кавод моциим адам мин аолам). Смысл изречения в том, что эти три вида человеческих желаний являются причиной того, что человек принуждает себя действовать, хотя и не из хороших побуждений. Но они заставляют человека изменяться, расти, желать достичь все большего, пока не поймет, что настоящее приобретение – это приобретение духовного мира, и захочет выйти из нашего мира в духовный мир.

Поэтому и сказано, что эти три желания «уводят» человека из этого мира (в духовный, будущий мир). В итоге накопления знаний и разума человек начинает понимать, что в мире самое ценное и что стоит достичь этого самого ценного. Таким образом, от желания «ради себя» приходит к желанию «ради Творца» (ми ло ли шма ба ли шма).

Все творение есть стремление насладиться или страдание от отсутствия наслаждения, исходящего от Творца. Для наслаждения необходимы два условия: наслаждение было и исчезло, оставив впечатление, воспоминание (решимо, от слова рошем – запись).

Существует несколько типов нечистых, отвлекающих сил, называемых клипот (кожура, шелуха) – название это определяет их назначение. Эти силы: 1) защищают духовно чистые силы (сам плод под кожурой) от проникновения в духовное вредителей – еще не подготовленных, которые могли бы навредить себе и другим, овладев духовным; 2) создают помехи тем, кто истинно желает овладеть плодом. В итоге борьбы с ними человек овладевает необходимыми знаниями и силами пройти оболочку, становится достойным вкусить сам плод.

Ни в коем случае не следует считать, что посылаемые человеку мысли против Творца, пути и веры исходят не от Творца. Только Творец – единственная сила, включая человека, действует во всем творении, а человеку остается только роль активного наблюдателя: прочувствовать на себе всю гамму сил и каждый раз бороться с мыслями о том, что эти силы исходят не от Творца. Кому Творец не посылает мешающие в изучении каббалы и в работе над собой мысли, тот не в состоянии продвигаться.

Основные клипот: «клипат мицраим» (Египет) не дает желания идти далее духовным путем; «клипат нога» (сияющая) дает ощущение, что и так хорошо, нет смысла продвигаться (человек ощущает свое состояние как спящее, но сердцем не согласен с ним – «ани яшена вэ либи эр» – я сплю, но сердце бодрствует).

Настоящие каббалистические книги, особенно книги раби Иегуды Ашлага, написаны таким образом, что изучающий их уже не может наслаждаться сиянием «клипат нога» – после того, как поймет цель творения.

Но тем единицам, которых Творец выбирает, чтобы приблизить к Себе, Он посылает страдания любви (исурэй ахава), страдания в их состоянии, чтобы стремились выйти из него и продвигались навстречу Творцу. Это внутреннее стремление человека, ощущаемое им как свое, называется давлением изнутри (дахав пними).

Действие (маасэ) человека называется «открытым» (нигле), потому что всем, кто видит, ясно, что он сделал, и не может быть иной трактовки. Мысленаправленность, намерение (кавана) человека называется «скрытым» (нистар), потому что может быть вовсе не таким, как представляется постороннему наблюдателю или даже не тем, что сам человек говорит о своих намерениях.

Подчас и сам человек не может точно знать, что его толкает на тот или иной поступок, то есть каковы его истинные внутренние намерения – даже от человека скрыто его намерение, а не только от посторонних. Поэтому называется каббала тайной частью Торы, тайной мудростью (хохмат нистар), потому что это наука о намерении, о том, как сделать намерения человека направленными к Творцу. И это должно быть скрыто от всех, а подчас и от самого исполнителя.

Необходимо верить в то, что все, что происходит в мире, происходит по воле Творца, управляется Им, посылается Им и контролируется Им. Есть утверждающие, что наши страдания – это не страдания, а награда. Это справедливо только относительно тех праведников, которые в состоянии все обстоятельства и их последствия отнести к управлению Творцом. В таком лишь случае, когда человек в состоянии идти верой в справедливость Высшего управления вопреки самым большим испытаниям, проклятия обращаются в благословения. А в тех испытаниях, в которых не в состоянии идти выше своего разума, духовно падает, потому что только в простой вере выше разума можно найти опору. А падая из веры в свой разум, уже должен ждать помощи... Но те, кто в состоянии пройти эти испытания, возвышаются, поскольку именно испытывая страдания, с помощью этих испытаний увеличивают силу своей веры. И потому для них испытания и страдания обращаются благословением.

Настоящая просьба должна исходить из всей глубины сердца, что означает, что все сердце должно быть согласно с тем, что оно хочет сказать Творцу. Сказать не словами, но чувствами. Ведь только то, что происходит в сердце человека, слышит Творец. Творец слышит даже больше, чем сам человек хотел бы сказать, поскольку понимает все причины и все чувства, Им самим посылаемые. И никуда не увильнуть ни одному созданию от намеченной конечной цели – возжелать приобрести духовные свойства.

Но что же делать человеку, если сам чувствует, что не желает в достаточной мере расстаться с удовольствиями этого мира и ощущает, будто должен полностью оставить своих родных, семью, весь полный жизни мир с его маленькими радостями, со всем, что (эгоистические) желания так красочно рисуют в его воображении? И что же он может делать, если, прося Творца о помощи, тут же сам ощущает, что не желает, чтобы Творец помог ему, услышал его молитву?

Поэтому и нужна особая подготовка и осознание жизненной необходимости в приобретении свойств альтруизма. А подобные желания постепенно созревают в человеке под действием ощущения удаленности от духовных наслаждений и покоя, издалека манящих его.

И это подобно тому, как приглашающий гостей должен позаботиться о том, чтобы у них был аппетит на те яства, которые он им приготовил. И, кроме того, в начале трапезы должен также позаботиться о раздражающих аппетит закусках. И только после этого он может предложить своим гостям то, что приготовил, а без подготовки не почувствуют гости наслаждения от угощения, каким бы вкусным и обильным оно ни было. Тем более если речь идет о создании аппетита к противоестественным, непривычным яствам – наслаждению от альтруизма.

Потребность в сближении с Творцом постепенно рождается в человеке под действием усилий, прилагаемых им именно в состояниях крайней удаленности от духовного спасения, собственной опустошенности и тьмы, когда он нуждается в Творце для личного спасения, чтобы Творец вытащил его из создаваемых Им же безвыходных ситуаций, помог ему свыше. И если человек действительно нуждается в помощи Творца – это признак того, что готов получить помощь, создал в себе «аппетит» для получения того именно наслаждения, которое Творец уготовил ему, и в той мере, в которой испытывает страдания, в той же мере способен испытать наслаждение.

Но если человек должен пережить страдания и в той мере, в какой страдает, он затем способен воспринять наслаждение, то, во-первых, это путь страданий, а не путь Торы, как говорилось выше. И, во-вторых, зачем же тогда просить Творца о чем-либо? Надо просто пройти страдания, пока само тело не захочет от них избавиться в полной мере, настолько, что воскричит к Творцу с такой силой, что Творец вынужден будет спасти его.

Ответ прост – молитва, даже если не исходит из глубины сердца, все равно подготавливает человека к освобождению, потому что в ней человек как бы обещает Творцу, что после получения духовных сил он всеми своими силами возместит отсутствие в нем в настоящий момент необходимого стремления. В этом и есть великое спасение молитвы.

Просьба с подобным обещанием принимается Творцом, и вместо пути страданий человек продвигается вперед путем Торы.

Потому ни в коем случае человек не должен соглашаться со страданиями, даже если и уверен, что они посылаются ему Творцом, и верит, что все, что посылается Творцом – для блага человека. Творец ждет от человека не покорного получения страданий, а их предупреждения, чтобы не пришлось подталкивать человека страданиями сзади, а чтобы он сам стремился вперед верой в то, что для своей пользы просил у Творца продвижения.

И если чувствует, что нет в нем еще настоящего желания к этому, он все равно просит Творца, чтобы дал ему и желания, и веру в силу молитвы, просит о желании просить, которого ему не хватает.

Наша душа, «я» каждого из нас находится в своем совершенном состоянии с того момента, как Творец, создавая нас, решил, каким оно должно быть. Это состояние можно определить как состояние абсолютного покоя (поскольку любое движение вызвано желанием обрести более совершенное состояние) и абсолютного наслаждения (поскольку желания, созданные в нас Творцом, абсолютно насыщаются).

Чтобы достичь этого состояния, нам надо приобрести желание достичь его, то есть захотеть изменить свои настоящие стремления на совершенные, альтруистические. Альтернативы нет: «Так говорит Творец: если не по вашему желанию, то Я поставлю над вами жестоких властителей, которые силой заставят вас вернуться ко Мне».

Существуют в одном человеке, в каждом из нас, одновременно эти два – наше настоящее и наше будущее – совершенные состояния, но сейчас мы испытываем ощущение только нашего настоящего, а перейти в «будущее» состояние возможно в одно мгновение – изменив нашу природу с эгоистической, материальной на альтруистическую, духовную. Творец может сотворить такое чудо с каждым из нас в любое следующее мгновение, потому что эти два состояния существуют одновременно, только одно из них мы воспринимаем сейчас, а совершенное, параллельно существующее, не ощущаем (хотя и находимся в нем), так как по свойствам-желаниям не соответствуем ему, как говорит Творец: «Не могу Я и вы существовать в одном месте», ибо противоположны мы в своих желаниях.

И потому имеет каждый из нас два состояния, или, как это называется в каббале, два тела. Наше физическое тело, в котором мы находимся в настоящий момент, принято называть в каббале просто материальной оболочкой, а наши желания и свойства называются в каббале телом, поскольку именно в них находится наша душа, часть Творца. Если в нашем настоящем состоянии наше тело представляет собой чисто эгоистические желания и мысли, то в него может вселиться только микроскопически малая часть нашей настоящей души, так называемый «нэр дакик» – искорка большого света, которая и дает нам жизнь.

Второе, параллельно существующее – это наше духовное тело, не ощущаемое пока нами, наши будущие альтруистические желания и свойства, в которых находится вся наша душа – та часть Творца, которую в будущем, в конце исправления, мы ощутим.

Свойства и эгоистического, и альтруистического тел, их жизненная сила делятся на чувства и разум, соответственно ощущаемые нами в сердце и в сознании. Только в эгоистическом теле – это желание получить сердцем и осознать умом, а в альтруистическом теле – это желание отдать в сердце и верить умом.

Ни одно из этих тел мы не в состоянии изменить: духовное – абсолютно совершенно, а наше настоящее – абсолютно неисправимо, поскольку таким создано Творцом. Но существует еще одно, третье, промежуточное, среднее тело – постоянно меняющиеся в нас свыше желания и мысли, которые мы должны пытаться исправлять и просить Творца об их исправлении. Таким образом, мы соединяем наше среднее тело, называемое «клипат нога», с нашим духовным телом.

И когда мы совместим все его постоянно обновляющиеся желания и мысли с духовным телом, наше эгоистическое тело отойдет от нас, и мы приобретем духовное. А затем Сам Творец изменит все свойства эгоистического тела на противоположные, и весь первородный эгоизм преобразится в абсолютный альтруизм.

Во всех жизненных ситуациях следует пытаться смотреть на все происходящее сквозь Творца: это Он стоит между всеми и мною, сквозь Него я смотрю на всех в мире и на себя тоже. И все, что воспринимается мною, исходит от Него, и все, что исходит от меня, исходит только к Нему, и потому все вокруг – это Он, как сказано: «Спереди и сзади находишься Ты и возложил на меня руку Свою». Все, что есть во мне, все, что думаю и чувствую, – это от Тебя, это диалог с Тобой.

Самое ужасающее переживание – ощущение кромешной бездны «аярат малхут», поражающее своей разверзшейся прямо под ногами человека тьмой безысходности, страха, отсутствием какой-либо опоры, абсолютным исчезновением окружающего света, дающего нам ощущение будущего, завтра, следующего мгновения.

Все менее ужасные отрицательные ощущения происходят из этого чувства и являются его аспектами. Все они посылаются человеку из того же источника – малхут – созданной Творцом пустой души, каждую часть которой обязан каждый из нас заполнить светом. Все ощущения тьмы, испытываемые человеком, исходят из нее. Преодолеть это ужасное чувство неопределенности возможно только верой в Творца, ощущением Его. И с этой целью посылаются Творцом все страдания.

Царь Давид как олицетворение всех наших душ в каждой строке своих псалмов описывает состояние души, ее ощущения на всех этапах восхождения. Поразительно, сколько должен перенести человек прежде, чем поймет, осознает и найдет правильный путь; ведь никто не в состоянии подсказать ему следующий шаг – только по необходимости, споткнувшись на предыдущем, он выбирает правильное действие. И чем чаще нас толкают несчастья, тем быстрее есть возможность вырасти духовно, как говорится: «Счастлив, кого преследует Творец».

Не следует знать свой следующий шаг, свое будущее, не зря существует запрет Торы: «не ворожите не гадайте» – духовный рост происходит ростом веры в то, что все, что в данный момент испытывает человек, и все, что в следующее мгновение с ним произойдет – все исходит от Творца, и все преодолевается только сближением с Ним, по необходимости, поскольку наша природа не желает признать Его как нашего властителя. Знание своего будущего состояния или уверенность в его знании отнимает у человека возможность закрыть глаза, смолчать и принять любое неожиданное проявление Высшего управления как верное, справедливое, а это возможно, только притянувшись к Творцу.

Все наши последовательные состояния духовного восхождения описываются в Торе бытовым языком нашего мира. Как мы уже знаем, есть всего два свойства в творении – альтруизм и эгоизм, свойство Творца и свойство Его созданий. Каббала говорит о прохождении духовных ступеней языком прямых чувств, как в этой части книги, или языком сфирот – физико-математическим описанием духовных объектов.

Этот язык универсален, компактен и точен. Он понятен в своем внешнем виде для начинающих, на нем можно говорить и понимать друг друга, так как говорится об отвлеченных действиях, абстрактных духовных объектах. Постигающий сами духовные ступени может также выразить свои действия и чувства на этом «научном» языке, поскольку сам свет, постигаемый им, несет в себе информацию о действии и о названии. Но передать свои чувства, ощущения какой-то духовной степени каббалист может только тому, кто прошел эту же ступень, другой его не поймет, подобно тому как в нашем мире человек, не переживший определенного чувства и не знающий его по аналогии с подобным, похожим чувством, не в состоянии вас понять.

Есть две последовательные ступени исправления эгоизма: совсем не использовать его, мыслить и действовать с намерением лишь «отдавать», без всякой мысли о своей заинтересованности в результатах своих действий. Когда человек уже в состоянии полностью действовать таким образом, он переходит ко второй ступени – начинает, постепенно используя свой эгоизм, включать его в малых порциях в свои альтруистические действия и мысли, исправляя его таким образом.

Например, человек все, что есть у него, отдает другим, ничего ни от кого не получая, – это первая ступень развития. Если он в состоянии так поступать во всем, то для того, чтобы у него была возможность еще больше отдавать, он зарабатывает или получает от богатых, пропуская через себя большое богатство, и отдает его другим. Сколько он при этом может получать от других, зависит от того, сможет ли он отдать все то, что получает, не соблазнившись слишком большими деньгами, проходящими через его руки – ведь в таком состоянии он использует свой эгоизм – чем больше получит, тем больше сможет отдать. Но сможет ли все отдать? Величина проходящей через него суммы определяет его уровень исправления.

Первая ступень называется исправлением творения (эгоизма), а вторая ступень называется целью творения – использовать эгоизм в альтруистических действиях, для альтруистических целей. Об этих двух ступенях нашего духовного развития и говорит вся Тора. (Но как желания, так и наслаждения, о которых говорится в Торе – в миллиарды раз больше, чем любые, даже собранные все вместе, наслаждения нашего мира).

Эти две ступени находятся также в постоянном конфликте, поскольку первая полностью отрицает использование эгоизма, его исправление, а вторая использует его в небольших – в соответствии с силой сопротивления ему – количествах для его исправления. Поэтому действия в этих двух состояниях противоположны, хотя оба альтруистичны по цели. Ведь и в нашем мире человек, который все отдает, противоположен по действию человеку, который получает, хотя и ради того, чтобы отдать.

Многие противоречия, споры, описываемые в Торе, теперь станут более понятны. Например, противоборство Шауля и Давида, где Шауль – это продажа Йосефа, спор и противоречия в решениях школ Шамая и Хилеля, Машиах Бен Йосеф (им был каббалист АРИ) и Машиах Бен Давид, и другие, почти все спорные вопросы и войны, трактуемые непосвященными как столкновения народов, колен, семей, эгоистических личностей.

Через некоторое время после того, как человек прикладывает повышенные усилия в работе над собой, в учебе, в стремлении к духовным ощущениям, в нем возникает требование к ощущению результата; ему кажется, что после проделанной им работы (по сравнению с окружающими его современниками) – уж он-то заслужил, чтобы Творец раскрылся ему, чтобы Тора, которую он изучает, стала для него явной, и наслаждения духовных миров ощутились им.

А на самом деле он видит, что все происходит как раз наоборот: он чувствует, будто пятится назад, а не продвигается вперед по сравнению с теми, кто вообще не занимается каббалой. И вместо того, чтобы ощутить Творца, и чтобы Творец услышал его, он все далее удаляется от Творца и чувствует, что это удаление от духовных постижений и понижение духовных стремлений есть прямое следствие его учебы.

И возникает у него законный вопрос: глядя на изучающих обычную Тору, он видит, что они чувствуют свое совершенство по сравнению с другими, а он с каждым днем все больше видит, как он становится все хуже в своих желаниях и мыслях и все дальше удаляется от тех духовных, хороших желаний, с которыми пришел к каббале! Так лучше было бы вообще не начинать занятия каббалой! И вообще, все это время он провел зря!

Но, с другой стороны, он уже чувствует, что здесь лишь и есть правда и решение его вопросов, что создает еще дополнительное напряжение: не может оставить каббалу, потому что это истина, но и не имеет ничего с ней общего и удаляется от нее, а по своим желаниям находится ниже, чем все его современники.

И ему кажется, что если бы другой человек был на его месте, то Творец уже давно ответил бы, и приблизил к Себе, и не трудился бы этот человек, как он, впустую, с обидой на Творца за то, что не считается с ним. А возможно, Творец вообще не реагирует на его действия.

А дело все в том, что такие чувства переживает только тот, кто находится в процессе настоящей духовной работы над собой, а не тот, кто сидит над Торой только ради познания простого ее смысла и выполнения заповедей. Поскольку желающий возвыситься желает достичь такого духовного состояния, когда все его стремления, мысли и желания будут определяться не его личными интересами. Поэтому дают ему свыше осознать, каковы на самом деле его мысли и чем определяются все его действия.

И если, проходя сквозь страдания, обнаруживая в себе весь этот огромный эгоизм, видя, насколько он удален от самого незначительного духовного свойства, он все же выдерживает испытание и в состоянии, несмотря на все пережитое, молчать в сердце, раскрыть свою любовь к Творцу, а не просить вознаграждения за свои усилия и за свои страдания, и если, несмотря на муки, эти состояния ему милее, чем животные наслаждения и покой, то удостаивается ощутить духовный мир.

Вообще, как только человек начинает входить в настоящую работу над собой, сразу же начинает ощущать помехи и препятствия на пути к ощущению духовного в виде всевозможных посторонних мыслей и желаний, в виде потери уверенности в правильности выбранного пути, упадка настроения при ощущении своих истинных желаний – в отличие от тех, кто просто сидит и учит Тору ради знания и механического выполнения.

И это оттого, что проверяют человека свыше, есть ли действительно у него настоящее желание к истине, какой бы противоестественной, против его эгоистической природы она ни была, насколько болезненно бы ни было отказаться от привычного личного комфорта во имя Творца. В то время как простого человека не проверяют, и он чувствует себя очень комфортно в своей привычной жизни, да еще и будущий мир – он считает – ему обеспечен, потому что выполняет заповеди Торы. Таким образом, у него есть и этот, и будущий мир, он уже заранее радуется будущему вознаграждению, предвкушает его, поскольку считает, что оно положено ему, ибо он-то выполняет желания Творца, и потому Творец обязан оплатить ему все в этом и в будущем мире. Таким образом, его эгоизм возрастает – по сравнению с эгоизмом неверующего, не требующего вознаграждения от Творца – во много раз, как и его самоуверенность, и чувство превосходства по сравнению со всеми «неприближенными» к Творцу.

Но Творец проверяет человека не для того, чтобы узнать, в каком состоянии тот находится – это Творец знает и без всяких проверок, поскольку Сам же Он дает нам эти состояния. Этим нам дается осознание того, где духовно находимся мы. Создавая в нас желания земных наслаждений, Творец отталкивает недостойных, дает тем, кого хочет приблизить к Себе, возможность, преодолевая препятствия, приблизиться ко входу в духовный мир.

Для того, чтобы человек почувствовал ненависть к эгоизму, Творец постепенно приоткрывает ему глаза на то, кто является его истинным врагом, кто не позволяет ему войти в духовные миры, пока не разовьется чувство ненависти до такой степени, что человек полностью оторвется от эгоизма.

Все, что находится вне тела человека – это Сам Творец, так как основа творения – это ощущение собственного «я» каждым из нас. Эта иллюзия собственного «я» называется творением и ощущается только нами. Но, кроме этого ощущения собственного «я», существует только Творец. Поэтому наше отношение к миру и к каждому из окружающих есть не что иное, как отношение к Творцу. И если человек привыкает к такому отношению к окружающему, он восстанавливает этим прямую связь с Творцом.

Нет никого, кроме Творца. Кто же такой «я»? «Я» – это чувство себя, своего существования, чего в общем нет, но по желанию Творца какая-то Его часть так себя чувствует, потому что удалена от Творца, Творец скрывается от нее. Но по мере все большего ощущения Творца эта часть Его, ощущаемое мною «я», начинает все больше чувствовать, что она все-таки часть Творца, а не самостоятельное творение. Стадии постепенного ощущения Творца называются мирами или сфирот.

Человек рождается без какого-либо ощущения Творца и то, что видит вокруг себя, то и принимает за действительность. Такое состояние называется «наш мир».

Если Творец желает приблизить человека, тот начинает временами ощущать неявное наличие Высшей силы, еще не видит ее своим внутренним зрением, а только издали, извне светит ему нечто, несущее чувство уверенности, духовной праздничности и вдохновения. Творец может вновь удалиться, вновь стать неощутимым.

Это воспринимается человеком как возврат в первоначальное состояние – он забывает вообще о том, что когда-то был уверен в существовании Творца и как-то Его чувствовал. Или Творец удаляется от него таким образом, что человек чувствует удаление духовного присутствия и, как следствие этого, падение духа – это ощущение Творец посылает тому, кого желает еще больше приблизить к Себе, поскольку возникающее в человеке чувство тоски по исчезнувшему прекрасному чувству заставляет его пытаться вернуть это ощущение.

Если человек прилагает усилия, начинает заниматься каббалой, находит настоящего учителя, Творец попеременно то еще больше раскрывается ему в виде ощущения духовного подъема, то скрывается, возбуждая этим человека искать выход из состояния упадка.

Если человек усилием воли в состоянии сам преодолеть неприятное состояние – сокрытие Творца, он получает свыше поддержку в виде духовного подъема и вдохновения. Если же человек не пытается своими силами выйти из этого состояния, то Творец может Сам приблизиться к нему, а может и оставить его (после нескольких попыток побудить человека самому двигаться навстречу Творцу) в состоянии полного отсутствия ощущения Его.

Все, что мы желаем знать о нашем мире, можно определить как результат творения и его управления или, как называют исследователи, законы природы. Человек в своих изобретениях пытается повторить некоторые детали творения – то, что он узнал о природе, то есть пытается повторить действия Творца на более низком уровне и с более грубым материалом.

Глубина познания человеком природы ограничена, и хотя эта граница постепенно расширяется, но и по сей день за тело человека, например, принимается его материальное тело. А при таком рассмотрении нет никакой разницы между людьми – ведь всю индивидуальность каждого определяют именно его духовные силы и свойства, а не формы нашего тела.

Поэтому можно сказать, что все тела, несмотря на их множество, представляют собой с точки зрения творения только одно тело, поскольку нет индивидуальной разницы между ними, которая бы отличила одно от другого.

А значит, чтобы понять себе подобных и весь окружающий мир, знать, как относиться ко всему, что вне его тела, человеку достаточно углубиться в себя, понять себя. Так мы и действуем, поскольку созданы именно так, что постигаем то, что входит в нас извне, вернее, наши реакции на воздействие извне.

Поэтому если человек ничем духовным от других не отличается, а все его отличия стандартны в рамках вариаций чисто животных свойств наших материальных тел, то он как бы не существует, поскольку, не имея собственного индивидуального отличия от других, он как бы находится внутри одного тела, олицетворяющего все наши тела.

Иначе можно сказать так: все, чем могут отличаться люди один от другого, – это душой, и если ее нет, то данного человека нельзя считать индивидуально существующим. И чем больше духовных отличий у индивидуума, тем он важнее и больше, а если их нет вообще, то и его нет, он не существует.

Но как только появляется в нем самое маленькое первое духовное отличие – это мгновение, это духовное состояние называется его рождением, поскольку впервые появилось в нем нечто личное, выделяющее именно его из всей общей массы тел. То есть рождение индивидуальности происходит посредством индивидуального духовного отделения от общей массы.

Подобно посаженному в землю зерну, последовательно происходят два противоположных процесса – разложение и развитие, полное освобождение от предыдущей, родительской исходной формы. И пока не отторгнет ее полностью, не освободится от своей физической формы, не сможет превратиться из физического тела в силу. Пока не будут пройдены все эти состояния, называемые рождением плода сверху вниз – не сможет родиться в нем первая духовная сила – снизу вверх, чтобы начать расти и достичь уровня и формы породившего его.

Подобные процессы происходят в неживой, растительной, живой – животной природе и в человеке, хотя и в разных внешних формах.

Каббала определяет духовное рождение как первое проявление в человеке самого низшего свойства самого низшего духовного мира, как выход человека из границ «нашего» мира на первую самую низкую духовную ступень. Но в отличие от земного новорожденного духовно рожденный не умирает, а постоянно развивается.

Начать познавать себя человек может только с момента самоосознания, но не ранее. Например, мы не помним себя в прошлых состояниях, в момент оплодотворения, рождения, а тем более до этого. Мы постигаем лишь наше развитие, но не предшествующие формы.

Каббала описывает все предшествующие стадии творения, начиная с состояния существования одного Творца, создания Им общей души – духовного существа, постепенного духовного нисхождения миров сверху вниз до наинизшего духовного уровня – последней ступени низшего духовного мира.

Каббала не описывает все последующие стадии (постижение человеком нашего мира наинизшей ступени духовного мира и его дальнейшего восхождение снизу вверх, вплоть до своей конечной цели – возвращения к исходной точке творения), поскольку восхождение происходит по тем же законам и ступеням, по которым происходило нисхождение души, и каждый постигающий обязан самостоятельно ощутить на себе все эти стадии духовного рождения до своего окончательного полного духовного роста.

Но, достигая по окончании роста абсолютно исправленного состояния своих первоначальных качеств, все души, возвращаясь к Творцу, соединяются с Ним до абсолютно неразделимого состояния из-за полного сходства, настолько, будто их не существует, как и до их создания. Иными словами, по тем же 125 ступеням своего нисхождения сверху вниз, от Творца до нас, душа должна подняться снизу вверх, от момента нашего духовного рождения до полного слияния с Творцом.

В каббале первая снизу ступень называется рождением, последняя, верхняя – окончательным исправлением, а все промежуточные ступени обозначаются названиями мест или лиц из Торы или каббалистическими символами – именами сфирот или миров.

Из всего вышесказанного выясняется, что не в состоянии человек полностью познать мироздание и себя в нем без полного представления о цели творения, акта творения, всех стадий развития вплоть до конца творения. А поскольку человек исследует мир только изнутри, то в состоянии исследовать лишь ту часть своего существования, которая осознается им. И потому не имеет возможности полностью познать себя.

И более того, познание человека ограничено, поскольку познание объекта происходит, в основном, исследованием отрицательных свойств, а человек не в состоянии видеть в себе недостатки. Дело в том, что наша природа автоматически, независимо от нашего желания исключает их из нашего сознания, опускает их из нашего поля зрения, поскольку ощущение этих недостатков вызывает в человеке чувство огромной боли, а наша природа, наше тело автоматически избегает подобных чувств, убегает от них.

И только каббалисты, работающие над исправлением своей природы с целью достижения свойств Творца, постепенно раскрывают в себе недостатки собственной природы в той степени, в какой они в состоянии себя исправить. Лишь тогда их разум, их природа разрешают им видеть эти недостатки, поскольку эти черты характера уже проходят исправление, то есть уже как бы не принадлежат человеку.

И не может помочь в самоисследовании то, что в себе подобных человек видит в основном только отрицательные свойства; поскольку природа автоматически избегает отрицательных ощущений, человек не в состоянии перенести на себя то отрицательное, что обнаруживает в других, наше тело никогда не позволит ощутить в себе те же отрицательные качества.

И наоборот, именно потому мы и ощущаем отрицательные качества другого, что это доставляет нам удовольствие! И потому можно смело утверждать, что нет в мире человека, который бы знал себя. Каббалист же, постигающий в полном виде истинную природу человека, его корень, постигает его в первозданном объеме, называемом душой.

Как сказано выше, для истинного постижения творения необходимо исследовать его сверху вниз, от Творца до нашего мира, а затем снизу вверх.

Путь сверху вниз называется последовательным нисхождением души в наш мир, или зарождением души (ибур) – по аналогии с нашим миром, где зарождается зародыш в теле матери от семени отца. Пока не проявляется в человеке его последняя наинизшая ступень, где он полностью отрывается от Создателя, как плод от родителей, как зерно, полностью потерявшее свою первоначальную форму, и он не становится физически самостоятельным организмом.

Но как в нашем мире, так и в духовном продолжает быть полностью зависим от своего источника, пока с его помощью не станет самостоятельным духовным существом.

Родившись духовно, человек находится в самой удаленной от Творца стадии своего духовного развития и начинает постепенно постигать ступени восхождения к Творцу. Путь снизу вверх называется собственным постижением и восхождением, стадиями духовного роста по законам духовных миров, как в нашем мире новорожденный развивается по законам нашего мира. Причем все ступени его развития снизу вверх в точности соответствуют ступеням нисхождения его души от Творца в наш мир сверху вниз.

(Потому в каббале изучается нисхождение души, а ступени восхождения каждый восходящий должен постичь самостоятельно, иначе не сможет духовно вырасти. Поэтому ни в коем случае нельзя мешать ученику, навязывать ему духовные действия – они должны быть продиктованы его собственным осознанием происходящего. Только в таком случае он сможет исследовать и исправить в себе все свои качества, и потому запрещено каббалистам передавать друг другу сведения о своих личных ощущениях.)

Из-за того, что два пути – сверху вниз и снизу вверх – абсолютно схожи, постигая на себе один из них – путь снизу вверх, можно понять и путь сверху вниз. Таким образом, в ходе собственного развития приходит понимание своего предыдущего состояния до рождения: что программа творения нисходит в наш мир сверху вниз, высшая ступень рождает низшую, вплоть до нашего мира, где порождает ее в человеке нашего мира в какой-то из моментов одной из его жизней. А затем заставляет духовно расти, вплоть до самой высокой ступени.

Но должен духовно растущий по мере своего роста добавлять от себя свои личные усилия, внести свои личные действия в творение для его развития и завершения. И эти действия заключаются только в полном повторении процесса творения, поскольку чего нет в природе – как физической, так и духовной, – того человек выдумать не может. И все, что делаем мы, есть не что иное, как повторение взятых от природы патентов и идей. Поэтому весь путь духовного развития заключается только в стремлении полностью повторить заложенное в духовной природе Творцом.

Как уже указывалось в первой части этой книги, все творения нашего мира и все их окружающее создано в совершенном соответствии с необходимыми для каждого вида условиями. Как в нашем мире природа уготовила надежное и подходящее место для развития плода, а с появлением новорожденного возбуждает в родителях потребность заботиться о нем, так и в духовном мире до духовного рождения человека все происходит без его ведома и вмешательства.

Но как только подрастает человек, тут же начинает сталкиваться со сложностями и неустроенностью, с необходимостью прилагать усилия для существования. И по мере его возмужания постепенно начинают проявляться в нем все более отрицательные качества. Так и в духовном мире по мере духовного роста человека перед ним обнажаются все более отрицательные свойства его природы.

Все в природе обоих миров сотворено и уготовлено Творцом с целью довести человека до такого уровня развития, чтобы осознал, что, только возлюбив ближнего, как себя, он может достичь счастья, поскольку окажется подобным высшей природе.

Во всем, в чем человек обнаруживает «просчеты» природы, «недоделки» Создателя – именно в этих качествах он сам должен восполнить свою природу, исправить свое отношение к окружающему, возлюбив всех и все вне себя, как самого себя – соответственно нисхождению духовных ступеней сверху вниз. И тогда он полностью будет соответствовать Творцу, чем достигнет цели творения – абсолютного наслаждения.

И это в наших силах, и ни в коем случае Творец не отступит от своего плана, потому что это для нас, с желанием дать нам абсолютное наслаждение, создано Им все. А наша задача – лишь в том, чтобы, изучая свойства духовного нисхождения сверху вниз, научиться поступать так же в нашем восхождении снизу вверх.

Кажущееся нам противоестественным, требуемое от нас чувство любви к подобным себе (к «ближнему» слово неуместное, поскольку ближних мы любим, потому как они дороги нам) вызывает в нас – как и любое другое альтруистическое свойство, любой отказ от эгоизма – чувство внутреннего сжатия (иткабцут) нашего «я».

Но если человек в состоянии поступиться личными интересами, то есть сократить их, то в освободившееся от эгоизма духовное место он может получить Высший свет, производящий в нем действие наполнения и расширения.

Эти два действия вместе называются движением жизни, или душой, и потому уже в состоянии вызвать следующие действия сокращения и расширения. И только таким образом может духовный сосуд человека получать в себя свет Творца или свою душу и, расширяя ее, возвышаться.

Сокращение может быть совершено из-за внешнего воздействия или под действием внутренних свойств самого сосуда.

В случае сокращения под действием болезненно вынуждающей, давящей, внешней силы природа сосуда вынуждает его возбудить в себе силы противодействия сокращению и расшириться, возвратиться в первоначальное состояние и удалиться от этого внешнего воздействия.

В случае если сокращение произведено самим сосудом, то он не в состоянии сам расшириться до первоначального состояния. Но если свет Творца войдет и наполнит сосуд, последний в состоянии расшириться до предыдущего состояния. И этот свет называется жизнью.

Сама жизнь есть осознание ее, и это может быть постигнуто только посредством предварительных сокращений, поскольку не в состоянии человек выйти за свои духовные границы, в которых создан.

А впервые сократиться, как говорилось выше, человек в состоянии только под воздействием принуждающей его к этому внешней силы или взывая молитвой к Творцу о помощи высших сил, поскольку до получения первой помощи, жизни, в свою душу нет сил в человеке самому произвести подобное, противоестественное душевное действие. И пока не сам человек, а внешняя сила заставляет его «сжиматься», он считается неживым, поскольку живая природа определяется как способная к самостоятельному движению.

Доступно и понятно описать все мироздание можно с помощью понятий каббалы. Все в мироздании каббала разделяет на два понятия: свет (ор) и сосуд (кли). Свет – это наслаждение, а сосуд – это желание насладиться. Когда наслаждение входит в желание насладиться, оно придает этому желанию определенное стремление насладиться именно им.

Без света сосуд не знает, чем бы он хотел насладиться, поэтому сам сосуд никогда не самостоятелен, и только свет диктует ему вид наслаждения, то есть мысли, стремления, все его свойства, и потому важность и духовная ценность сосуда полностью определяется наполняющим его светом.

И более того, чем большее желание насладиться есть в сосуде, тем он «хуже», поскольку больше зависит от света, менее самостоятелен. Но, с другой стороны, чем он «хуже», тем большее наслаждение он в состоянии получить. Но рост, развитие зависят именно от больших желаний. И это противоречие происходит именно от противоположных свойств света и сосуда. Награда за наши душевные усилия – познание Творца, но именно наше «я» заслоняет Творца от нас.

Поскольку желание определяет человека, а не его физиологическое тело, то с появлением каждого нового желания как бы рождается новый человек. Именно таким образом надо понимать гильгулей нэшамот – кругооборот душ: что с каждой новой мыслью и желанием человек рождается заново, поскольку его желание новое.

Таким образом, если желание человека – как у животного, то говорится, что его душа вселилась в животное, если его желание возвышенное, то говорится, что он превратился в мудреца. Только так надо рассматривать кругооборот душ. Человек в состоянии явственно почувствовать на себе, насколько противоположны его взгляды и желания в разное время, будто это действительно не один человек, а разные люди.

Но каждый раз, когда он ощущает свои желания, если эти желания действительно сильные, он не может себе представить, что может быть другое, совершенно противоположное состояние. И это оттого, что душа человека вечна как часть Творца. И потому в каждом своем состоянии он представляет, что будет находиться в нем вечно. Но Творец свыше меняет ему душу – в этом состоит кругооборот душ, умирает прошлое состояние и «рождается новый человек».

И так же в своих духовных взлетах, вдохновениях и падениях, радостях и депрессиях человек не в состоянии себе представить, что он может перейти из одного состояния в другое: находясь в состоянии духовного воодушевления, не может себе представить, как может интересоваться чем-то в мире, кроме духовного постижения. Как мертвый не может представить себе, что есть такое состояние, как жизнь, так и живой не думает о смерти. И все это по причине божественности и потому вечности нашей души.

Вся наша действительность специально создана для того, чтобы всячески мешать нам постигнуть духовные миры, и тысячи мыслей постоянно отвлекают нас от цели, и чем больше пытается человек мыслеустремленно действовать, тем больше помехи. А против всех помех есть только одна помощь – в лице Творца. И в этом причина их творения – чтобы в поиске пути собственного спасения мы были вынуждены обратиться к Творцу.

Как маленьких детей, чтобы они съели то, что мы хотим им дать, мы отвлекаем от главного, от еды – рассказываем им сказки и прочее, – так и Творец, дабы привести нас к хорошему, вынужден облачать альтруистическую истину в эгоистические «одежды», посредством которых мы можем пожелать ощутить духовное. А затем, ощутив его, мы уже сами захотим именно эту духовную пищу.

Весь путь нашего исправления построен на принципе слияния с Творцом, соединения с духовными объектами, дабы перенять у них их духовные свойства. Только при каком-либо контакте с духовным мы в состоянии получить от него. Потому так важно иметь учителя и товарищей по цели: в чисто бытовом общении можно постепенно, незаметно для себя – а потому без помех со стороны тела – начать получать духовные желания. И чем ближе человек стремится быть с возвышающими духовную цель, тем больше вероятность поддаться воздействию их мыслей и желаний.

Поскольку настоящим усилием считается только такое, которое сделано против желаний тела, то легче совершать усилие, если есть пример, и многие его совершают, даже если это кажется противоестественным. (Большинство определяет сознание: там, где все ходят обнаженными, допустим, в бане или в «примитивном» обществе, нет никаких усилий освободиться от одежды каждому). Но и группа товарищей, и учитель – это всего лишь вспомогательные средства. По мере духовного возвышения Творец делает так, что человек все равно будет вынужден обратиться за помощью только к Нему.

Почему есть Тора в письменно изложенном виде и устная? Ответ прост: письменная Тора дает описание духовных процессов, осуществляющихся сверху вниз, и только об этом в ней говорится, хотя она использует язык повествования, исторических хроник и юридических документов, язык пророчеств и каббалистических знаний.

Но главное, для чего дана Тора, – для духовного восхождения человека снизу-вверх до самого Создателя, а это индивидуальный путь для каждого, в зависимости от свойств и особенностей его души. Поэтому каждый человек постигает восхождение по ступеням духовных миров по-своему. И это индивидуальное раскрытие Торы снизу-вверх называется устной Торой, потому что дать единый вариант ее для каждого невозможно и незачем – сам человек должен молитвой к Творцу (устно) постичь ее.

Каббала объясняет, что масах (экран) духовного тела (парцуфа), с помощью которого парцуф получает свет (Тору), находится на духовном уровне, называемом рот – пэ. Отсюда и название получаемого света – Тора ше бэаль пэ – устная Тора. Каббала объясняет, каким образом изучать – получать эту Тору.

Все усилия, совершаемые нами в учебе и работе над собой, нужны только для того, чтобы почувствовать всю нашу беспомощность и обратиться за помощью к Творцу. Но не может человек оценить свои действия и просить о помощи Творца до того, как почувствовал в этой помощи необходимость. И чем больше учит и работает над собой, тем все сильнее претензии его к Творцу. Хотя в конечном итоге помощь исходит от Творца, но без нашей молитвы мы ее не получим. Поэтому тот, кто желает продвинуться вперед, должен прилагать усилия во всевозможных действиях, а о том, кто сидит и ждет, сказано: «Глупец сидит сложа руки и ест себя».

Усилием называется все, что человек делает против желания тела, независимо от того, какое это действие. Например, если человек спит против желания тела – это тоже усилие. Но основная проблема в том, что человек думает о вознаграждении за усилие, а для отторжения эгоизма необходимо стремиться совершить усилие именно безвозмездно и просить у Творца силы для этого, потому что наше тело без вознаграждения работать не может.

Но как любящий свое ремесло специалист думает во время работы о самой работе, а не о вознаграждении, так и любящий Творца желает получить силы для того, чтобы подавить эгоизм, быть ближе к Творцу, так как этого хочет Создатель, а не потому, что вследствие близости к Творцу человек получает бесконечное наслаждение.

В том же случае, если человек не стремится к вознаграждению, он постоянно счастлив, поскольку чем большие усилия он может совершить с помощью Творца, тем больше радости от этого ему и Творцу. И потому постоянно как бы получает вознаграждение.

И если человек чувствует, что ему еще тяжела работа над собой, и нет от нее радости – это признак того, что еще не вышел из эгоизма, не перешел из массы людей в единицы тех в мире, кто работает на Творца, а не на себя. Но только тот чувствует, как тяжело совершить хотя бы малейшее усилие не ради себя, кто находится уже в пути между массами и каббалистами.

Но массам невозможно дать истинное воспитание, поскольку они не в состоянии принять противоестественные законы работы без вознаграждения.

Поэтому воспитание масс построено на основе вознаграждения эгоизма. И потому не тяжело им выполнять заповеди в самой строгой форме и даже искать дополнительные усложнения. И потому, как пишет великий РАМБАМ, вначале учат всех, как маленьких детей, то есть объясняя, что это для пользы эгоизма, для вознаграждения в этом и будущем мире, а затем, когда подрастут из них единицы, наберутся ума и поймут истинный смысл творения от учителя, постепенно можно учить их методикам выхода из эгоизма.

Вообще же вознаграждением называется то, что человек желает видеть в результате своих усилий, а усилия могут быть в совершенно разных областях деятельности. Нельзя работать без вознаграждения, но можно изменить само вознаграждение – удовольствие эгоистическое на альтруистическое. Например, нет различия в наслаждении, ощущаемом ребенком от своей куклы и взрослым от постижения Торы. Вся разница только в одеждах на наслаждении, в его внешней форме. Но, чтобы ее сменить, надо, как и в нашем мире, вырасти. И тогда вместо куклы появится стремление к Торе, вместо эгоистического облачения наслаждения – альтруистическое.

Поэтому совершенно неверно утверждать, как нередко можно слышать от разных «умников», что Тора проповедует воздержание от наслаждений. Как раз наоборот: по закону Торы, назир – человек, отказывающий себе в некоторых видах наслаждений, – обязан принести жертвоприношение – как бы штраф за то, что не использует все, что Творец дал человеку.

Цель творения именно в том, чтобы насладить души абсолютным наслаждением, а оно может быть только в альтруистической оболочке. Каббала дана для того, чтобы с ее помощью мы могли убедиться, что необходимо изменить внешний вид нашего наслаждения, чтобы истина показалась нам сладкой, а не горькой, как в настоящий момент.

Менять внешние одежды наслаждения в течение жизни нас вынуждает возраст или общество. Нет в нашем лексиконе слова, определяющего наслаждение, а только слова, описывающие, в каком виде, в какой одежде, от чего мы его получили – от еды, природы, игрушки. И стремление к наслаждению мы описываем по виду его одежды, по типу – «люблю рыбу».

У изучающих Тору вид наслаждения можно определить вопросом – важна ли человеку сама Тора или важен ему Дающий Тору. Важна ли ему Тора, потому что она исходит от Творца, то есть важен Сам Творец, или главное – это выполнение указаний Творца и следующее за это вознаграждение.

Вся сложность в том, что есть короткий и легкий путь достижения духовного состояния, но наш эгоизм не позволяет идти по этому пути. Мы выбираем, как правило, тяжелый и тупиковый путь, диктуемый нам эгоизмом, после многих страданий возвращаемся в исходную точку и лишь затем следуем по правильному пути. Краткий и легкий путь называется путем веры, а тяжелый и долгий – путем страданий. Но как тяжело выбрать путь веры, так легко затем следовать ему.

Препятствие в виде требования низшего разума (сначала понять, а потом выполнять) называется камнем преткновения, или просто камнем – «эвен». На этом-то камне все спотыкаются. Вся Тора говорит только об одной душе – душе любого из нас и ее восхождении к цели.

В Торе говорится, что когда отяжелели руки (вера) Моше (Моше от глагола лимшох – вытащить себя из эгоизма), то он начал проигрывать в битве с врагами (с теми, кого считал врагами – своими эгоистическими мыслями и желаниями). Тогда посадили (принизил свой разум) его старейшины (мудрые его мысли) на камень (над эгоизмом), и подняли его руки (веру), и положили под них камень (подняли веру выше требований эгоистического здравого разума), чтобы победил Израиль (стремление к духовному возвышению).

Или повествуется, что наши отцы были идолопоклонниками (первоначальные стремления человека эгоистичны и работают только на свое тело), что они были беженцами (Цион – от слова еция, и оно говорит о том, что из ециет – выходов из эгоизма – получают Тору).

В мире начинающего каббалиста есть всего два состояния – или страдания, или ощущения Творца. Причем до тех пор, пока человек не исправил свой эгоизм и не может все свои мысли и желания обратить только на пользу Творцу, он воспринимает свой мир только как источник страдания.

Но затем, заслужив ощущение Творца, он видит, что Тот наполняет собою весь мир, и весь мир являет собой исправленные духовные объекты.

Но таковым он может увидеть мир, только если приобретает духовное зрение. И тогда все прошлые страдания кажутся ему необходимыми и приятными, потому что прошли исправления в прошлом.

Но главное, обязан знать человек, что есть хозяин мира, и все в мире происходит только по Его желанию, хотя тело по воле Творца постоянно будет утверждать, что все в мире случайно.

Но вопреки голосу тела человек обязан верить, что за все его действия в мире следует наказание или вознаграждение.

Как, например, если вдруг он чувствует желание духовно возвыситься, должен осознать, что это не случайно, а является вознаграждением за его хорошие деяния в прошлом, за то, что просил Творца помочь хорошо поступить, но забыл об этом, поскольку не придал важности своей прошлой молитве, так как не получил сразу же ответа на нее от Творца.

Или человек говорит о себе, что вот теперь, когда он ощущает духовное возвышение и нет у него других забот, как только о высшем, должен понять, что: 1) это состояние послано ему Творцом как ответ на его просьбы; 2) этим он сейчас утверждает, что в состоянии работать сам, и от его усилий зависит его духовное продвижение, а не от Творца.

И также во время учебы, если вдруг начинает ощущать изучаемое, должен понять, что это тоже не случайно, а Творец дает ему такие состояния. И потому при изучении должен ставить себя в зависимость от желаний Творца, чтобы его вера в Высшее управление окрепла. И так он становится нуждающимся в Творце, и так появляется у него связь с Творцом, что в будущем приведет к слиянию с Создателем.

А также необходимо осознать, что есть две противоположные силы, действующие на человека: альтруистическая утверждает, что все в мире – это осуществление желаний Творца, все для него; эгоистическая утверждает, что все в мире создано для человека и ради него.

И хотя в любом случае побеждает высшая, альтруистическая сила, но этот путь называется долгим путем страданий. И есть краткий путь, называемый путем Торы. И стремление человека должно быть – максимально сократить свой путь, добровольно сократить время исправления, иначе поневоле, страданиями он придет к тому же, Творец все равно заставит его принять путь Торы.

Самое естественное чувство человека – это любовь к себе, что мы наблюдаем в самом откровенном виде в новорожденных и детях. Но не менее естественно порождаемое любовью к себе чувство любви к другому созданию, что питает бесконечными вариациями искусство, поэзию, творчество. Нет научного объяснения любви и порождающих ее процессов.

Все мы не раз сталкивались с таким естественным процессом в нашей жизни, как проявление чувства обоюдной любви, расцвет этого чувства и, как ни странно, упадок. Причем именно в случае обоюдной любви, чем она сильнее, тем быстрее проходит.

И наоборот, чем меньше любит один, тем подчас сильнее чувство другого, а если почувствует вдруг ответное чувство, соответственно этому уменьшается его любовь. И этот парадокс виден на примерах разного типа любви – между полами, между родителями и детьми и тому подобное

Более того, можно даже сказать, что, если один проявляет большую любовь, он не дает другому возможности стремиться к нему и сильнее полюбить его. То есть проявление большой любви не позволяет любимому ответить в полную силу своих чувств, а постепенно обращает чувство любви в ненависть. И это потому, что перестает бояться потерять любящего, ощущая его бесконечную слепую любовь.

Но если даже в нашем мире, эгоистически, нам редко удается кого-либо любить, нетрудно себе представить, что альтруистическая любовь – чувство, нам абсолютно незнакомое и недосягаемое.

И так как именно такой любовью любит нас Творец, то Он скрывает Свое чувство до тех пор, пока мы не приобретем способность ответить полной постоянной взаимностью.

Пока человек не ощущает вообще никакого чувства любви к себе, он согласен на любую любовь. Но как только получает и насыщается этим чувством, начинает по мере насыщения выбирать и желать только необычайных по силе ощущения чувств. И в этом заключена возможность постоянного стремления к увеличению силы любви к Творцу.

Постоянная, неугасающая взаимная любовь возможна только в том случае, если она не зависит ни от чего в мире. Поэтому любовь Творца скрыта от нас и раскрывается постепенно в ощущении каббалиста, по мере его избавления от эгоизма, который и является причиной угасания чувства взаимной любви в нашем мире.

Для того, чтобы дать нам возможность расширить границы своего чувства, ощущая постоянно все более раскрывающееся чувство любви Творца, и созданы мы эгоистами, поскольку можем, именно чувствуя любовь Творца, желать соединиться с Ним для избавления от эгоизма как общего врага. Можно сказать, что эгоизм является третьим в треугольнике творения (Творец, мы, эгоизм), позволяющим нам выбрать Творца.

Более того, причина творения, все действия Творца, конечная цель творения и все Его действия, как бы мы их ни воспринимали, основываются на чувстве именно абсолютной, постоянной любви. Свет, исходящий из Творца, построивший все миры и создавший нас, микродоза которого в наших телах и есть наша жизнь, напоминающий наши души после их исправления – это и есть чувство Его любви.

Причина нашего сотворения – естественное желание доброты творить доброе, желание любить и давать наслаждение, естественное желание альтруизма (потому и не воспринимаемое нами), желание, чтобы мы – объект любви – в полной мере ощущали Его любовь и наслаждались ею и чувством любви к Нему, ибо только одновременное ощущение этих противоположных в нашем мире чувств дает то совершенство наслаждения, которое и было целью Творца.

Всю нашу природу мы обозначаем одним словом – эгоизм. Одно из ярких проявлений эгоизма – это ощущение своего «я». Все может вынести человек, кроме чувства собственного унижения. Чтобы избежать унижения, он готов умереть. В любых обстоятельствах – в нищете, в поражении, в проигрыше, в измене и тому подобных – мы пытаемся отыскать и всегда находим посторонние, не зависящие от нас причины и обстоятельства, которые «поставили» нас в такое положение.

Потому что иначе не можем оправдаться ни в своих глазах, ни перед другими, чего наша природа не позволит – не позволит унизиться, поскольку этим уничтожается, изымается из мира само творение – ощущаемое нами «я». И потому уничтожение эгоизма невозможно естественным путем, без помощи Творца. И добровольно заменить его можно только при возвышении в наших глазах, превыше всего в мире, цели творения.

То, что человек просит Творца о духовных постижениях, но не просит Его о разрешении всевозможных жизненных проблем, говорит о слабости веры в силу и вездесущность Творца, о непонимании того, что все житейские проблемы нам даются с одной целью – чтобы мы пытались разрешить их сами, но одновременно просили Творца об их разрешении, в полной вере, что эти проблемы мы получаем от Него для развития в нас веры в Его единство.

Если уверен человек, что все зависит только от Творца, то обязан просить Творца. Но не для того, чтобы избавиться от решения проблем, а чтобы использовать это как возможность быть зависимым от Творца. Поэтому, чтобы не обмануть себя, для чего он это делает, обязан одновременно и сам, как все окружающие, бороться с проблемами.

Духовное падение дается сверху для последующего духовного роста, и так как дается сверху, приходит к человеку мгновенно, проявляется в один момент и почти всегда застает человека неподготовленным. А выход из него, духовный подъем происходит медленно, как выздоровление, потому что человек должен прочувствовать это состояние падения и попытаться сам его преодолеть.

Если человек в моменты духовного подъема в состоянии проанализировать свои плохие качества, присоединить левую линию к правой, то при этом он избегает многих духовных падений, как бы перескакивая их. Но это могут не все, а только те, кто уже в состоянии идти по правой линии – оправдывать, несмотря на эгоистические страдания, действия Творца.

И это подобно указанному в Торе правилу об обязательной войне (милхэмет мицва) и добровольной войне (милхэмет рэшут): обязательная война против эгоизма и добровольная, если человек в состоянии и имеет желание сам добавить свои усилия.

Внутренняя работа над собой, над преодолением эгоизма, над возвышением Творца, над верой в Его управление должна быть тайной человека, как и все состояния, которые он проходит. И не может один указывать другому, как поступать. А если видит в посторонних проявления эгоизма, обязан принять это на свой счет, ведь нет в мире никого, кроме Творца, то есть то, что видит и чувствует человек – это Высшее желание, чтобы он так видел и чувствовал.

Все вокруг человека создано для того, чтобы постоянно толкать его к необходимости думать о Творце, просить Творца об изменении материального, физического, общественного и др. состояний творения. Сказано, что Тора дана только тем, кто ест манну (ло натна Тора эле ле охлей ман), то есть тем, кто в состоянии просить Творца (в каббале молитва называется МАН), они-то и получают Тору – высший свет.

В человеке бесконечное множество недостатков, источник которых один – наш эгоизм, желание насладиться, стремление в любом состоянии обрести комфорт. Сборник наставлений (мусар) говорит о том, как надо бороться с каждым недостатком человека, и научно обосновывает свои методы.

Каббала даже начинающего вводит в сферу действия высших духовных сил, и человек на себе ощущает свое отличие от духовных объектов. Таким образом, он изучает на себе, кто он такой и каким должен быть. Отпадает вся необходимость в светском воспитании, которое, как мы ясно видим, не дает ожидаемых результатов.

Наблюдая в самом себе борьбу двух начал – эгоистического и духовного, человек постепенно вынуждает этим свое тело возжелать заменить свою природу на духовную, свои качества на качества Творца без внешнего давления наставников. Вместо исправления каждого из наших недостатков, как предлагает система «мусар», каббала предлагает человеку исправить только свой эгоизм как основу всего зла.

Прошлое, настоящее и будущее человек ощущает в настоящем. В нашем мире это воспринимается в одном настоящем времени, но в трех разных ощущениях, где наш разум раскладывает их по своей внутренней линейке времени и дает нам такое представление.

На языке каббалы это определяется как различные влияния света-наслаждения. Наслаждение, в данный момент ощущаемое нами, мы называем настоящим. Если его внутреннее, непосредственное воздействие на нас прошло, наслаждение ушло и уже издали светит нам, издалека ощущается нами, это создает в нас ощущение прошлого.

Если излучение покинувшего нас наслаждения прекращается, не воспринимается нами, мы начисто забываем о его существовании. Но если вновь засветит нам издалека, станет подобно забытому прошлому, которое мы вспомнили.

Если свет-наслаждение никогда еще не был воспринимаем нами и вдруг светит в наши органы ощущений издали, это воспринимается нами как будущее, свет уверенности.

Таким образом, настоящее воспринимается как внутреннее получение, ощущение света, информации, наслаждения, а прошлое и будущее воспринимаются нами от внешнего далекого свечения наслаждения. Но в любом случае человек не живет ни в прошлом, ни в будущем, а только в настоящем мгновении он ощущает разного типа влияния света и потому воспринимает его, как в разные времена.

Человек, не имея наслаждения в настоящем, ищет, от чего он сможет получить наслаждение в будущем, ждет, чтобы пришло уже следующее мгновение, несущее другое ощущение. Но наша работа над собой заключается именно в том, чтобы внешнее, далекое свечение вовлечь внутрь наших чувств в настоящем.

Две силы действуют на нас: страдания толкают сзади, а наслаждения устремляют, тянут вперед. Как правило, недостаточно только одной силы, одного предчувствия будущего наслаждения, потому что если для этого надо приложить усилия, то нам могут не позволить двинуться навстречу либо лень нашего тела, либо страх, что и то, что имеем, потеряем, останемся и без того, что имеем сегодня. Поэтому необходима еще сила, толкающая сзади – ощущения страданий в нынешнем состоянии.

Во всех проступках есть в корне только один проступок – стремление насладиться. Совершивший его обычно не хвастается тем, что не смог удержаться, оказался слабее внешней приманки. И только наслаждением от гнева гордится в открытую человек, потому что утверждает этим, что он прав, иначе не смог бы гордиться. И вот эта гордость мгновенно сбрасывает его вниз. Поэтому гнев есть самое сильное проявление эгоизма.

Когда человек переживает материальные, телесные или душевные страдания, он должен сожалеть о том, что Творец дал ему такое наказание. А если не сожалеет – то это не наказание, так как наказание – это ощущение боли и сожаления от своего состояния, которое не может перенести, – страдания из-за насущного, из-за здоровья, например, и тому подобного. А если он не чувствует боли от своего состояния, значит, не получил еще наказания, которое посылает ему Творец. А так как наказание – это исправление для души, то, не ощутив наказания, упускает возможность исправления.

Но ощущающий наказание – если в состоянии просить Творца, чтобы избавил его от этих страданий, – производит еще большее исправление в себе, чем если бы переживал страдания без молитвы.

Потому что Творец дает нам наказания не так, как дают наказания в нашем мире, за наши проступки, то есть не за то, что ослушались Его, а для того, чтобы мы вознуждались в связи с Ним, обратились к Нему, сблизились с Ним.

Поэтому если человек молит Творца избавить его от наказания, это не значит, что он просит Творца избавить его от возможности исправиться, ибо молитва, связь с Творцом – это несравнимо более сильное исправление, чем путем ощущения страданий.

...«**Не по своей воле ты рожден, не по своей воле ты живешь, не по своей воле умираешь**». Так, мы видим, происходит в нашем мире. Но все, что происходит в нашем мире, является следствием происходящего в духовном мире. Только нет между этими мирами прямой аналогии – подобия.

Поэтому: не по своей воле (против желания тела) ты рождаешься (духовно – получаешь первые духовные ощущения), так как при этом ты отрываешься от собственного «я», на что наше тело никогда добровольно не согласно. Получив свыше духовные органы действия и восприятия (келим), человек начинает духовно жить, ощущать свой новый мир. Но и в этом состоянии он идет против желания тела насладиться самому духовными наслаждениями, и потому – «против своей воли ты живешь». «Не по своей воле ты умираешь» – значит, что, поневоле принимая участие в нашей обыденной жизни, он ощущает ее как духовную смерть.

В каждом поколении каббалисты своими трудами и книгами по каббале создают все лучшие условия для достижения цели – сближения с Творцом. Если до великого Бааль Шем Това достичь цели могли лишь единицы в мире, то после него, под влиянием проведенной им работы, высшей цели могли достичь уже просто большие ученые Торы. А Бааль Сулам, раби Йегуда Ашлаг провел такую работу в нашем мире, что сегодня каждый желающий может достичь цели творения.

Путь Торы и путь страданий отличаются тем, что по пути страданий человек идет до тех пор, пока не осознает, что быстрее и легче идти путем Торы. А путь Торы состоит в том, что заранее, еще до ощущения страданий, человек представляет себе те страдания, которые пережил и которые могут свалиться на него, и уже не должен пережить новые, ибо прошлых страданий ему оказывается достаточно для осознания правильных действий.

Мудрость в том, чтобы проанализировать все происходящее, осознать, что источник наших несчастий – в эгоизме, и действовать так, чтобы не выйти снова на путь страданий от эгоизма, а, добровольно отказавшись от его использования, принять на себя путь Торы.

Каббалист чувствует, что весь мир создан только для него, для того, чтобы служить ему в достижении цели. Все желания, которые каббалист получает от окружающих, только помогают ему в продвижении вперед, поскольку он немедленно отвергает их использование для личного блага. Видя отрицательное в окружающих, человек верит, что видит так потому, что сам еще не свободен от недостатков, и как результат этого знает, что ему еще надо исправить. Таким образом, весь окружающий мир создан, чтобы служить продвижению человека, так как помогает ему видеть свои недостатки.

Только из ощущения глубин своего духовного падения и чувства бесконечной удаленности от страстно желаемого человек может ощутить то чудо, которое совершил с ним Творец, возвысив из нашего мира к Себе, в духовный мир. Какой огромный подарок он получил от Создателя! Только из низин своего состояния можно оценить получаемое и ответить настоящей любовью и жаждой слияния.

Есть открытая часть Торы, описывающая выполнение духовных законов языком ветвей. И есть тайная, то есть скрытая от окружающих, часть Торы – цели, преследуемые человеком при выполнении Торы, его мысли и желания. В письменной Торе нельзя ничего добавлять, а выполнять, как указано, но в устной Торе есть постоянная возможность улучшения намерений в выполнении, и ее каждый пишет сам в своем сердце и каждый раз заново...

Невозможно приобрести никакое знание без предварительного усилия, которое, в свою очередь, рождает в человеке два следствия: понимание необходимости познания пропорционально приложенным усилиям и осознание того, что именно он должен познать. Таким образом, усилие рождает в человеке два необходимых условия: желание – в сердце – и мысль, умственную готовность осознать и понять новое – в уме, и поэтому усилие необходимо.

Только приложение усилий требуется от человека, и только это от него зависит, но само знание дается свыше, и на его нисхождение свыше человек не в силах влиять. Причем в постижении духовных знаний и ощущений человек получает свыше только то, о чем просит, – то, к чему внутренне готов. Но ведь просить о получении чего-либо у Творца – это использовать свои желания, свое эго? На такие желания Творец не может ответить духовным возвышением человека! И, кроме того, как человек может просить о том, чего еще ни разу не ощутил?

Если человек просит избавить его от эгоизма – источника его страданий, просит дать ему духовные свойства, хотя он и не знает до их получения, что это такое, Творец дает ему этот подарок.

Если каббала говорит только о душевной работе человека в его уме и сердце, утверждая, что только от них зависит наше духовное продвижение, то какое отношение к цели творения имеет выполнение религиозных ритуалов?

Поскольку все заповеди Торы – это описание духовных действий каббалиста в высших мирах, то, выполняя их физически в нашем мире, хотя это никак не влияет на духовные миры, человек физически выполняет волю Творца. Конечно, желание Творца – духовно поднять творения до Своего уровня. Но передача из поколения в поколение учения, подготовка почвы, из которой могут взрасти единицы великих духом, возможна только при выполнении массами определенной работы.

Как и в нашем мире, для того, чтобы вырос один великий ученый, необходимы и все остальные. Потому что для передачи знания из поколения в поколение необходимо создать определенные условия, создать учебные заведения, где воспитывается и будущий великий ученый. Таким образом, все участвуют в его достижениях, а затем могут пользоваться плодами его трудов.

Так и каббалист, получив воспитание, как и его сверстники, в надлежащей обстановке механического выполнения заповедей и простой веры в Творца, продолжает свой духовный рост. Тогда как его сверстники остаются на детском уровне духовного развития. Но и они, как и все человечество, неосознанно участвуют в его работе и поэтому неосознанно же и получают часть из его духовного обретения, и потому неосознанно исправляются в неосознанной части своих духовных свойств, чтобы впоследствии, возможно, через несколько поколений или кругооборотов, самим прийти к осознанному духовному возвышению.

И даже об учениках, пришедших заниматься каббалой – кто для общего познания, кто во имя духовного возвышения – сказано: «тысяча входит в школу, но один выходит к свету». Но все участвуют в успехе одного и получают от этого участия свою долю исправления.

Выйдя в духовный мир и исправив свои эгоистические свойства, каббалист вновь нуждается в окружающих: вращаясь в нашем мире, он набирает от окружающих их эгоистические желания и исправляет их, помогая всем остальным в будущем также прийти к сознательной духовной работе. Причем, если обычный человек сможет в чем-то помочь каббалисту, даже прислуживая механически, он тем самым позволяет каббалисту включить свои личные желания в исправления, совершаемые каббалистом.

Потому и сказано в Торе, что служение мудрецу полезнее для ученика, чем учеба, потому что учеба включает эгоизм и использует наш земной разум, а служение идет из чувства веры в величие каббалиста, которое ученик не может осознать, и потому его служение более близко к духовным свойствам, а значит, более продуктивно для ученика.

Поэтому тот, кто ближе был к своему учителю, более других служил ему, имеет большую вероятность духовного возвышения. Поэтому и сказано в Торе, что она не передается по наследству, а только от учителя к ученику.

Так и было во всех поколениях, вплоть до последнего, которое духовно настолько упало, что даже его предводители передают свои знания по наследству, поскольку их знания находятся на телесном уровне. Но тот, кто живет духовной связью с Творцом и с учениками, тот передает свое наследство только тому, кто может его принять, то есть своему ближайшему ученику.

Когда человек ощущает помехи в своем устремлении к Творцу, о чем он должен просить Творца:

1) о том, чтобы Творец устранил эти помехи, Им же и посылаемые, и тогда человек сам далее сможет справиться своими силами, и не потребуются ему большие, чем имеет, духовные силы;

2) о том, чтобы Творец дал ему более сильное желание к духовному постижению, осознание важности духовного возвышения, и тогда помехи не смогут остановить его на пути к Творцу.

Все в мире человек готов отдать за свою жизнь, если она ему дорога. Поэтому человек должен просить Творца, чтобы дал ему вкус к духовной жизни, и тогда никакие помехи не будут ему страшны.

Духовное означает желание отдавать и использовать желание наслаждения только там, где с его помощью можно насладить других. Желание самонасладиться в духовных объектах отсутствует. Материальное полярно противоположно духовному.

Но если нет никакого контакта, то есть общих свойств между духовным, альтруизмом и материальным, эгоизмом, то как можно исправить эгоизм? Ведь духовный свет, способный придать эгоизму свойства альтруизма, не может войти в эгоистическое желание. Ведь наш мир не ощущает Творца именно по той причине, что свет Творца входит в объект в мере соответствия свойств света и объекта. И только свет Творца, войдя в эгоистический сосуд, может переделать его на духовный. Другого пути нет.

И потому сотворен человек, который вначале находится под властью эгоистических сил и получает от них свойства, отдаляющие его от духовного. Но затем попадает под влияние духовных сил и постепенно, работая над своей духовной точкой в сердце с помощью каббалы, он исправляет те желания, которые получил от эгоистических сил.

Имя Творца АВАЯ означает Его свет еще до получения человеком, то есть свет сам по себе, и поэтому называется письменной Торой – Торой в том виде, как она вышла от Творца. Имя Творца АДНЙ означает постигаемый человеком свет и называется устной Торой, потому что проходит по путям духовного восприятия: зрения (чтение), слуха и осмысливания.

Повествуется в Торе, что Авраам сказал, будто Сара – его сестра, а не жена, боясь, что его убьют, дабы завладеть ею. Поскольку весь мир каббала рассматривает как одного человека, потому что только для облегчения достижения конечной цели разделилась душа на 600 тысяч частей, то Авраам – это олицетворение веры в нас. Жена – это то, что принадлежит только мужу, в противоположность сестре, запрещенной только брату, но не всем остальным. Авраам, видя, что не в состоянии остальные свойства человека, кроме него, кроме веры, взять Сару, Тору, цель творения за основу своей жизни и этим убьют и веру, плененные красотой цели творения, желая получить в свои эгоистические чувства вечные блага, потому и сказал, что цель творения может быть воспринята и остальными свойствами человека – всем людям дозволена она, потому что его сестра, – и до исправления можно пользоваться Торой ради своей выгоды.

Отличие всех духовных миров от нашего мира в том, что все, находящееся в духовных мирах, является частью Творца и приобрело вид духовной лестницы ради облегчения духовного подъема человека. Но наш эгоистический мир никогда не был частью Творца, он сотворен из небытия и по возвышении последней души из нашего мира в духовный мир наш мир исчезнет. Поэтому все виды человеческой деятельности, передающиеся из поколения в поколение, все, что произведено из материала нашего мира, обречено на исчезновение.

Вопрос: первое творение получало весь свет и отказалось от него, дабы не испытывать чувство стыда. Как такое состояние можно считать близким к Творцу, ведь неприятное ощущение означает удаление от Творца?

Ответ: поскольку в таком духовном состоянии прошедшее, настоящее и будущее сливаются в одно целое, то творение не испытывало чувства стыда, потому что решило своими желаниями достичь такого же состояния слияния с Творцом, а решение и его результат ощущаются сразу.

Уверенность, чувство безопасности являются следствием воздействия окружающего света (ор макиф), ощущения Творца в настоящем. Но так как человеком еще не созданы подходящие исправленные свойства, Творец ощущается не в виде внутреннего света (ор пними), а в виде окружающего света.

Уверенность и вера – схожие понятия. Вера есть психологическая готовность к страданию. Ведь нет препятствия перед желанием, кроме недостатка терпения прилагать усилия и усталости. Поэтому сильным является тот, кто чувствует в себе уверенность, терпение и силы страдать, а слабый, чувствуя отсутствие терпения к страданиям, сдается уже в самом начале давления страданий.

Для достижения ощущения Творца необходимы ум и сила. Известно, что для достижения высоко ценимого требуется приложить много усилий, испытать много страданий. Сумма усилий определяет в наших глазах ценность приобретаемого. Мера терпения свидетельствует о жизненной силе человека. Поэтому до 40-летнего возраста человек находится в силе, а затем по мере уменьшения жизненной силы уменьшается его способность верить в себя, пока уверенность и вера в себя не исчезают полностью в момент ухода из этой жизни.

Поскольку каббала есть Высшая мудрость и вечное приобретение, в отличие от всех остальных приобретений этого мира, естественно, что она требует самых больших усилий, потому что «покупает» мир, а не нечто временное. Постигнув каббалу, человек постигает источник всех наук в их истинном, полностью раскрытом виде. Уже одно это может дать представление о мере требуемых усилий, поскольку мы знаем, сколько усилий требует освоение одной науки в наших ничтожных рамках ее понимания.

Воистину сверхъестественные силы для освоения каббалы человек получает свыше, и с их помощью он приобретает достаточную силу терпения к страданиям на пути освоения каббалы. И появляются у него уверенность в себе и жизненные силы самому стремиться на себе постичь каббалу. Но для преодоления всех препятствий без явной (не явно Творец поддерживает жизнь в каждом) помощи Творца не обойтись.

Сила, определяющая готовность человека к действиям, называется верой. Хотя в начале пути в человеке нет способности почувствовать Творца ввиду отсутствия альтруистических свойств, но появляется ощущение наличия высшего всесильного управляющего миром, к которому он иногда обращается в моменты абсолютной беспомощности, инстинктивно, вопреки антирелигиозному воспитанию и мировоззрению.

Это особое свойство нашего тела предусмотрено Творцом, чтобы мы смогли из нашего состояния абсолютного сокрытия Творца начать постепенно открывать Его для нас.

Мы видим, как поколения ученых раскрывают нам тайны природы. Если бы человечество приложило подобные усилия в постижении Творца, Он бы раскрылся нам не в меньшей степени, чем тайны природы, потому что все пути поиска человечества проходят через освоение тайн природы мира. Но что-то не слышно об ученых, исследующих смысл цели творения, а наоборот – как правило, они отрицают Высшее управление.

Причина в том, что вложена в них Творцом сила разума и способность только к материальным поискам и изобретениям. Но именно поэтому, с другой стороны, заложена в нас Творцом инстинктивная вера вопреки всем наукам. Природа и вселенная предстают перед нами таким образом, что отрицают наличие Высшего управления, и поэтому ученый не обладает природной силой веры.

Дополнительная причина в том, что общество ожидает от ученого материальных результатов его труда, и он инстинктивно подчиняется этому. И так как самые ценные вещи в мире находятся в минимальном количестве и отыскиваются с трудом, а раскрытие Творца – самое трудное из всех открытий, ученый автоматически избегает неудачи.

Поэтому единственный путь приближения к ощущению Творца заключается в том, чтобы вопреки мнению большинства взрастить в себе чувство веры. Сила веры не больше, чем другие силы в природе человека, потому что все они являются следствием света Творца. Но особенность этой силы в том, что она в состоянии привести человека к соприкосновению с Создателем.

Постижение Творца подобно обретению знания: вначале человек работает над изучением и постижением, а затем, постигнув, применяет.

И, как всегда, трудно вначале, а плоды пожинает тот, кто достиг цели, вышел в духовный мир: с безграничным наслаждением ощущения Творца он постигает абсолютное знание всех миров и населяющих их объектов, круговороты душ во всех временах-состояниях от начала творения до его конца.

Альтруистическое действие определяется отторжением личного наслаждения ввиду осознания величия цели творения, выхода из эгоизма. Заключается оно в том, что на приходящее в виде духовного света наслаждение человек ставит ограничение, экран (масах), отталкивающий наслаждение обратно к источнику. Этим человек добровольно ограничивает возможность наслаждения и потому готов сам определять причину его принятия: не ради ублажения эгоизма, а ради цели творения, ибо Творец желает его наслаждения, и он, наслаждаясь, доставляет наслаждение Творцу и только поэтому наслаждается.

Причем меру наслаждения человек определяет в соответствии с силой воли противостоять прямому наслаждению от света, а наслаждается тем, что доставляет наслаждение Творцу. В таком случае действие человека и действие Творца совпадают, и человек дополнительно ощущает огромное наслаждение от совпадения своих свойств со свойствами Творца, от величия, силы, могущества, абсолютного знания, беспредельного существования.

Степень духовной зрелости определяется величиной экрана, который может воздвигнуть человек на пути эгоистического наслаждения: чем больше сила противодействия личным интересам, тем выше ступень и получаемый «ради Творца» свет.

Все наши органы ощущения построены подобным образом: только от контакта входящей звуковой, зрительной, обонятельной и др. информации с нашими органами чувств возникают ощущение и восприятие. Без соприкосновения сигнала с ограничением на пути его распространения не может быть их ощущения, восприятия. Естественно, по этому же принципу действуют и все измерительные приборы, потому что законы нашего мира – не более чем следствия духовных законов.

Поэтому как проявление нового в нашем мире явления, так и первое раскрытие Творца и каждое дополнительное ощущение Его зависят только от величины границы, которую человек в состоянии создать. Эта граница в духовном мире называется сосудом, кли. А постигается не сам свет, а его взаимодействие с границей его распространения, производная от его влияния на духовное кли человека, как и в нашем мире мы постигаем не само явление, а результат его взаимодействия с нашими органами чувств или нашими приборами.

Некую часть себя Творец наделил созданным Им эгоистическим желанием наслаждения. Вследствие этого эта часть перестала ощущать Творца и ощущает только саму себя, свое состояние, свое желание. Эта часть называется душой. Эта эгоистическая часть находится в самом Творце, потому что только Он существует, и нет не заполненного Им места, но ввиду того, что эгоизм ощущает только свои желания, он не ощущает Творца. Цель творения состоит в том, чтобы своими силами, своим выбором эта часть предпочла вернуться к Творцу, вновь стать подобной Ему по свойствам.

Творец полностью управляет приведением этой эгоистической части к слиянию с Ним. Но это управление извне неощутимо. Желанием Творца является проявление (с Его скрытой помощью) желания сблизиться с Ним изнутри самого эгоизма. Для облегчения этой задачи Творец разбил эгоизм на 600 тысяч частей. Причем каждая из них решает задачу отказа от эгоизма постепенно, последовательным осознанием эгоизма как зла в процессе многократного получения эгоистических свойств и страданий от них.

Каждая из 600 тысяч частей души называется душой человека. Период соединения с эгоизмом называется человеческой жизнью. Временное прерывание связи с эгоизмом называется существованием в высших, духовных мирах. Момент получения душой эгоистических свойств называется рождением человека в нашем мире. Каждая из 600 тысяч частей общей души обязана в итоге последовательных слияний с эгоизмом предпочесть его свойствам Творца и слиться с Ним, несмотря на наличие эгоизма в ней, то есть еще находясь в человеческом теле.

Постепенное совпадение по свойствам, постепенное приближение свойства души к Творцу называется духовным подъемом. Духовный подъем происходит по ступеням, называемым сфирот (сфира). От первоначального, самого эгоистического состояния и до последней ступени подобия Творцу духовная лестница состоит всего из 125 ступеней – сфирот. Каждые 25 сфирот составляют законченный этап, называемый «мир». Итого, кроме нашего состояния, называемого «нашим миром», есть пять миров. Таким образом, мы видим, что цель эгоистической части – достичь свойств Творца, будучи в нас, в этом мире, чтобы, несмотря на наш эгоизм, мы в этом мире ощущали Творца во всем и в себе.

Желание слияния – это естественное, изначально созданное, то есть не требующее никаких предпосылок и выводов знание необходимости слияния с Творцом. То, что в Творце является вольным желанием, в Его творении действует как естественный обязывающий закон, ибо Он создал природу по Своему намерению, и каждый закон природы является Его желанием видеть такой порядок.

Поэтому все наши «естественные» инстинкты и желания исходят непосредственно от Творца, а все требующие расчета и знаний выводы являются плодом нашей деятельности. Если человек желает достичь полного слияния с Творцом, он должен сам довести это желание до инстинктивного знания, будто оно получено им с его природой от Творца.

Законы духовных желаний таковы, что нет места для неполных, частичных желаний, в которых есть сомнения или место для посторонних желаний. Поэтому Творец внимает только такой просьбе, которая идет из самой глубины чувств человека, соответствует полному желанию духовного сосуда на том уровне, на котором находится человек. Но процесс создания в сердце человека подобной просьбы идет медленно и накапливается незаметно для человека, выше его понимания. Творец соединяет все маленькие молитвы человека в одну и по получении окончательной, необходимой силы просьбы о помощи помогает человеку.

Так же и человек, попадая в сферу действия света Творца (эйхаль), сразу же получает все, потому что Дающий вечен и не делает расчетов, зависящих от времени и кругооборотов жизней. Поэтому самая малая духовная ступень дает полное ощущение вечного. Но поскольку человек еще и потом переживает духовные подъемы и падения, то находится в обстоятельствах, называемых «мир, год, душа», потому что движущаяся, не окончившая свое исправление душа нуждается в месте для движения, называемом «мир», а сумма ее движений ощущается как время, называемое «годом».

Даже самая нижняя духовная ступень уже дает ощущение полного совершенства – настолько, что человек только верой выше разума постигает, что его состояние – это всего лишь «духовные отходы» более высокой духовной ступени. И только поверив в это, он может подняться еще выше, на тот духовный уровень, в который поверил и который возвысил в своих глазах больше, чем свое ощущение совершенства.

Наше тело настолько автоматически действует по законам своей эгоистической природы и по привычке, привыканию, что если человек будет постоянно говорить себе, что желает только духовного возвышения, то в конце концов возжелает этого, потому что тело посредством таких упражнений примет это желание как природное (привычка – вторая натура).

В состоянии духовного падения следует верить в сказанное: «Израиль в изгнании, Творец с ними» (Исраэль ше галу, шхина имахэм). Когда человек в апатии и чувстве безысходности, то ему кажется, что и в духовном нет ничего притягательного, что все находится на том уровне, на котором он находится сейчас. И надо верить, что это его личное ощущение, из-за того, что он в духовном изгнании (галут), и потому Творец также в ощущении человека нисходит в изгнание, не ощущается.

Свет, распространяющийся от Творца, проходит четыре стадии до создания эгоизма. И только последняя, пятая стадия (малхут) называется творением, потому что ощущает свои эгоистические желания насладиться светом Творца. Первые четыре стадии – это свойства самого света, которыми он нас создает. Самое высшее свойство, свойство первой стадии – желание насладить будущее творение – принимается нами за свойство Творца.

Эгоистическое творение (пятая стадия развития) желает противостоять своей эгоистической природе и быть подобным первой стадии. Оно пытается это сделать, но это удается лишь отчасти.

Эгоизм, способный хотя бы в некоторой своей части противостоять себе и быть подобным по действию первой стадии, называется (мир) Олам Адам Кадмон.

Эгоизм, который может быть подобен второй стадии, называется (мир) Олам Ацилут.

Эгоизм (часть пятой стадии), который уже не может быть подобным ни первой, ни второй стадиям, а только третьей, называется (мир) Олам Брия.

Эгоизм (часть пятой стадии), который не имеет сил противостоять себе, чтобы быть подобным либо первой, либо второй, либо третьей стадиям, а только может быть подобным четвертой стадии развития света, называется (мир) Олам Ецира.

Оставшаяся часть пятой стадии, которая не имеет сил быть подобной ни одной из предыдущих стадий, а только может пассивно сопротивляться эгоизму, оградить себя от получения наслаждения и не более (действие, обратное пятой стадии), называется (мир) Олам Асия.

В каждом из миров есть пять подступеней, называемых парцуфим: кэтэр, хохма, бина, зэир ампин, малхут. Зэир ампин состоит из шести подсфирот: хэсэд, гвура, тифэрэт, нэцах, ход, есод.

После создания пяти миров был создан наш материальный мир, находящийся ниже мира Асия, и человек в нем. В человеке заложена небольшая порция эгоистического свойства пятой стадии. Если человек поднимается в своем духовном развитии снизу вверх внутри миров, то часть эгоизма, находящаяся в нем, а также все те части миров, которые он использовал для своего подъема, становятся подобными первой стадии, свойству Творца. Когда вся пятая стадия станет подобной первой, все миры придут к цели творения (гмар тикун).

Духовным корнем времени и места является отсутствие света в общей душе, где духовные подъемы и спуски дают ощущение времени, а место будущего заполнения светом Творца дает ощущение пространства в нашем мире.

На наш мир последовательно влияют духовные силы и дают ощущение времени ввиду изменения своего влияния. Поскольку два духовных объекта не могут быть как один, отличаясь своими свойствами, то они действуют один за другим, сначала более высокий, а затем более низкий и т.д., что дает в нашем мире ощущение времени.

Для успешной работы по исправлению эгоизма в нас сотворены три инструмента: чувства, разум и воображение.

Духовный материал и форма: материал представляет собой эгоизм, а форму его определяют противостоящие ему силы, по аналогии с нашим миром.

Наслаждения и страдания определяются нами соответственно как хорошее или плохое. Но духовные страдания являются единственным источником развития и продвижения человека. Духовное спасение есть совершенство, получаемое на основе сильных отрицательных ощущений, воспринимаемых как сладостные, поскольку левая линия возвращается к правой, и тем самым несчастья, страдания и давления превращаются в радость, наслаждения и духовный простор. Причина заключается в том, что в каждом объекте существуют два противоположных начала – эгоизм и альтруизм, ощущаемые как отдаление или сближение с Творцом. Тому много примеров в Торе: жертвоприношение Ицхака, жертвоприношения в Храме и пр. (Жертвоприношения – курбанот от слова каров – сближение.)

Правая линия представляет собой саму суть духовного объекта, в то время как левая линия является лишь той частью эгоизма, которую он может использовать, присоединив к своим альтруистическим намерениям.

Много чернил изведено философами в дискуссиях о непознаваемости Творца. Иудаизм как наука, основанная на личном эксперименте каббалистов, объясняет: как мы можем говорить о познаваемости Творца, если не познаем Его? Ведь уже это определение говорит о какой-то мере познания. Поэтому вначале требуется уяснить, что подразумевается под понятием непознаваемости, или понятием бесконечности – каким образом мы можем утверждать, что понимаем эти категории.

Ясно, что если мы говорим даже о познании Творца, то подразумеваем лишь восприятие нашими органами чувств и разумом того, что исследуем, подобно исследованиям нашего мира. Кроме того, эти понятия должны быть доступны каждому в нашем мире, подобно любому иному знанию, а потому должно быть в этом познании нечто вполне ощутимое и реальное, воспринимаемое нашими органами чувств.

Отличие познания духовных объектов и самого Творца от познания объектов нашего мира – в сдвиге границ ощущения. Самая близкая граница восприятия – в органах тактильных ощущений, когда мы непосредственно соприкасаемся с внешней границей исследуемого объекта. В слуховом ощущении мы уже не соприкасаемся с самим объектом вообще, а соприкасаемся с промежуточным, передающим, третьим объектом, например, воздухом, имевшим контакт с внешней границей исследуемого объекта, голосовыми связками человека или колеблющейся поверхностью, передающей нам звуковую волну.

Так и духовные органы чувств применяются для ощущения Творца. Ощущение соприкосновения с внешней границей – подобно тактильному – называется пророческим видением, а ощущение, опосредованное некой средой, соприкасающейся в свою очередь с внешней границей постигаемого, подобное слуховому ощущению, называется пророческим слухом.

Пророческое зрение считается явным знанием (как в нашем мире мы желаем увидеть и считаем это самым полным постижением объекта), потому что мы имеем непосредственный контакт со светом, исходящим от самого Творца.

Пророческий же слух (голос Творца) определяется каббалистами как непостигаемое, в отличие от пророческого зрения, подобно тому, как мы слышим звуковые волны, ибо ощущаем сигналы промежуточного духовного объекта от его соприкосновения с внешней границей Творца. Волны, как и в случае пророческого зрения, воспринимаются внутри нашего сознания как звуковые.

Каббалист, заслуживший пророческое постижение Творца, сначала воспринимает Его своим физическим зрением или слухом и осмысливает, причем осознание увиденного дает полное познание, а воспринятое с помощью слуха дает осознание непознаваемости.

Но как в нашем мире даже одного слуха достаточно для ощущения свойств объекта познания (даже слепой от рождения прекрасно ощущает многие свойства окружающих его людей), так и духовное познание с помощью слуха достаточно. Потому что внутри доходящей духовной слуховой информации находятся все скрытые остальные свойства...

Заповедь познания Творца сводится к Его ощущению на основе духовных зрения и слуха до такой степени, чтобы человеку было абсолютно ясно, что он находится в полном зрительном и слуховом сознательном контакте с Творцом, что называется, лицом к лицу.

Творение и управление происходит благодаря двум противоположным явлениям: сокрытию мощи Творца и постепенному Его раскрытию в той мере, в которой творения могут Его ощутить в своих исправленных свойствах. Поэтому в иврите есть имя Творца Маациль (от слова «цэль» – тень) и Борэ (от слов «бо рэ» – приди и смотри). От этих слов соответственно произошли имена миров Ацилут и Брия.

Мы не в силах осознать истинную картину творения, но только ощущаемую нашими чувствами – как материальными, так и духовными. Все существующее делится в нашем понятии на пустоту и наличие, хотя утверждают ученые мужи, что нет вообще такого понятия, как пустота. И действительно это понятие выше нашего понимания, потому что даже отсутствие чего-то мы должны воспринять своими чувствами.

Но мы можем ощутить пустоту или отсутствие чего бы то ни было, если представим отношение существующего в этом мире к нам после нашей смерти. Даже и при нашей жизни в этом мире мы ощущаем ту же картину – что все, находящееся вне нашего тела, как бы отсутствует и вообще не существует.

Истина в том, что как раз наоборот, – именно то, что находится вне нас, является вечным и существующим, и только мы сами ничто и исчезаем в ничто.

Эти два понятия в нас абсолютно неадекватны, потому что наше ощущение говорит нам о том, что все существующее связано с нами и только в этих рамках существует – с нами и в нас – а все, что вне нас, не имеет никакой ценности. Но объективный разум утверждает обратное: что мы ничтожны, а все окружающее вечно.

Бесконечно малая порция высшего света, находящаяся во всех объектах неживой и живой природы, определяющая их существование, называется малой свечой (нэр дакик).

Запрет раскрывать тайны Торы исходит из того, чтобы не проявилось пренебрежение к каббале. Потому что непостигаемое вызывает уважение и представляется ценностью. Ведь такова природа человека, что, будучи бедняком, ценит копейку, а в глазах обладателя миллиона теряет эта сумма прошлую ценность, и только два миллиона ценятся и т.д.

Так же и в науке – все, что еще непостижимо, вызывает уважение и представляется ценным, но как только постиг, сразу пропадает ценность постигнутого, и человек гонится за еще не постигнутым. Поэтому нельзя раскрывать тайны Торы массам: они начнут пренебрегать ими. Но каббалистам можно раскрывать, потому как стремятся познать все больше, как и ученые нашего мира, и хотя пренебрегают своими знаниями, но именно это вызывает в них стремление постичь еще не постигнутое. И потому весь мир создан для тех, кто стремится постичь тайны Творца.

Ощущающие и постигающие исходящий от Творца Высший свет жизни (ор хохма) ни в коем случае не постигают при этом самого Творца, Его суть. Но не следует ошибаться в том, что постигающие духовные ступени и их свет постигают только свет, потому как нельзя постичь малейшей духовной ступени, если не постиг каббалист в соответствующей степени Творца и Его свойства относительно нас.

В нашем мире мы постигаем окружающих по их действиям и проявлениям относительно нас и других. После того, как мы познакомились с действиями человека, с проявлениями его доброты, зависти, злости, уступчивости и тому подобного относительно различных лиц, мы можем утверждать, что знаем его. Так и каббалист – после того, как постигает все действия и проявления Творца в них, Творец раскрывается ему в абсолютно постигаемом виде посредством света.

Если ступени и излучаемый ими свет не несут в себе возможности постижения «самого» Творца, то мы называем их нечистыми (клипа, ситра ахра). («Самого» – имеется в виду, что, как и в нашем мире, мы получаем представление о ком-то по его действиям и не испытываем при этом потребности познать что-то еще, так как то, что вообще не постигаемо нами, не вызывает в нас интереса и потребности постичь.)

Нечистые силы (клипа, ситра ахра) – это силы, властвующие над человеком, чтобы не позволить ему полностью насладиться каждым приходящим наслаждением, чтобы человек удовлетворился немногим: чтобы сказал себе, что достаточно ему того, что знает, как срезать верхнюю часть – кожуру – с плода и оставить самое главное. Разум человека не может понять смысла работы ради Творца ввиду действия этих нечистых сил, не позволяющих понять скрытый смысл в Торе.

В духовном объекте свет, заполняющий его верхнюю половину (до табур), называется прошлое; заполняющий нижнюю часть (сиюм) называется настоящее; окружающий – еще не вошедший, но ожидающий своей очереди раскрыться – свет называется будущее.

Если человек духовно упал, увеличились его эгоистические желания, то падает в его глазах важность духовного. Но духовное падение он получает специально свыше, чтобы понял, что находится все еще в духовном изгнании, что подтолкнет его к молитве о спасении.

Изгнание (галут) – понятие духовное. Материально человек обычно чувствует себя в галуте лучше, чем в Израиле, настолько, что желает вернуться в галут снова. Ибо не может быть освобождения, возвращения из галута (геула) физического без духовного. Поэтому мы и сегодня еще находимся в галуте, о чем свидетельствуют и наши уступки соседям, и бегство молодежи из страны, и наша жажда подражать всему миру.

Но не найдем спокойствия, пока не вознесем надо всем наше высшее предназначение – духовное освобождение как нас самих, всего народа, так и всего человечества.

Галут – это не физическое порабощение, которое все народы испытали в течение своей истории. Галут – это порабощение каждого из нас нашим злейшим врагом – эгоизмом, причем порабощение настолько изощренное, что человек не воспринимает того, что постоянно работает на этого господина – внешнюю силу, вселившуюся в нас и диктующую нам свои желания. А мы, как невменяемые, не осознаем этого и изо всех сил пытаемся выполнить все ее требования. Воистину наше состояние подобно состоянию душевнобольного, воспринимающего кажущиеся только ему голоса за приказы или за свое истинное желание и исполняющего их.

Настоящий наш галут – это изгнание из духовного, невозможность быть в контакте, чувствовать Творца и работать на Него. Именно ощущение этого галута и должно быть условием выхода, освобождения из него.

Поначалу тело согласно изучать каббалу и прилагать усилия в освоении духовного, потому что видит определенные выгоды в духовных знаниях, но, когда начинает немного осознавать, что значит настоящая работа «ради Творца», и должно просить своего освобождения, человек отталкивает такое спасение, убеждая себя, что не сможет преуспеть в подобной работе. И снова становится рабом своего разума, то есть возвращается к идеалам материальной жизни. Спасение из такого состояния может быть только в действии путем веры выше знания (эмуна лемала ми даат).

Но духовное падение не означает, что потеряна вера. Дополнительным раскрытием эгоизма дает Творец возможность приложить добавочное усилие и увеличить таким образом веру. Прошлый уровень его веры не пропал, но относительно новой работы человек ощущает его как падение.

Наш мир создан подобно духовному, только из эгоистического материала. Из окружающего мира мы можем многое узнать если не о свойствах духовных объектов, то об их взаимосвязи по аналогии с нашим миром.

Есть и в духовном мире понятия: мир, пустыня, поселение, страны, Израиль. Все духовные действия (заповеди) можно производить на любом уровне, даже еще не достигнув уровня Израиль, кроме заповеди любви и страха. Они раскрываются только постигшему уровень Эрэц Исраэль.

Внутри уровня Эрэц Исраэль есть подуровень, называемый Ирушалаим, от слов ира (страх) и шалем (совершенный) – желание ощущения трепета перед Творцом, помогающее освободиться от эгоизма.

Человек поневоле выполняет действия по поддержанию жизни тела. Например, даже будучи больным и не имея желания принимать пищу, заставляет себя, зная, что без этого не выздоровеет. Но это благодаря тому, что в нашем мире вознаграждение и наказание явно видны всем, и поэтому все выполняют законы природы.

Но, несмотря на то, что наша душа больна и выздороветь может только от приема, выполнения альтруистических усилий, человек, не видя явных вознаграждения и наказания, не в состоянии заставить себя заняться лечением. Поэтому излечение души полностью зависит от веры человека.

Нижняя половина более высокого духовного объекта находится внутри верхней половины более низкого (АХАП дэ элион находятся внутри ГЭ дэ тахтон). В нижнем объекте экран находится в его «глазах» (масах в никвей эйнаим). Это называется духовной слепотой (стимат эйнаим), потому что в таком состоянии видит, что и у более высокого есть всего лишь половина – АХАП. Получается, что экран нижнего скрывает от него более высокий объект.

Если более высокий объект передает свой экран нижнему, то этим открывает себя нижнему, который начинает видеть более высокого, как тот видит самого себя. От этого нижний получает состояние «полный» (гадлут). Нижний видит, что более высокий находится в «большом» состоянии, и осознает, что прежнее сокрытие себя – чтобы его видели «малым» (катнут) – более высокий осуществлял специально для пользы более низкого: т. о. более низкий получает ощущение важности более высокого.

Все последовательные состояния, которые человек испытывает на своем пути, подобны тому, будто Творец дает болезнь, от которой Сам же впоследствии излечивает. Но то, что человек воспринимает как болезнь, безнадежность, бессилие и безысходность, если принимает эти состояния как волю Творца, превращается в стадии исправления и приближения к слиянию с Творцом.

Как только свет Творца входит в эгоистическое желание, оно сразу же преклоняется перед светом и готово преобразоваться в альтруизм.

(Не раз сказано, что свет в эгоистическое желание не может войти, но есть два вида света – свет, приходящий для исправления желаний, и свет, несущий наслаждение, и в данном случае говорится о свете, несущем исправление.)

А так как свет входит в желания, они изменяются на противоположные. Так самые большие наши прегрешения обращаются в заслуги. Но это происходит только при условии возвращения из-за любви к Творцу (тшува ми ахава), когда можем получить весь свет Творца не ради себя (гар дэ хохма), только тогда все наши прошлые деяния (желания) становятся сосудами для получения света.

Но такого состояния не может быть прежде всеобщего исправления (гмар тикун). А до этого возможно получение лишь части света Творца (вак дэ хохма) не ради себя, по принципу средней линии (кав эмцаи).

Есть несколько видов получения: получения милостыней, подарком, силой (требуя, считая, что ему положено). Получая милостыню, человек стыдится, но просит. Подарок не просят, его дают тому, кого любят. Силой требует тот, кто не считает, что получает в виде милостыни или в виде подарка.

Так чувствуют себя в своих требованиях праведники, требуя от Творца как долг, положенный им, еще в замысле творения им предназначенный, и потому сказано: «праведники берут силой».

Авраам (правая линия, вера выше разума) связал и готов принести в жертву Ицхака (левую линию, разум, контроль своего духовного состояния), дабы постоянно идти только в правой линии. Вследствие этого поднялся до средней линии, включающей обе. Потому что есть большое отличие в том, идет ли человек только в вере выше разума,

Простая вера – это бесконтрольная вера и называется обычно верой ниже разума. Вера, проверяемая разумом, называется верой внутри разума. Но вера выше разума возможна только после анализа своего состояния. И если человек, видя, что не достиг ничего, все-таки предпочитает веру, будто все у него есть, и так до самого критического состояния (месирут нэфеш), то это называется верой выше разума, потому что человек совершенно не принимает во внимание свой разум – и тогда он удостаивается средней линии.

Есть три линии духовного поведения – правая, левая и их сочетание – средняя, но если есть у человека только одна линия, то ее нельзя назвать ни правой, ни левой, так как только наличие двух противоположных линий выявляет, какая из них правая, а какая левая.

И есть просто прямая линия, называемая чувством совершенства, по которой идет вся верующая масса, то есть один путь, по законам которого воспитывается и затем всю жизнь действует человек. И каждый точно знает в соответствии со своим расчетом, сколько усилий он должен приложить, чтобы почувствовать, что сделал в Торе то, что должен, отдал свой долг. И потому каждый чувствует удовлетворение от своей работы в Торе. А кроме того, чувствует, что каждый прошедший день прибавляет ему дополнительные заслуги, льготы, поскольку выполнил еще несколько заповедей. Эта линия поведения потому и называется прямой, что с нее не может сбиться человек, поскольку обучен с детства поступать так, без контроля и самокритики. И потому идет прямо всю жизнь и каждый день прибавляет к своим заслугам.

Идущий по правой линии должен делать так же, как и те, кто идет по прямой. С той лишь разницей, что у идущих по прямой отсутствует самокритика их духовного состояния. Идущие же по правой линии с трудом преодолевают каждый шаг, поскольку левая линия нейтрализует правую, пробуждая жажду духовного, и потому нет удовлетворения в своем духовном состоянии.

Идущий же по прямой линии не подвергает критике свое состояние, а постоянно добавляет к своим прошлым заслугам новые, потому как есть ему на что опереться, в то время как левая линия стирает все прошлые усилия.

Главное для ощущения наслаждения – это жажда наслаждения, что называется в каббале сосудом. Величина этого сосуда измеряется степенью ощущения недостающего наслаждения. Поэтому если есть одно и то же наслаждение у двух сосудов-людей, то один может при этом чувствовать себя абсолютно насыщенным им, а второй – чувствовать, что нет у него ничего, и пребывать в глубоком унынии.

В книге «Адир бе маром» (стр. 133) великий каббалист Луцато пишет: «...Тора – это внутреннее содержание (свет Торы – это пнимиют) и включает работу человека как внешнее (аводат ашем – кли ле ор Тора). А знания мудрецов относятся к внешней части (хохмот хицониет) и совершенно не относятся к Торе».

Человек должен стремиться жить данным мгновением, взяв знания из прошлых состояний и идя верой выше разума в настоящем, и он не нуждается в будущем.

Постижение Эрэц Исраэль и как следствие этого раскрытие Творца (ашрат шхина) дается достигшему духовного уровня, называемого Эрэц Исраэль. Для этого необходимо оторвать от себя три нечистые силы (шалош клипот тмеот, что соответствует духовному обрезанию своего эгоизма) и добровольно принять на себя условие сокращения (цимцум), определяющее, что в эгоизм свет не войдет.

Там, где в каббале говорится «нельзя», имеется в виду – невозможно, даже если желает. Но цель в том, чтобы не желать.

Если человек работает на какой-либо работе час в день и не знаком с работниками, уже получившими вознаграждение за свою работу, он беспокоится, выплатят ли ему зарплату – но намного меньше, чем работающий по 10 часов. У последнего вера в хозяина должна быть намного больше, и он больше страдает от того, что не видит, как другие получают вознаграждение.

А если желает работать день и ночь, то еще более чувствует сокрытие хозяина и вознаграждения, потому что испытывает большую потребность знать, получит ли вознаграждение, как ему обещано.

Но те, кто идет верой выше знания, развивают в себе огромную потребность в раскрытии Творца и соответственно возможность противостоять раскрытию – тогда Творец раскрывает перед ними все мироздание.

Единственная возможность не использовать эгоистические желания – это идти путем веры. Только если человек отказывается видеть и знать, опасаясь лишиться возможности работать альтруистически, получив сильные чувства и знания, он может начать их получать в той мере, в какой они ему не мешают продолжать идти путем веры.

Таким образом, видно, что суть работы не ради себя связана с необходимостью выйти из ограниченных эгоистических возможностей наслаждения, чтобы приобрести ничем не ограниченные возможности наслаждаться вне узких рамок тела. И такой духовный «орган» ощущения называется верой выше знания.

А достигший такого уровня духовного развития, что в состоянии выполнять работу без всякого вознаграждения для эгоизма, приобретает совпадение по свойствам с Творцом (а значит, сближение, потому что в духовных мирах только разница свойств отделяет объекты, а других понятий места и расстояний нет) и ощущает беспредельные наслаждения, не ограниченные чувством стыда за милостыню.

Ощущение заполняющего все пространство вселенной невидимого «облака» Высшего Разума, насквозь пронизывающего все и управляющего всем, дает человеку настоящее чувство опоры и уверенности. Поэтому вера есть единственное противодействие эгоизму. Но не только от внутреннего эгоизма спасает вера, а и от внешнего, потому как посторонние могут навредить только внешним, но не внутренним постижениям.

Природа человека такова, что в нем есть силы делать только то, что осознает и чувствует. И это называется – внутри разума. Верой называется высшая, противоестественная сила, потому что дает возможность действовать даже в том случае, когда человек еще не чувствует и не понимает всей сути своих действий, то есть сила, не зависящая от личного интереса, эгоизма.

Сказано: там, где стоит возвращающийся (бааль тшува), абсолютный праведник не может стоять. Когда учится, называется абсолютным праведником. Когда не в состоянии учиться, называется грешником. Но если преодолевает себя, то называется «возвращающимся». А так как весь наш путь – только навстречу цели творения, то каждое новое состояние выше предыдущего. И потому новое состояние «возвращающегося» выше прошлого состояния «праведника».

Есть два вида возвращения – в действии и в мыслях. Возвращение в действии – когда человек, до сих пор не выполнявший все требования в полном объеме, пытается выполнять все (учебу, молитву, заповеди), но это только в действии (маасэ), а не в мыслях о том, для чего он это выполняет (кавана).

Возвращение в мыслях происходит, если прежде выполнял все, но только с целью извлечения пользы для себя, а теперь исправляет свое намерение на противоположное, чтобы его поступки имели альтруистические последствия. Отсюда видно, что есть работа в действии, которая видна всем, и есть работа в мыслях, никому не заметная. И эти два вида работы называются открытым (нигле) и скрытым (нистар).

Творец воспринимается нами как свет наслаждения. В зависимости от свойства и степени чистоты нашего альтруистического сосуда – органа ощущения духовного света – свет Творца воспринимается по-разному. Поэтому хотя свет один, но в зависимости от нашего ощущения мы называем его разными именами, по воздействию на нас.

Есть два вида света Творца: свет знания, разума, мудрости (ор хохма) и свет милосердия, уверенности, слияния (ор хасадим). В свою очередь, ор хохма различается двух видов – по своему воздействию на человека: сначала (когда он приходит) человек осознает свое зло, а затем (когда человек осознал свое зло и знает, что нельзя использовать свой эгоизм) тот же свет дает силы в те же эгоистические желания, чтобы работать (наслаждаться) с ними не ради себя. А затем, когда уже есть силы переделать эгоизм, то этот свет дает возможность исправленным, бывшим эгоистическим, желаниям наслаждаться альтруизмом (лекабэль аль минат леашпиа).

Ор хасадим дает нам другие желания – «давать» вместо того чтобы «брать» наслаждения, поэтому из 320 неисправленных желаний души (постепенно их ощущают по мере духовного восхождения, как постепенно человек постигает всю глубину своего зла и содрогается от понимания, кто же он такой) под действием ор хохма отделяются 32 части малхут – желания самонасладиться, потому что человек обнаруживает, что эгоизм – его злейший враг.

Оставшиеся 288 желаний не имеют ни эгоистической, ни альтруистической направленности, это просто ощущения (типа слуха, зрения и тому подобного), которые можно применять как угодно, в зависимости от сделанного выбора: для себя или ради других.

Тогда под действием ор хасадим у человека появляется желание альтруистически работать со всеми 288 ощущениями. Это происходит вследствие замены 32 эгоистических желаний на 32 альтруистических.

Исправление под действием света (или Торы, что одно и то же, потому что Тора и есть Высший свет Творца) происходит без ощущения наслаждения от него. Человек ощущает только разницу свойств между своим эгоизмом и величием света. Этого одного достаточно для стремления вырваться из телесных желаний. Поэтому сказано: «Я создал в вас эгоистические побуждения и потому сотворил Тору».

Но затем, исправив свои желания, человек начинает принимать свет ради услаждения Творца. Этот свет – то есть эта Тора – называется именами Творца, потому что человек получает в себя, в свою душу часть Творца и по своим наслаждениям от света дает Творцу имена.

Войти в духовный мир (олам тикун) можно, только приобретя свойство все отдавать (ор хасадим, хафэц хэсэд). Это минимальное и необходимое условие, чтобы никакие эгоистические желания уже не могли соблазнить человека и потому навредить ему, поскольку ничего не хочет ради себя.

Без защиты альтруистических свойств свойством ор хасадим человек, ощутив бесконечное наслаждение от Высшего (света), непременно возжелает самонасладиться и тем погубит себя – уже никак не сможет выйти из эгоизма в альтруизм. Все его существование будет погоней за этими не достижимыми для его эгоистических желаний наслаждениями.

Но ор хасадим, дающий человеку стремление к альтруизму, не может светить в эгоистические желания (сосуд-кли). Эгоистические желания питаются микродозой, искрой находящегося в них света, насильно введенного Творцом для поддержания жизни в нас, потому что без получения наслаждения человек жить не может. Если бы эта искра Высшего света исчезла, человек сразу же покончил бы с жизнью, дабы оторваться от эгоизма, от незаполненного желания насладиться, только бы не испытывать ощущения абсолютной тьмы и безысходности.

Почему в эгоизм не может войти ор хасадим? Как указывалось выше, в самом свете нет отличия ор хохма это или ор хасадим, но сам человек определяет это. А эгоистическое желание может начать наслаждаться светом независимо от его происхождения, то есть наслаждаться ор хасадим ради себя. Только уже подготовленное к альтруистическим действиям желание может принять свет и ощутить наслаждение от альтруизма, то есть ощутить свет как ор хасадим.

Человек получает наслаждение от трех видов ощущений: прошлого, настоящего и будущего. Самое большое наслаждение – от будущего, поскольку уже заранее, в настоящем предвкушает наслаждение, то есть наслаждается в настоящем. И поэтому предвкушение и мысли о неугодных деяниях хуже, чем сами эти деяния, так как растягивают наслаждение и занимают мысль долгое время.

Наслаждение в настоящем, как правило, недолгое ввиду наших мелких быстронасыщающихся желаний. Прошедшее наслаждение человек может вновь и вновь вызывать в мыслях и наслаждаться.

Поэтому, прежде чем предпринять хорошее действие (кавана леашпиа), необходимо о нем много думать и готовиться, чтобы вкусить как можно больше различных ощущений, чтобы затем можно было вызвать их в памяти и оживлять свои стремления к духовному.

~

Поскольку наша природа – эгоизм, человек желает наслаждаться жизнью. Но если свыше дают человеку в его же желания маленький зародыш души, которая по своей природе желает питаться антиэгоистическими наслаждениями, то эгоизм не может дать силы для таких действий, и нет наслаждения от такой жизни, потому что душа не дает ему покоя и каждое мгновение дает ему понять, что это не жизнь, а животное существование.

Вследствие этого жизнь начинает казаться человеку невыносимой, полной страданий, ибо, что бы ни делал, не в состоянии получить наслаждения или хотя бы удовлетворения ни от чего, поскольку душа не дает ему удовлетворения. И так продолжается до тех пор, пока сам эгоизм не решит, что нет другого выхода, как внимать голосу души и выполнять ее указания, иначе человеку не будет покоя. И это означает, что Творец поневоле возвращает нас к Себе.

~

Невозможно ощутить ни одного самого маленького наслаждения, если перед этим человек не испытывает его недостаток, который определяется как страдание от того, что нет наслаждения, которого желает. Для получения Высшего света также необходимо предварительное желание. Поэтому человек должен во время учебы и других своих действий просить об ощущении потребности в Высшем свете.

«Нет никого, кроме Него» – все происходящее является Его желанием, и все творения выполняют Его желание. Отличие лишь в том, что есть единицы, выполняющие Его волю по своему желанию (ми даато). Ощущение слияния творения с Сотворившим возможно именно при совпадении желаний (берацон аловэш у берацон амальбиш).

Благословением называется излияние свыше света милосердия (ор хасадим), что возможно только при альтруистических действиях человека снизу.

Сказано в Торе: «Потребности народа Твоего велики, а мудрость коротка» – именно потому, что мало мудрости, но большие потребности.

Сказал раби Йегуда Ашлаг: «Наше состояние подобно состоянию царского сына, которого отец поместил во дворец, полный всего, но не дал света видеть. И вот сидит сын в темноте, и не хватает ему только света, чтобы овладеть всем богатством. Даже свеча есть у него (Творец посылает ему возможности начать сближение с Собой), как сказано: «Душа человека – свеча Творца». Он только должен зажечь ее своим желанием».

Сказал раби Йегуда Ашлаг: «Хотя сказано, что цель творения непознаваема, но есть огромное отличие ее непознаваемости мудрецом от незнания этой цели неучем».

Сказал раби Йегуда Ашлаг: «Закон корня и ветви означает, что низший обязан достичь ступени высшего, но высший не обязан быть как низший».

Вся наша работа заключается в подготовке к принятию света. Как сказал раби Йегуда Ашлаг: «Главное – это кли-сосуд, хотя кли без света безжизненно, как тело без души. И мы должны заранее подготовить наше кли, чтобы при получении света оно исправно работало. Это подобно тому, что работа машины, сделанной человеком и работающей на электричестве, невозможна без подсоединения электрического тока, но результат ее работы зависит от того, как она сама сделана».

В духовном мире совершенно противоположные нашему миру-состоянию законы и желания: насколько в нашем мире невозможно идти вопреки знанию, пониманию, настолько в духовном мире трудно идти в знании. Как сказал раби Йегуда Ашлаг: «Сказано, что когда в Храме стояли в службе, то было тесно, но когда падали ниц, становилось просторно. Стоять означает большое состояние парцуфа, получение света, а лежа – малое состояние, отсутствие света. В малом состоянии было больше места – ощущали себя вольнее, потому что именно в скрытии Творца духовно поднимающиеся ощущают возможность идти вопреки своему разуму, и в этом их радость в работе».

Как рассказывал раби Йегуда Ашлаг, у раби Пинхаса из местечка Корицы, великого каббалиста прошлого века, не было даже денег купить книгу «Древо жизни» Ари, и он был вынужден идти на полгода преподавать детям, чтобы заработать на покупку этой книги.

Хотя наше тело вроде бы только мешает нам духовно возвышаться, но это только кажется нам от непонимания функций, возложенных на него Творцом. Как сказал раби Йегуда Ашлаг: «Наше тело подобно анкеру в часах – хотя анкер и останавливает часы, но без него часы бы не работали, не двигались вперед». В другое время сказал: «В стволе дальнобойного орудия есть винтовая резьба, затрудняющая выход снаряда, но именно благодаря этой задержке снаряд летит дальше и точнее». Такое состояние называется в каббале «кишуй».

Как сказал раби Йегуда Ашлаг: «Настолько все трактуют Тору в понятиях нашего мира, что даже там, где прямо сказано в Торе «Берегите свои души», все равно говорят, что имеется в виду здоровье тела».

Как сказал раби Йегуда Ашлаг: «Человек находится в духовном настолько, насколько он ощущает, что его эгоистические желания – это и есть нечистая сила».

Как сказал раби Йегуда Ашлаг: «Самая малая духовная ступень – это когда духовное важнее и прежде, чем материальное».

Как сказал раби Йегуда Ашлаг: «Только в одном может человек быть заносчивым – в том, что никто не сможет доставить большее удовольствие Творцу, чем он».

Сказано: «Вознаграждение за Заповедь – это познание Заповедывающего».

Как сказал раби Йегуда Ашлаг: «Заботы об этом мире у духовнорастущих совершенно отсутствуют, как у тяжелобольного нет заботы о зарплате, а есть только о том, как бы выжить».

Как сказал раби Йегуда Ашлаг: «В духовном, как и в материальном нашем мире, нет спасения ввиду насильственных обстоятельств. Например, если кто-то нечаянно свалился в пропасть, разве спасет его от смерти то обстоятельство, что свалился, того не желая. Так и в духовном».

Когда раби Йегуда Ашлаг болел, позвали к нему врача. Врач посоветовал покой, сказал, что необходимо успокоить нервы и если уж изучать, то что-нибудь легкое, например, читать Теилим. Когда врач ушел, сказал раби Йегуда: «Видно, врач считает, что Теилим можно читать, не углубляясь».

Как сказал раби Йегуда Ашлаг: «Нет места посреди между духовным, чистым, альтруистическим – «отдавать» – и материальным, эгоистическим, нечистым – «получать». И если человек не связан каждое мгновение с духовным, то он не просто забывает о нем, а находится в нечистом, материальном».

Сказано в книге «Кузари», что царь Кузари, когда выбирал веру для своего народа, обратился к христианину, мусульманину, а уж затем к иудею. Когда он выслушал иудея, то сказал, что христианин и мусульманин обещают ему вечную райскую жизнь и огромные вознаграждения в том мире, после его смерти, а Тора говорит о вознаграждении за выполнение заповедей и о наказании за их невыполнение в этом мире. Но ведь более важно, что человек получит после своей смерти, в вечном мире, чем как он проживет свои годы в этом мире. Ответил на это иудей, что они обещают вознаграждение в том мире, потому что говорящий неправду отдаляет, чтобы скрыть ложь, раскрытие своих слов. Как говорил раби Йегуда Ашлаг со слов АГРА, смысл сказанного иудеем в том, что все духовное, весь будущий мир человек должен ощутить еще в этом мире, и это обещает нам как вознаграждение Тора. А все вознаграждения Торы человек должен получить в этом мире, именно еще во время своего нахождения в теле, ощутить все всем своим телом.

Как сказал раби Йегуда Ашлаг: «Когда человек чувствует, что нечистые силы (эгоистические желания) притесняют его – это уже начало его духовного освобождения».

Как сказал раби Йегуда Ашлаг на слова Торы «Все в руках неба, кроме страха перед небом»: «В ответ на все просьбы человека может решить Творец, дать ему то, что человек просит, или не дать. Только на просьбу о страхе перед небом Творец не дает ответа: это не в руках неба дать страх перед небом. А если просит человек страха перед небом – обязательно получает».

Жизнью называется состояние ощущения желания насладиться от получения или отдачи. Если это желание наслаждения пропадает, то такое состояние называется лишением чувств, обморочным или мертвым.

Если человек находится в таком состоянии, что явно видит и чувствует, что невозможно получить наслаждение – например, потому, что должен всем, стыдится своих прошлых поступков, ощущает одни страдания, которые нейтрализуют даже то небольшое удовольствие, которое имел от этой жизни, – он желает покончить с собой.

В таком случае человек обязан приложить все силы, чтобы получать наслаждения от того, что совершает благие в глазах Творца деяния, что доставляет этим радость Творцу. В подобных мыслях и действиях есть настолько великое наслаждение, что оно способно нейтрализовать самые большие страдания в мире. И потому посредством окружающих – врагов, банкротства, неудач в работе – даются духовно поднимающемуся ощущения безнадежности, безысходности, полного отсутствия смысла его существования.

Если человек уже в состоянии совершать альтруистические поступки, то есть что бы он ни делал, совершенно исключает любую выгоду для себя, думает только о благе того, для кого он это делает, то есть о Творце, но еще не получает наслаждения от своих действий – это называется чистой отдачей (машпиа аль минат леашпия). Например, выполняя заповеди ради Творца, он при этом еще не получает соответствующий каждой заповеди свет Торы, наслаждение. Причина этого в том, что еще не полностью себя исправил, и если получит наслаждение открытым светом Торы, восстанет эгоизм и возжелает получить такое наслаждение во что бы то ни стало для самонаслаждения, и не сможет отказаться и поневоле, силой притяжения наслаждения большей, чем его желание быть угодным в глазах Творца, получит для себя.

Келим, которыми человек совершает альтруистические действия (леашпиа аль минат леашпиа), называются келим дэ ашпаа. Духовный объект имеет строение (соответствие духовных сил подобно физическому строению нашего тела), подобное нашему телу, состоящему из ТАРЬЯГ мицвот, или 613 органов.

Поэтому РАМАХ келим дэ ашпаа определяются как находящиеся над грудью духовного тела и соответствуют исполнительным заповедям, выполнять которые Тора обязывает каждого.

Свет, который получает человек, выполняющий такие действия, называется ор хасадим или хасадим мехусим – скрытые хасадим, скрытые от света ор хохма.

Если у человека есть сила воли, исправленные чувства – настолько, что в состоянии не только совершать альтруистические действия, но и получать наслаждения от них ради Творца, то есть получать в прошлые эгоистические желания (келим), – то это называется кабала аль минат леашпиа. Тогда он может получать свет, находящийся в каждой заповеди, то есть в каждом духовном действии.

Начальная стадия желающего постичь цель творения состоит в том, что работает над собой для своей выгоды (ло ли шма), так как есть много способов ощутить наслаждение, например, путем приема пищи, игр, почестей, славы и пр.

Но эти способы позволяют ощутить довольно незначительные и быстропроходящие наслаждения. Такие намерения называются «ради себя» – ло ли шма. Тогда как с помощью веры в Творца (в Его всесилие, в Его единственность в управлении всем в мире, в том числе и всем, что случается с нами, в Его управлении всем, от чего зависит человек, в Его готовность помочь, слыша молитву) человек может постичь намного большие наслаждения.

И только после того, как человек полностью постигает эту предварительную ступень работы, он получает особые, совсем другие ощущения более высокого состояния, заключающиеся в том, что вдруг ему становится совершенно безразлична личная выгода, а заботится только о том, все ли его расчеты и мысли духовно истинны, а именно: все ли его мысли и намерения направлены только на то, чтобы полностью ввериться сущности истинных законов мироздания, чтобы ощутить, что обязан выполнять только волю Творца, исходя из ощущения Его величия и силы.

И тогда он забывает о своих прошлых намерениях и чувствует, что у него нет совсем никакого желания думать и беспокоиться о себе, что он полностью отдается величию всепроникающего Высшего Разума и совершенно не ощущает голоса собственного разума, а все его беспокойство только о том, как можно сделать что-либо приятное и угодное Творцу. И такое состояние называется «не ради себя» – «ли шма», «машпиа аль минат леашпиа».

Причина веры в том, что нет большего наслаждения, чем ощутить Творца и наполниться Им. Но, чтобы человек смог получить это наслаждение не ради себя, есть состояние скрытия Творца, чтобы дать возможность человеку выполнять заповеди, даже если не ощущает никаких наслаждений, и это называется «не ради вознаграждения» (аль минат ше ло лекабэль прас).

А когда человек постигает такое состояние, создает такой духовный сосуд, немедленно открываются у него глаза, и всем своим существом ощущает и видит Творца. А то, что раньше вынуждало его и говорило о выгодности работы на Творца ради себя – исчезает эта причина и воспринимается сейчас как смерть, потому что ранее был связан с жизнью, и этого достиг посредством веры.

Но если в своем же исправленном состоянии начинает снова работать над верой выше разума, то получает обратно свою душу, свет Творца.

Имена в каббале, хотя и взяты из нашего мира, но означают совершенно непохожие, не подобные им объекты и действия в духовном мире, хотя эти духовные объекты являются их непосредственными корнями. Из этой противоположности и несхожести корня и его следствия в нашем мире еще раз видно, насколько духовные объекты удалены от наших эгоистических представлений.

В духовном мире имя означает особенность раскрытия света Творца человеку с помощью действия, называемого данным именем. Как в нашем мире любое слово говорит не о самом предмете, а о нашем восприятии его.

Само же явление или объект вне наших ощущений – вещь в себе, абсолютно нами не постигаемая. Конечно же, у него есть совершенно другой вид и свойства, чем те, которые воспринимаются нашими приборами или чувствами. Подтверждение этому мы можем видеть хотя бы из того, что картина объекта в лучах видимой части спектра совершенно не подобна картине, наблюдаемой с помощью приборов в спектре рентгеновских лучей или тепловых частот.

Как бы то ни было, но есть объект и есть то, каким его воспринимает согласно своим свойствам постигающий. И это потому, что сочетание самого объекта, его истинных свойств и свойств постигающего этот объект создают вместе третью форму: в ощущениях постигающего рождается картина объекта из общих свойств самого объекта и постигающего.

В работе с духовным светом есть два различных состояния человека, желающего и принимающего свет: ощущения и качества человека до получения света и после его получения.

Есть также два состояния у самого света-наполнителя сосуда-желания человека: состояние до того, как он вошел в контакт с чувствами, желаниями человека, и состояние после того, как вошел в контакт с ощущающим его. В таком состоянии свет называется простым (ор пашут), потому что не связан со свойствами объектов восприятия. А так как все объекты, кроме света Творца, являются желающими получить, то есть насладиться светом, то нет у нас никакой возможности постичь, исследовать, ощутить или даже представить себе, что значит сам свет вне нас.

Поэтому, если мы называем Творца сильным, то именно потому, что чувствуем в этот момент (тот, кто чувствует!) Его силу, но, не постигнув какого-либо свойства, невозможно никак назвать Его: ведь даже слово «Творец» говорит о том, что человек постиг это в ощущаемом им свете. Если же человек говорит имена Творца (то есть называет Его качества), не постигая их в своих ощущениях, то это равносильно тому, что он дает имена простому свету еще до ощущения его в себе, что называется ложью, так как у простого света нет имени...

Человек, желающий духовно возвыситься, обязан сторониться посторонних влияний, оберегать свои еще не окрепшие убеждения, пока не получит сам свыше необходимые ощущения, которые послужат ему затем опорой. И основная защита и отдаление должны быть не от людей, далеких от Торы, так как у них может быть только равнодушие или крайнее отрицание, то есть удаленность от его состояния, а именно от людей вроде бы близких к Торе или даже к каббале. Ибо снаружи человек может выглядеть так, будто находится в самом центре истины и всего себя отдает Творцу, точнейшему выполнению Его заповедей и исступленной молитве, но причины его «праведничества» не видны никому, и на самом деле все его помыслы – извлечь пользу в каком-либо виде для себя.

Такого рода личности или группы людей представляют собой опасность для стремящихся духовно расти, потому что начинающий видит картину истового служения Творцу, но не может проверить, исходит ли оно из желания познания Творца или это поведение человека – следствие воспитания, а может быть, соображений престижа и пр.

При этом он видит те огромные силы, которые подобные люди могут призвать себе на помощь, не понимая, что эти силы только и можно употреблять потому, что нет никакой помехи им со стороны эгоизма, а наоборот, именно эгоизм и стремление доказать свою правоту дают им силу, тогда как настоящая Тора ослабляет силы человека, дабы возжуждался в Творце (Тора матэшэт кохо шель адам).

И если человек чувствует во внешних действиях подобных «праведников» притягательную силу, то попадает в рабство фараона, ибо сказано в Торе, что рабство у фараона было приятно для Исраэль (Исраэль есть тот, кто желает идти яшар Эль – прямо к Творцу). А поскольку Тора говорит только о духовных состояниях каждого из нас лично, то имеется в виду именно духовное рабство, в которое может попасть начинающий – настолько, что будет сожалеть о тех силах, которые потратил на борьбу с эгоизмом.

Далеких от Торы людей начинающий может не опасаться, зная наперед, что у них ему нечему учиться, и потому они не представляют собой опасности духовного порабощения.

Наш эгоизм позволяет нам двигаться, только когда ощущает страх. И толкает нас на любые действия, чтобы нейтрализовать это чувство. Поэтому если бы человек мог ощутить страх перед Творцом, у него появились бы силы и желание работать.

Есть два вида страха: страх перед нарушением заповеди и страх перед Творцом. Есть страх, не позволяющий человеку грешить, иначе бы он согрешил. Но если человек уже уверен, что не согрешит, и все его деяния только ради Творца, все равно выполняет все заповеди – не из страха, а потому, что это желание Творца.

Страх перед нарушением (прегрешения) является страхом эгоистическим, потому что человек боится навредить себе. Страх перед Творцом называется страхом альтруистическим, потому что он боится не выполнить то, что приятно Творцу, из чувства любви. Но при всем желании выполнять угодное Творцу все равно тяжело человеку выполнять заповеди Творца (действия, приятные Творцу), так как не видит необходимости в них.

Страх из чувства любви должен быть не меньшим, чем страх эгоистический. Например, человек боится, что если его увидят в момент совершения преступления или просто прегрешения, то он испытает страдания и стыд. Постепенно каббалист развивает в себе чувство трепета, что мало делает для Творца, и чувство это постоянно и столь же велико, как у эгоиста страх наказания за большие очевидные преступления.

«Человек учится только тому, чему желает научиться» (эйн адам ломэд, эле бэ маком ше либо хафэц). Исходя из этого, ясно: человек никогда не научится выполнению каких бы то ни было правил и норм, если он того не желает. Но какой человек желает выслушивать нравоучения при том, что, как правило, он не чувствует своих недостатков? Как же тогда вообще может исправиться даже стремящийся к этому?

Человек создан таким, что желает только усладить себя. Поэтому все, что учит, учит только для того, чтобы найти путь удовлетворить свои потребности, и не станет учить ненужное, потому что такова его природа.

Поэтому чтобы тот, кто желает приблизиться к Творцу, смог научиться, каким образом можно действовать «ради Творца», должен просить Творца, чтобы дал ему другое сердце, чтобы появилось альтруистическое желание вместо эгоизма. Если Творец выполнит эту просьбу, то поневоле во всем, что будет учить, будет видеть пути делать угодное Творцу.

Но никогда человек не увидит то, что против желания сердца (или эгоистического, или альтруистического). И никогда не почувствует себя обязанным сделать что-то, если от этого нет удовольствия сердцу. Но как только Творец меняет эгоистическое сердце (лев эвэн) на альтруистическое (лев басар), он сразу же ощущает свой долг, дабы мог исправлять себя при помощи обретенных возможностей, и обнаруживает, что нет в мире более важного занятия, чем доставлять радость Творцу.

А то, что видит как свои недостатки, оборачивается преимуществами, потому что, исправляя их, доставляет радость Творцу. Но тот, кто не может еще исправлять себя, никогда не увидит своих недостатков, потому что раскрывают их человеку только в той мере, в какой он в состоянии себя исправить.

Все деяния человека по удовлетворению личных потребностей и вся его работа в состоянии «ради себя» (ло ли шма) пропадает вместе с его уходом из нашего мира. И все, о чем так заботился и что выстрадал, пропадает в один момент.

Поэтому если человек в состоянии произвести расчет, стоит ли ему работать в этом мире и потерять все в последний момент жизни, то может прийти к выводу, что предпочтительнее работать «на Творца» (ли шма). В таком случае это решение приведет его к необходимости просить Творца о помощи, особенно если много труда вложил в выполнение заповедей с намерением извлечь личную пользу.

У того же, кто немного трудился в Торе, и желание перевести свои деяния в деяния «ради Творца» (ли шма) меньше, потому что немного проиграет, а работа по изменению намерения требует еще многих усилий.

Поэтому человек должен стараться увеличить всеми путями и свои усилия в работе «не ради Творца», поскольку это является причиной того, что затем возникает у него желание возвратиться к Творцу (лахзор бэ тшува) и работать «ли шма».

Все свои ощущения человек получает свыше. И если человек ощущает стремление, любовь, тягу к Творцу – это верный признак того, что и Творец испытывает к нему те же чувства (по закону: «человек это тень Творца»), то, что человек чувствует к Творцу, то и Творец – к человеку, и наоборот.

После грехопадения «первого человека – Адама» (духовного нисхождения общей души из мира Ацилут до уровня, называемого «этот мир» или «наш мир») его душа разделилась на 600 тысяч частей, и эти части облачаются в рождающиеся в нашем мире человеческие тела. Каждая часть общей души облачается в человеческие тела такое количество раз, какое ей необходимо до полного личного исправления. А когда все части поодиночке исправят каждая себя, они вновь сольются в общую исправленную душу, называемую «Адам».

В чередовании поколений есть причина, называемая «отцы», и ее следствие – дети. Причем причина появления «детей» только в том, чтобы продолжить исправление того, что не исправили отцы, то есть души, в предыдущем кругообороте.

Творец приближает человека к Себе не за его хорошие качества, а за его ощущение собственной ничтожности и желание очиститься от собственной «грязи». Если человек ощущает наслаждения в духовном воодушевлении, то у него исподволь возникает мысль, что стоит быть рабом Творца ради подобных ощущений. В таких случаях Творец обычно изымает наслаждение из его состояния, чтобы показать этим человеку, какова истинная причина его воодушевления от духовного ощущения: что не вера в Творца, а личное наслаждение является причиной его желания стать рабом Творца. Этим дается человеку возможность действовать не ради наслаждения.

Изъятие наслаждения из любого духовного состояния сразу ввергает человека в состояние упадка и безысходности, и он не чувствует никакого вкуса в духовной работе. Но т. о. появляется у человека возможность именно из этого состояния приблизиться к Творцу благодаря вере выше знания (ощущения), что то, что он в данный момент ощущает непритягательность духовного, – это его субъективное ощущение, а на самом деле нет ничего величественнее Творца.

Отсюда видим, что духовное падение уготовано ему Творцом специально, для его же немедленного духовного возвышения на еще большую ступень – тем, что дана ему возможность работать над увеличением веры. Как говорится, «Творец предваряет лекарством болезнь» и «тем же, чем бьет Творец, Он лечит».

Несмотря на то, что каждый раз изъятие жизненной силы и интереса сотрясает весь организм человека, если человек действительно желает духовного возвышения, то радуется возможности вознести веру выше разума, на еще большую ступень, и утверждает этим, что действительно желает быть независимым от личных наслаждений.

Человек обычно занят только собой, своими ощущениями и мыслями, своими страданиями или наслаждениями. Но если он стремится к духовному восприятию, должен пытаться перенести центр своих интересов как бы наружу, в наполняемое Творцом пространство, жить существованием и желаниями Творца, связать все происходящее с Его замыслом, перенести всего себя в Него, чтобы только телесная оболочка осталась в своих животных рамках, но внутренние ощущения, суть человека, его «я», все, что называют душой, умозрительно и чувственно перенеслось из тела «наружу», и тогда постоянно будет ощущаться пронизывающая все мироздание добрая сила.

Такое ощущение подобно вере выше разума, поскольку человек стремится перенести все свои ощущения изнутри себя наружу, вне своего тела. А постигнув веру в Творца, человек, продолжая удерживаться в этом состоянии, несмотря на посылаемые Творцом помехи, увеличивает свою веру и постепенно начинает получать в нее свет Творца.

Поскольку все творение построено на взаимодействии двух противоположных сил: эгоизма (желания насладиться) и альтруизма (желания усладить), то путь постепенного исправления, перевода эгоистических сил в противоположные строится на их сочетании: постепенно и понемногу небольшие части, эгоистические желания включаются в альтруистические и т. о. исправляются.

Такой метод преобразования нашей природы называется работой в трех линиях. Правая линия (кав ямин, хэсэд, Лаван, Авраам) называется белой линией, потому что в ней нет никаких недостатков, пороков.

После того, как человек уже овладел ею, он вбирает в себя наибольшую часть левой линии (кав смоль, гвура, адом), называемой красной, потому что в ней находится наш эгоизм, на который есть запрет использования его в духовных действиях, так как можно попасть под его власть, власть нечистых сил-желаний (клипат смоль, клипат Ицхак, Эйсав), стремящихся получить ради себя свет (ор хохма), ощутить Творца и самонасладиться этим ощущением в своих эгоистических желаниях.

Если человек силой веры выше разума, то есть стремлением воспринимать не в свои эгоистические желания, отказывается от возможности постижения Творца, Его действий, управления, наслаждения Его светом, предпочитая идти выше своих естественных стремлений все узнать и почувствовать, знать заранее, какое получит вознаграждение за свои действия, то на него уже не влияют силы запрета использовать левую линию. Такое решение называется «создание тени», ибо отгораживает сам себя от света Творца.

В таком случае человек имеет возможность взять некоторую часть от своих левых желаний и совместить их с правыми. Получаемое сочетание сил, желаний называется средней линией (кав эмцаи, Исраэль). Именно в ней раскрывается Творец. А затем все вышеописанные действия повторяются на следующей, более высокой ступени – и так до конца пути.

Отличие наемного работника от раба в том, что наемный работник во время работы думает о вознаграждении, знает его величину, и это является целью его работы. Раб не получает никакого вознаграждения, только необходимое для своего существования, а все, что имеет, принадлежит не ему, а его господину. Поэтому если раб усердно работает – это явный признак того, что желает просто угодить своему господину, делать ему приятное.

Наша задача – освоить отношение к нашей духовной работе подобно преданному рабу, работающему совершенно безвозмездно, чтобы на наше отношение к работе над собой не влияло никакое чувство боязни наказания или вероятность получения вознаграждения, а только желание бескорыстно сделать то, что желает Творец, причем даже не ощущая Его, потому что это чувство – тоже вознаграждение, и даже без того, чтобы Он знал, что именно «я» это сделал для Него, и даже чтобы не знал, действительно ли я что-либо сделал, то есть не видел даже результатов своего труда, а только верил в то, что Творец им доволен.

Но если наша работа должна действительно быть такой, то исключается условие наказания и вознаграждения. Чтобы понять это, надо знать, что подразумевается в Торе под понятиями наказания и вознаграждения.

Вознаграждение имеет место там, где человек прикладывает определенные усилия получить то, что он желает, и в результате своих трудов получает или находит желаемое. Не может быть вознаграждением то, что есть в изобилии, что доступно для всех в нашем мире. Работой называются усилия человека для получения определенного вознаграждения, которое без затраты этих усилий получить нельзя.

Например, не может человек утверждать, что совершил работу, найдя камень, если вокруг него они находятся в изобилии. В таком случае нет ни работы, ни вознаграждения. В то же время, чтобы завладеть маленьким драгоценным камнем, необходимо приложить большие усилия, потому что его трудно отыскать. В таком случае есть как наличие усилий, так и наличие вознаграждения.

Свет Творца заполняет все творение. Мы как бы плаваем внутри него, но не можем ощутить. Наслаждения, которые мы ощущаем, – лишь бесконечно маленькое свечение, проникающее милостью Творца к нам, потому что без наслаждения мы бы покончили со своим существованием. Это свечение ощущается нами как сила, притягивающая к тем объектам, в которые она облачается. Сами объекты не имеют никакого значения, как мы и сами чувствуем, когда вдруг перестаем интересоваться тем, что ранее так притягивало нас.

Причина восприятия нами только маленького свечения (нэр дакик), а не всего света Творца в том, что наш эгоизм выполняет роль экрана. Там, где властвуют наши эгоистические желания, свет не ощущается по закону соответствия свойств, закону подобия: только в той мере, в какой желания, свойства двух объектов совпадают, они могут ощущать друг друга. Даже внутри нашего мира мы видим, что если двое людей находятся на разных уровнях мышления, желаний, то просто не могут понять друг друга.

Поэтому, если бы человек имел свойства Творца, он попросту плавал бы в ощущении бесконечного океана наслаждения и абсолютного знания. Но если Творец заполняет собою все, то есть не надо искать Его, как драгоценную вещь, то, очевидно, и понятие вознаграждения не содержится в Нем. И понятие работы не приложимо к поиску ощущения Его, потому что Он вокруг и внутри нас, только еще не в наших ощущениях, а в нашей вере. Но и ощутив Его, и наслаждаясь Им, нельзя сказать, что получили вознаграждение, потому что если нет работы, и принятая вещь находится в изобилии в мире, она не может быть вознаграждением.

Но в таком случае остается открытым вопрос, что же тогда является вознаграждением за наши усилия идти против природы эгоизма.

Прежде всего необходимо понять, почему Творец создал закон подобия, из-за которого хотя Он и заполняет все, но мы не в состоянии Его ощутить. Вследствие этого закона Он скрывает Себя от нас. Ответ таков: Творец создал закон подобия, в силу которого мы ощущаем только то, что находится на нашем духовном уровне, для того, чтобы мы не испытали при наслаждении Им самого ужасного чувства в творении (то есть в эгоизме) – чувство стыда, униженности. Этого ощущения эгоизм не в состоянии перенести. Если человек не в состоянии никоим образом оправдать свой нехороший поступок ни перед собой, ни перед другими, не в состоянии найти никаких причин, якобы вынудивших против его желания совершить то, что он совершил, он предпочитает любое другое наказание, только не это ощущение унижения своего «я», потому что это «я» есть основа основ его существа, и как только оно унижается, духовно исчезает само его «я», он сам будто исчезает из мира.

Но когда человек достигает такого уровня сознания, что его желанием становится все отдавать Творцу, и он постоянно занят мыслью, что еще может сделать ради Творца, тогда он обнаруживает, что Творец сотворил его, чтобы он получал наслаждения от Творца, и больше этого Творец не желает. И тогда человек получает все наслаждения, которые только в состоянии ощутить, чтобы выполнить желание Творца.

В таком случае совершенно не имеет места чувство стыда, так как получает наслаждение потому, что Творец показывает ему, что именно желает, чтобы человек принял эти наслаждения. И человек выполняет этим желание Творца, а не свои эгоистические желания. И поэтому он становится подобным по свойствам Творцу, и экран эгоизма исчезает. И это вследствие овладения духовным уровнем, на котором он уже способен давать наслаждения, подобно Творцу.

Исходя из вышесказанного, вознаграждение, которое человек должен просить за свои усилия, должно состоять в получении новых, альтруистических свойств, желаний «отдавать», стремлений наслаждать, подобно желанию Творца относительно нас. Эта духовная ступень, эти свойства называются страхом перед Творцом.

Духовный, альтруистический страх и все остальные антиэгоистические свойства духовных объектов абсолютно не похожи на наши свойства и ощущения. Страх перед Творцом заключается в том, что человек боится быть удаленным от Творца, но не ради корыстных выгод, не из боязни остаться в своем эгоизме, не быть подобным Творцу, потому что все подобные расчеты строятся на личных интересах, принимая во внимание свое состояние.

Страх перед Творцом состоит в бескорыстном опасении не сделать то, что еще мог бы сделать ради Творца. Такой страх и есть альтруистическое свойство духовного объекта – в противоположность нашему эгоистическому страху перед тем, что мы не сможем удовлетворить свои потребности.

Достижение свойства страха перед Творцом, силы отдавать должно быть причиной и целью усилий человека. А затем с помощью достигнутых свойств человек принимает ради Творца все уготованные ему наслаждения, и такое состояние называется концом исправления (гмар тикун).

Страх перед Творцом должен предшествовать любви к Творцу. Причина заключается в том, что человек – для того, чтобы мог выполнять требуемое из чувства любви, чтобы почувствовал наслаждение, заключенное в духовных действиях, называемых заповедями, чтобы эти наслаждения вызвали у него чувство любви (как и в нашем мире: то, что дает нам наслаждение, любимо нами, от чего страдаем – ненавидим), – он должен прежде постичь страх к Творцу.

Если человек выполняет заповеди не из любви, не из-за наслаждения от них, а из чувства страха, это происходит оттого, что не чувствует скрытого в них наслаждения и выполняет волю Творца из страха наказания. Тело не противится такой работе, поскольку боится наказания, но постоянно спрашивает его о причине его работы, что дает человеку повод еще больше усилить страх и веру в наказание и вознаграждение, в управление Творцом, пока не удостоится постоянно ощущать наличие Творца.

Почувствовав наличие Творца, то есть овладев верой в Творца, человек может начинать выполнять желания Творца уже из чувства любви, ощущая вкус, наслаждения в заповедях, тогда как если бы Творец дал ему возможность сразу без страха выполнять заповеди из чувства любви, то есть из ощущения наслаждения в них, то человек не возжуждался бы в вере в Творца. А это подобно тем, кто проводит свою жизнь в погоне за земными наслаждениями и кому не требуется вера в Творца для выполнения заповедей (законов) их природы, поскольку она их обязывает к этому, суля наслаждения.

Если бы каббалист сразу ощущал наслаждения в заповедях Творца, то поневоле бы выполнял их, и все бы ринулись выполнять волю Творца ради получения тех огромных наслаждений, которые скрыты в Торе. И никогда бы человек не смог сблизиться с Творцом.

Поэтому создано сокрытие наслаждений, заключенных в заповедях и Торе в целом (Тора есть сумма всех наслаждений, заключенных в каждой заповеди; свет Торы есть сумма всех заповедей), и раскрываются эти наслаждения только по достижении постоянной веры в Творца.

Каким образом человек, созданный со свойствами абсолютного эгоизма, не ощущающий никаких желаний, кроме тех, которые диктует его тело, и даже не имеющий возможности представить себе нечто, кроме своих ощущений, может выйти из желаний своего тела и ощутить то, чего не в состоянии ощутить своими природными органами чувств?

Человек сотворен со стремлением наполнить свои эгоистические желания наслаждением, и в таких условиях у него нет никакой возможности изменить себя, свои свойства на противоположные.

Для того, чтобы создать такую возможность перехода от эгоизма к альтруизму, Творец, создав эгоизм, поместил в него зерно альтруизма, которое человек в состоянии сам взрастить с помощью изучения и действий методом каббалы.

Когда человек ощущает на себе диктующие требования своего тела, он не властен противостоять им, и все его мысли направлены только на их выполнение. В таком состоянии у него нет никакой свободы воли не только действовать, но и думать о чем-либо, кроме самоудовлетворения.

Когда же человек ощущает прилив духовного возвышения, появляются желания духовного роста и отрыва от тянущих вниз желаний тела, он просто не ощущает желаний тела и не нуждается в праве выбора между материальным и духовным.

Таким образом, находясь в эгоизме, человек не имеет сил выбрать альтруизм, а ощущая величие духовного, уже не стоит перед выбором, потому что сам его желает. Поэтому вся свобода воли состоит в выборе, кто же будет управлять им: эгоизм или альтруизм. Но когда же бывает такое нейтральное состояние, в котором человек может принять независимое решение?

Нет у человека другого пути, как только связать себя с учителем, углубиться в книги по каббале, включиться в группу, стремящуюся к той же цели, предоставив себя влиянию мыслей об альтруизме духовных сил, от чего и в нем проснется альтруистическое зерно, заложенное в каждом из нас Творцом, но дремлющее подчас в течение многих кругооборотов жизней человека. И в этом его свобода воли. А как только почувствует ожившие альтруистические желания, уже без усилий устремится к постижению духовного.

Человек, стремящийся к духовным мыслям и действиям, но еще не укрепившийся прочно в своих убеждениях, должен беречь себя от связи с теми людьми, мысли которых постоянно в их эгоизме. Особенно те, кто желает идти верой выше разума, должны избегать контактов с мнением идущих по жизни в рамках своего разума, потому что они противоположны в основе своего мышления, как говорится, «разум неучей противоположен разуму Торы» (даат баалей байтим афуха ми даат Тора).

Мышление в рамках своего разума означает, что человек прежде всего рассчитывает выгоду от своих действий. Тогда как разум Торы, то есть вера, стоящая выше разума человека, предполагает поступки, совершенно не связанные с эгоистическими мнениями разума и возможными приобретениями вследствие своих действий.

Человек, нуждающийся в помощи других людей, называется бедняком. Тот, кто счастлив имеющимся, называется богачом. Если человек ощущает, что все его действия – результат эгоистических желаний (либа) и мыслей (моха), и чувствует себя бедным, то приходит к пониманию своего истинного духовного уровня, осознанию своего эгоизма, зла, находящегося в нем. Ощущение горечи от осознания истинного своего состояния рождает в человеке стремление исправиться. Если это стремление достигло определенной величины, Творец посылает в это кли свой свет исправления. И таким образом человек начинает восходить по ступеням духовной лестницы.

Массы воспитываются в согласии с их эгоистической природой, в том числе и в выполнении заповедей Торы. И выполняют принятое в процессе воспитания уже затем автоматически. И это является верным залогом того, что не оставят этот уровень связи с Творцом. И если тело спрашивает человека, для чего он выполняет заповеди, он отвечает себе, что так воспитан, и это образ жизни его и его общества.

Это самая надежная основа, с которой человек не может пасть, потому что привычка стала натурой, его природой, и поэтому уже не требуется никаких усилий выполнять естественные действия, ибо само тело и разум диктуют их. И у такого человека не возникнет опасности нарушить привычно-естественное для него, например, захотеть поехать на машине в субботу.

Но если человек желает делать то, что не дано ему воспитанием, что не вошло в него как природное требование тела, то каждое самое незначительное действие будет сопровождаться предварительным вопросом тела, зачем он это делает, кто и что заставляет его выйти из состояния (относительного) покоя.

В таком случае человек стоит перед испытанием и выбором, потому что ни он, ни его общество не делают того, что он намеревается, и вокруг не с кого брать пример и найти поддержку своим намерениям или знать, что другие мыслят так же, как он, дабы приобрести опору своим мыслям.

А так как не может отыскать никакого примера ни в своем воспитании, ни в своем обществе, то обязан сказать себе, что только страх перед Творцом вынуждает его по-новому поступать и мыслить. И поэтому не на кого ему надеяться и опираться, кроме Творца.

И так как Творец Един и является его единственной опорой, то и такой человек называется единственным (яхид сгула), а не относящимся к массам, среди которых родился, вырос и воспитывался, и чувствует, что не может получить поддержку от масс, но абсолютно зависим от милости Творца, и потому удостаивается получить Тору – свет Творца, служащую ему проводником в его пути.

У каждого начинающего возникает этот вопрос: кто определяет выбор пути человека – сам человек или Творец? Другими словами, кто выбирает кого: человек Творца или Творец человека?

Дело в том, что, с одной стороны, человек обязан сказать, что Творец избрал именно его, что называется личным управлением (ашгаха пратит), и должен благодарить за это Творца – за то, что дал ему возможность что-либо сделать ради своего Создателя.

Но затем человек должен продумать: а зачем Творец выбрал его и дал ему такую возможность, для чего он должен выполнять заповеди, для какой цели, к чему они должны его привести? И он приходит к выводу, что все это дано ему для деяний ради Творца, что сама работа является вознаграждением, а отстранение от нее – наказанием. И эта работа является выбором человека ради Творца, он готов просить Творца дать ему намерение своими действиями доставлять радость Создателю. И этот выбор делает человек.

Массы называются в Торе владельцами домов (бааль байт), потому что их стремление – построить свой дом – эгоистический сосуд (кли) и наполнить его наслаждениями. Поднимающийся называется в Торе сыном Торы (Бэн Тора), так как его желания являются порождением света Торы и заключаются в том, чтобы выстроить в своем сердце дом Творца для заполнения светом Творца.

Все понятия, все явления мы различаем по нашим ощущениям. По реакции наших органов чувств мы даем название происходящему. Поэтому, если человек говорит о каком-то объекте или действии, он выражает свое ощущение. И в той мере, в какой этот объект мешает ему получить наслаждение, он определяет степень его зла для себя, вплоть до того, что не в состоянии вынести близости с ним.

Поэтому в той мере, в какой есть в человеке понимание важности Торы и Заповедей, он определяет зло, заключенное в объектах, мешающих ему выполнять заповеди. Поэтому, если человек желает дойти до ненависти ко злу, он должен работать над возвеличиванием Торы, заповедей и Творца в своем сознании. И в той мере, в какой появится у человека любовь к Творцу, в той же мере почувствует ненависть к эгоизму.

В пасхальном сказании повествуется о четырех сыновьях, задающих вопросы о духовной работе человека. И хотя все эти четыре свойства есть в каждом из нас, каббала, как обычно, говорит только об одном, собирательном образе человека относительно Творца, но можно рассмотреть эти четыре образа как разные типы людей.

Тора дана для борьбы с эгоизмом. Поэтому если у человека нет вопросов (эйно едэя лишоль), значит, еще не осознал своего зла, и ему не нужна Тора. В таком случае, если он верит в наказание и вознаграждение, его можно пробудить тем, что есть вознаграждение за выполнение заповедей. И это называется: «Ты открой ему» (птах ло).

А тот, кто уже выполняет заповеди ради получения вознаграждения, но не чувствует своего эгоизма, тот не может себя исправлять, потому что не ощущает своих недостатков. Того надо учить бескорыстно выполнять заповеди. Тогда является его эгоизм (плохой сын, раша) и спрашивает: «Что это за работа и зачем? (Ма авода азот лахэм?) Что я буду с этого иметь? Ведь это против моего желания». И человек начинает нуждаться в помощи Торы для работы против своего эгоизма, потому что ощутил зло в себе.

Есть особая духовная сила, называемая ангелом (малах), дающая страдания человеку, чтобы он осознал, что не может насытиться, наслаждая свой эгоизм. И эти страдания подталкивают человека выйти из рамок эгоизма, иначе остался бы рабом эгоизма навечно.

Говорится, что Творец, прежде чем вручить Тору Израилю, предлагал ее всем народам, но получал отказ. Человек, как маленький мир, состоит из многих желаний, называемых народами. Человек должен знать, что ни одно его желание не пригодно для духовного возвышения, только желание устремиться к Творцу, что называется Исраэль – «яшар Эль». Лишь избрав это желание из всех остальных, он может получить Тору.

Сокрытие своего духовного уровня есть одно из непременных условий успеха в духовном возвышении. Под скрытностью такого рода подразумевается совершение действий, незаметных посторонним. Но главное требование распространяется на сокрытие мыслей человека, его стремлений, и, если требуется от каббалиста все же выразить свои взгляды, обязан затушевать их и выражать в общем виде, так, чтобы истинных его намерений не обнаружили.

Например, человек дает большое пожертвование на поддержку уроков Торы с условием, чтобы его имя напечатали в газетах, то есть дает деньги, чтобы прославиться и насладиться. Но хотя он явно показывает, что для него главное – получение почестей, возможно, что настоящая причина в том, что не желает показать, что делает это ради распространения Торы. Поэтому скрытность обычно имеет место в намерениях, а не в действиях.

Если Творец должен дать каббалисту ощущение духовного падения, то прежде всего, давая плохие ощущения, отнимает у него веру в великих каббалистов, иначе сможет получить от них укрепление сил и не почувствует духовного падения.

Массы, выполняющие заповеди, заботятся только о действии, но не о намерениях, потому что им ясно, что делают это ради вознаграждения в этом или в будущем мире, всегда имеют оправдание своим действиям и ощущают себя праведниками.

Каббалист, работая над своим эгоизмом, контролируя именно свои намерения в исполнении заповедей, желая бескорыстно выполнять желания Творца, ощущает сопротивление тела и постоянные мешающие мысли и чувствует себя грешником.

И так специально делается Творцом, чтобы каббалист постоянно имел возможность корректировать свои мысли и намерения, чтобы не остался рабом своего эгоизма, не работал бы, как массы, ради себя, а почувствовал, что нет у него иной возможности выполнять желания Творца, как только ради Него (ли шма).

Именно отсюда острое постоянное чувство у каббалиста, что он намного хуже масс. Ведь отсутствие ощущения истинного духовного состояния у масс является основой физического выполнения заповедей. Каббалист же вынужден переделать свои намерения с эгоистических на альтруистические, иначе не сможет выполнять заповеди вообще. Поэтому он хуже, чем массы, в своих ощущениях.

Человек постоянно находится в состоянии войны за выполнение требований своих желаний. Но есть война противоположного вида, в которой человек воюет против себя, за то, чтобы отдать всю территорию своего сердца Творцу и заполнить сердце своим естественным врагом – альтруизмом, чтобы Творец занимал все пространство не только по Своей воле, но и по желанию человека, царствовал над нами по нашей просьбе, явно нами руководил.

В такой войне человек прежде всего должен перестать отождествлять себя со своим телом, а относиться к своему телу, разуму, мыслям, чувствам как к приходящим извне, посылаемым Творцом для того, чтобы человек вознуждался в помощи Творца, просил Творца победить их, чтобы Творец укрепил мысль о Своей единственности. О том, что именно Он посылает эти мысли, чтобы Творец дал ему веру – ощущение Своего присутствия и управления для противостояния мыслям, будто что-то зависит от самого человека, что есть в мире еще воля и сила, кроме Творца.

Например, хотя человек прекрасно знает, что Творец все сотворил и всем управляет (правая линия), но вместе с тем не может изгнать мысли, что некто «N» сделал что-то ему или может сделать (левая линия). И хотя, с одной стороны, он уверен, что все эти воздействия исходят от одного источника, Творца (правая линия), не в состоянии подавить в себе мысль, что, кроме Творца, еще кто-то влияет на него или что не только от Творца зависит исход чего-либо (левая линия).

Такие внутренние столкновения между противоположными ощущениями происходят по всем возможным поводам в зависимости от общественных связей человека до тех пор, пока он не доходит до того, что Творец помогает ему обрести среднюю линию.

Война происходит за ощущение единственности Творца, а мешающие мысли посылаются специально для борьбы с ними же, для победы с помощью Творца и завоевания большего ощущения Его управления, то есть увеличения веры. Если естественная война человека происходит за наполнение своего эгоизма, за большие приобретения, как и все войны в нашем мире, то противоестественная война, война против своего естества, ставит целью отдать власть над своим сознанием «противнику», Творцу, отдать всю свою территорию в уме и в сердце воздействию Творца, заполнению Творцом, чтобы Творец завоевал весь мир – и личный маленький мир человека, и весь большой мир – наделил своими свойствами по их желанию.

Состояние, при котором желания, свойства Творца занимают все мысли и желания человека, называется альтруистическим, состоянием «отдачи» (машпиа аль минат леашпиа), или состоянием отдачи Творцу животной души (месирут нэфеш), или возвращением (тшува). Происходит это под воздействием света милосердия (ор хасадим), получаемым от Творца и дающим силы противостоять мешающим мыслям тела.

Такое состояние может быть и непостоянным: человек может преодолеть какие-то мысленные помехи, но от новой атаки мыслей, опровергающих единственность Творца, вновь подпасть под их влияние, вновь бороться с ними, вновь почувствовать необходимость в помощи Творца, вновь получить свет, победить и эту мысль, отдать и ее под власть Творца.

Состояние, при котором человек получает наслаждения ради Творца, то есть не только сдается своему «противнику», Творцу, но и переходит на Его сторону, называется получением ради Творца (лекабэль аль минат леашпиа). Естественный выбор поступков и мыслей человека таков, что подсознательно или сознательно он выбирает тот путь, на котором может получить большие наслаждения, то есть пренебрегает малыми наслаждениями, предпочитая им большие. В этих поступках нет никакой свободы воли, права выбора.

Но у того, кто ставит своей целью выбирать решение на основе критерия правды, а не наслаждения, появляется право выбора, свобода решения, потому что согласен идти путем правды, хотя и приносящим страдания. Но природное стремление тела – избегать страданий и искать наслаждений любым путем, и оно не позволит человеку действовать, руководствуясь категорией «правда». Те, кто выполняют заповеди из веры в вознаграждение и наказание, также не преследуют цели ощутить величие Творца, потому что их целью является получение вознаграждения в нашем или в будущем мире, и это является причиной выполнения Торы и Заповедей. Поэтому нет у них связи с Творцом, ибо не нуждаются в Нем настолько, что если бы Творец не существовал вообще, а вознаграждение исходило бы из любого другого источника, они бы так же выполняли его желания.

Тот же, кто стремится выполнить желания Творца, то есть должен ставить свои желания ниже желания Творца, обязан постоянно заботиться об ощущении величия Творца, дающем силы выполнять волю Творца, а не свою. И в той мере, в какой человек верит в величие и силу Творца, он может выполнять Его желания. Поэтому все усилия человек должен сосредоточить на углублении ощущения величия Творца.

Так как Творец желает, чтобы мы почувствовали наслаждение, Он создал в нас желание наслаждаться. Кроме этого желания, нет в нас никакого иного свойства, и оно диктует все наши мысли и поступки, программирует наше существование.

Эгоизм называется злым ангелом, злой силой, потому что повелевает нами свыше, посылая нам наслаждение, и мы поневоле становимся его рабами. Состояние беспрекословного подчинения этой силе, покупающей нас наслаждениями, называется рабством, или изгнанием (галут) из духовного мира.

Если бы у этого ангела не было что дать, он не мог бы властвовать над человеком. И человек, если бы мог отказаться от наслаждений, предлагаемых эгоизмом, не был бы порабощен им.

Поэтому человек не в состоянии выйти из рабства, но если пытается это сделать – что расценивается как его выбор, – то Творец помогает ему свыше тем, что изымает наслаждения, которыми эгоизм порабощает человека, и тогда он в состоянии выйти из-под власти эгоизма и стать свободным, а попадая под влияние духовно чистых сил, ощущает наслаждения в альтруистических действиях и становится рабом альтруизма.

Вывод: человек является рабом наслаждения. Если наслаждения человека от получения, то он называется рабом эгоизма (фараона, злого ангела и пр.). Если наслаждения его от отдачи, то называется рабом Творца (альтруизма). Но без получения наслаждения человек не в состоянии существовать – такова его суть, таким его создал Творец, и в этом его изменить нельзя. Все, что должен сделать человек – это просить Творца дать ему желание альтруизма. В этом выбор человека и его молитва (алият ман, итарута дэ летата).

Правильное (действенное) обращение к Творцу состоит из двух этапов. Вначале человек должен осознать, что Творец абсолютно добр ко всем без исключения, и все Его действия милосердны, какими бы неприятными они ни ощущались. Поэтому и ему Творец посылает только самое наилучшее, наполняет его всем необходимым, и ему не о чем просить Творца.

В той мере, в которой он доволен получаемым от Творца, в каком бы ужасном состоянии он ни находился, в той же мере человек может благодарить Творца и превозносить Его – настолько, что уже нечего добавить к его состоянию, ибо доволен имеющимся (самэах бэ хэлько).

Вначале за прошлое человек всегда обязан благодарить Творца, а затем, на будущее – просить. Но если человек чувствует недостаток в чем-то, то он в той же мере, в какой чувствует его, удален от Творца, поскольку Творец абсолютно совершенен, а человек ощущает себя несчастным. Но, придя к ощущению, что все, что имеет – это самое лучшее, – так как Творец послал ему именно это состояние, а не иное – он становится ближе к Творцу и уже может просить на будущее.

Состояние «доволен имеющимся» (самэах бэ хэлько) может быть у человека даже только от осознания того, что не он, а Творец дал ему такие обстоятельства: вот он читает книгу, говорящую о Творце, бессмертии, высшей цели жизни, доброй цели творения, о том, как просить Творца изменить свою судьбу – чего не удостаиваются миллионы в мире.

И те, кто желает ощутить Творца, но еще не удостоились этого, но довольны имеющимся – поскольку это исходит от Творца – счастливы своей долей (самэах бэ хэлько). А поскольку (несмотря на то, что они довольны тем, что Творец находит нужным им давать, и потому близки к Творцу) все же остаются в них незаполненные желания, то заслуживают получить свет Творца, несущий абсолютные знания, понимание и наслаждение.

Человек, чтобы духовно оторваться от эгоизма, обязан ощутить свое ничтожество, низменность своих интересов, стремлений, наслаждений, ощутить, насколько он готов на любые поступки во имя достижения собственного благополучия и во всех мыслях преследует только свои выгоды.

Главное в ощущении своего ничтожества – это осознание истины, что собственное удовлетворение важнее Творца, и, если не видит в своих действиях выгоды, не в состоянии совершить их ни в мыслях, ни в действии.

Творец наслаждается, давая наслаждение человеку. Если человек наслаждается тем, что дает Творцу возможность усладить себя, то и Творец, и человек схожи по свойствам, желаниям, потому что каждый доволен тем, что дает: Творец дает наслаждения, а человек создает условия для их получения; каждый думает о другом, но не о себе, и это определяет их действия.

Но поскольку человек рожден эгоистом, не может думать о других, а только о себе, и может отдавать только в том случае, если видит в этом прямую выгоду, большую, чем то, что отдает (как, например, процесс обмена, покупки), то этим свойством человек полярно удален от Творца и не ощущает Его.

Эта абсолютная удаленность человека от Творца, источника всех наслаждений, ввиду нашего эгоизма является источником всех наших страданий. Осознание этого называется осознанием зла (акарат ра), потому что для отказа от эгоизма из-за ненависти к нему человек обязан полностью ощутить, что это все его зло, его единственный смертельный враг, не позволяющий человеку достичь совершенства наслаждений и бессмертия.

Поэтому во всех деяниях – в изучении Торы, в выполнении заповедей – человек должен ставить своей целью оторваться от эгоизма и сблизиться с Творцом совпадением свойств, чтобы в той же мере, в какой он сейчас может насладиться от эгоизма, он мог бы наслаждаться тем, что совершает альтруистические поступки. Если помощью свыше человек начинает получать наслаждение от совершения им альтруистических деяний, и в этом его радость и его самое большое вознаграждение, то такое состояние называется «дает ради отдачи» без всякого вознаграждения (машпиа аль минат леашпиа). Наслаждение человека только в том, что может что-то сделать для Творца.

Но после того, как поднялся на этот духовный уровень и желает что-либо дать Творцу, видит, что Творец желает только одного: чтобы человек получал от него наслаждения. Тогда человек готов принимать наслаждения, потому что именно в этом – желание Творца. Такие действия называются «получает ради отдачи» (мэкабэль аль минат леашпиа).

В духовных состояниях ум (разум, мудрость) человека соответствует свету мудрости (ор хохма). Сердце, желания, ощущения человека соответствуют свету милосердия (ор хасадим). Только когда есть у человека подготовленное к восприятию сердце, то разум может властвовать над ним. (ор хохма может светить только там, где есть уже ор хасадим). Если же нет ор хасадим, то ор хохма не светит, и такое состояние называется тьмой, ночью.

Но в нашем мире, то есть у человека, еще находящегося в порабощении у эгоизма, никогда разум не может властвовать над сердцем, потому что сердце есть источник желаний. Оно является истинным хозяином человека, и нет у разума доводов противостоять желаниям сердца.

Например, если человек желает украсть, то просит у своего ума совета, каким образом это сделать, и ум является исполнителем желаний сердца. А если желает сделать что-либо доброе, то тот же ум помогает ему, как и другие органы тела. Поэтому нет иного пути, как только очистить свое сердце от эгоистических желаний.

Творец специально показывает человеку, что Его желанием является получение человеком наслаждения – дабы освободить человека от стыда получения. У человека создается полное ощущение того, что, получая наслаждения «ради Творца», он действительно радует Его, то есть дает наслаждение Творцу, а не получает наслаждения от Творца.

Есть три вида работы человека в Торе и заповедях, и в каждой из них есть добрые и злые стремления:

1. Учит и выполняет ради себя, например, чтобы стать известным – чтобы не Творец, а окружающие платили ему почестями или деньгами за его усилия. И поэтому занимается Торой на виду у всех, иначе не получит вознаграждения.

2. Учит и выполняет ради Творца, чтобы Творец уплатил ему в этом и в будущем мире. В таком случае уже занимается Торой не на виду у всех, чтобы люди не видели его работу, не стали бы его вознаграждать за труды, потому что все вознаграждение желает получить только от Творца, а если окружающие станут его вознаграждать, то может сбиться со своих намерений и вместо награждения от Творца начать получать вознаграждение от людей.

Такие намерения человека в его работе называются «ради Творца», потому что работает на Творца, выполняет заповеди Творца, чтобы только Творец вознаградил его за это, тогда как в первом случае он работает на людей, выполняя то, что они желают видеть в его работе, и за это требует вознаграждения.

3. После предварительных двух этапов человек вступает в состояние осознания эгоистического рабства; его тело начинает спрашивать: «что это за работа без вознаграждения?». И на этот вопрос нечего ответить.

В состоянии 1 эгоизм не задает вопросов, потому что видит плату за труд от окружающих. В состоянии 2 человек может ответить эгоизму, что желает плату большую, чем могут ему дать окружающие, то есть желает вечных духовных наслаждений в этом и в будущем мире. Но в состоянии 3 человеку нечего ответить своему телу, и поэтому только тогда он начинает чувствовать свое рабство, власть эгоизма над собой, тогда как Творец желает только отдавать, и чтобы возможность делать это и была его вознаграждением.

Вознаграждением называется то, что желает получить человек за свою работу. В общем виде мы называем это словом наслаждение, а под работой подразумеваем любое умственное, физическое, моральное и пр. усилие тела. Наслаждение также может быть в виде денег, почестей, славы и пр.

Когда человек чувствует, что не в его силах противостоять в борьбе с телом, нет энергии для совершения даже незначительного действия, поскольку тело, не видя вознаграждения, не в состоянии совершить никакого усилия, у него не остается никакой возможности, кроме как просить Творца дать ему сверхъестественные силы работать против природы и разума. Тогда он сможет работать вне всякой связи со своим телом и доводами разума.

Поэтому самая главная проблема – это поверить в то, что Творец может помочь вопреки природе и ждет просьбы об этом. Но это решение человек может принять только после абсолютного разочарования в своих силах. Творец желает, чтобы человек сам выбрал хорошее и отдалился от плохого. Иначе Творец сотворил бы человека со Своими качествами или, уже сотворив эгоизм, Сам бы его заменил на альтруизм без горького состояния изгнания из высшего совершенства.

Выбор же заключается в свободном личном решении самого человека, чтобы над ним царствовал Творец вместо фараона. Сила фараона в том, что открывает человеку глаза на вознаграждения, которые сулит. Человек явно видит вознаграждение от своих эгоистических действий, понимает их своим разумом и видит глазами. Результат привычен, известен заранее, одобряется обществом, семьей, родителями и детьми. Поэтому тело задает вопрос фараона: «Кто такой Творец, что я должен Его слушать?», «Зачем мне такая работа?».

Поэтому прав человек, когда говорит, что не в его силах идти против природы. Но от него этого и не требуется. А требуется только верить, что Творец в состоянии его изменить.

Свет Творца, Его раскрытие человеку называется жизнью. Момент первого постоянного ощущения Творца называется духовным рождением человека. Но как в нашем мире человек обладает естественным желанием жить, стремлением существовать, такое же желание духовно жить он обязан взрастить в себе, если желает духовно родиться, по закону «страдание по наслаждению определяет получаемое наслаждение».

Поэтому человек должен учить Тору ради Торы, то есть ради раскрытия света, лица Творца. И если не достигает этого, то ощущает огромные страдания и горечь. Это состояние называется «в горечи живи» (хаей цаар тихье). Но все равно должен продолжить свои усилия (бэ Тора ата амэль), и соответственно его страдания от того, что не получает откровения, усиливаются до определенного уровня, когда Творец раскрывается ему.

Мы видим, что именно страдания постепенно рождают в человеке настоящее желание обрести раскрытие Творца. Такие страдания называются страданиями любви (исурэй ахава). И этим страданиям может завидовать каждый! Пока не наполнится вся чаша этих страданий в нужной мере, и тогда Творец раскроется каббалисту.

Для заключения сделки зачастую необходим посредник, дающий понять покупателю, что интересующая его вещь стоит больше, чем та цена, по которой она продается, то есть продавец не преувеличивает цену. Весь метод «получения» («мусар») построен на этом принципе, убеждающем человека отбросить материальные блага во имя духовных. И книги системы «мусар» учат, что все наслаждения нашего мира – это надуманные наслаждения, не имеющие никакой ценности. И поэтому человек не так уж много теряет, поступаясь ими для приобретения духовных наслаждений.

Метод раби Бааль Шем Това несколько иной: основная тяжесть убеждения падает на предлагаемую покупку. Человеку дают понять безграничную ценность и величие духовного приобретения, хотя и есть ценность в наслаждениях мира, но от них предпочтительно отказаться, так как духовные несравненно больше.

Если бы человек продолжал оставаться в эгоизме и мог бы одновременно с материальными получать духовные наслаждения, то он бы, как и в нашем мире, увеличивал свои желания каждый раз все больше и больше и удалялся от Творца все дальше и дальше отличием свойств и их величиной. В таком случае человек, не ощущая Творца, не испытывал бы чувства стыда при получении наслаждения. Но такое состояние подобно состоянию общей души в момент ее творения (малхут дэ эйн соф).

Насладиться от Творца можно только приближением к Нему по свойствам, против чего наше тело, эгоизм, немедленно восстает, что человек ощущает в виде вопросов, вдруг у него возникающих: что я имею от этой работы на сегодня, несмотря на то, что уже отдал так много сил; почему я должен быть уверен, что кто-то достиг духовного мира; зачем надо так тяжело учиться по ночам; можно ли действительно достичь ощущения духовного и Творца в том объеме, как пишут каббалисты; по плечу ли это простому человеку...

Все, что говорит наш эгоизм, – правда: не в силах человек достичь самой нижней духовной ступени без помощи Творца. Но самое трудное – это верить в помощь Творца до ее получения. Эта помощь в преодолении эгоизма приходит в виде раскрытия величия и силы Творца.

Если бы величие Творца было бы раскрыто всем в нашем мире, то каждый бы только и стремился угодить Творцу даже без всякой платы, потому что сама возможность услужить была бы платой. И никто бы не просил и даже отказался бы от иного или дополнительного вознаграждения (машпиа аль минат леашпиа).

Но так как величие Творца скрыто от наших глаз и чувств (шхина дэ галут, шхина бэ афар), не в состоянии человек что-либо совершить ради Творца. Ведь тело (наш разум) считает себя важнее Творца, так как только себя и ощущает, и потому справедливо возражает: если тело важнее Творца, то работай на тело и получай вознаграждение. Но там, где не видишь выгоды, не работай. И мы видим, что в нашем мире только дети в своих играх или душевнобольные готовы трудиться без осознания вознаграждения. (Но и это потому, что и те, и другие автоматически принуждаются к этому природой: дети – для их развития, душевнобольные – для исправления их душ).

Наслаждение является производной от предшествующего ему желания: аппетита, страдания, страсти, голода. Человек, у которого есть все, несчастен, потому что не в состоянии насладиться, и пребывает в депрессии. Если измерять имущество человека его ощущением счастья, то бедные люди – это самые богатые, потому что имеют удовольствие от получения незначительных вещей.

Именно поэтому Творец не раскрывается сразу, чтобы человек создал необходимое ощущение желания Творца. Когда человек решает идти навстречу Творцу, то вместо того, чтобы ощущать удовлетворение от своего выбора и наслаждение от процесса духовного постижения, он попадает в обстоятельства, полные страданий. И это специально для того, чтобы взрастил в себе веру выше своих ощущений и мыслей в доброту Творца. Несмотря на страдания, вдруг больно колющие, он должен усилием, внутренним напряжением превозмочь мысль об этих страданиях и заставить себя думать о цели творения и своем пути к ней, хотя для этого нет места ни в уме, ни в сердце.

Но нельзя лгать себе и говорить, что это не страдания, а вместе с тем должен верить вопреки своим чувствам и пытаться не стремиться ощутить Творца – Его раскрытие и явное знание Его замыслов, действий и планов в посылаемых Им страданиях – потому что это подобно взятке, вознаграждению за ощущения страданий. Все его действия и мысли должны быть не о себе, не внутри себя, не направлены на ощущение своих страданий и попыток их избежать, а за пределами своего тела, как бы перенесенными изнутри наружу. Нужно пытаться ощущать Творца и Его замыслы, но не в своем сердце, не по своим ощущениям, а снаружи, в отрыве от себя, поставив себя на место Творца, принимая эти страдания как необходимое условие для увеличения веры в управление, чтобы все было ради Творца.

В таком случае он может заслужить раскрытие Творца, ощущение света Творца, Его истинного управления. Потому что Творец раскрывается только в альтруистических желаниях, мыслях не о себе и своих проблемах, а во «внешних» заботах, так как только тогда достигается совпадение по свойствам между Творцом и человеком. А если человек просит в своем сердце избавить его от его страданий, то находится в состоянии просителя, эгоиста. Поэтому обязан найти положительные чувства, за которые может благодарить Творца, и тогда может получить личное раскрытие Творца.

Следует помнить, что сокрытие Творца и страдания – это следствие действия нашей эгоистической оболочки, а со стороны Творца приходит только наслаждение и ясность, но лишь при условии создания в человеке альтруистических желаний и полного отторжения эгоизма (келим лемала ми даат) путем выхода из своей природы, ощущения своего «я». И все прегрешение человека в том, что не желает идти верой выше разума и потому ощущает постоянные страдания, ибо опора уходит из-под ног (толе эрец аль бли ма).

Причем, приложив много усилий в учебе и работе над собой, человек, естественно, ждет доброго вознаграждения, а получает болезненные ощущения безысходных и критических состояний. Ведь удержаться от наслаждения своими альтруистическими действиями труднее, чем от эгоистических наслаждений, потому что само наслаждение несравненно больше. Необычайно трудно даже на мгновение усилием разума согласиться, что это и есть помощь Творца. Тело вопреки всем рассуждениям кричит о необходимости избавиться от подобных состояний.

Помощь Творца – только она может спасти человека от неожиданно возникающих жизненных проблем, но не просьбой о решении, а молитвой о возможности – независимо от требований тела – просить Творца о вере выше разума, о согласии с действиями Творца: ведь только Он всем управляет и создает эти ситуации специально для нашего высшего духовного благополучия.

Все земные муки, душевные страдания, стыд, порицания – все приходится переносить каббалисту в пути духовного слияния с Творцом: история каббалы полна подобными примерами (РАШБИ, РАМБАМ, РАМХАЛЬ, АРИ и пр.)

Но как только будет в состоянии верить выше разума, то есть вопреки своим ощущениям, что эти страдания не что иное, как абсолютная доброта и желание Творца притянуть человека к Себе, согласится с этим состоянием и не захочет сменить его на приятные для эгоизма ощущения, Творец раскроется ему во всем Своем величии.

Говорится, что наше тело не что иное, как временная оболочка для спускаемой свыше вечной души, что процесс смерти и нового рождения подобен смене одежды человеком в нашем мире: как мы легко меняем одну рубашку на другую, так же легко, с точки зрения духовного мира, душа меняет одно тело на другое.

Не то чтобы эти события ничего не значили по сравнению с духовными: ведь человек – цель творения и на себе ощущает самую незначительную радость или боль. Но на этом примере можно представить себе ту грандиозность духовных процессов, в которых мы должны участвовать (обязаны, еще будучи в нашем теле), все величие сил, наслаждения, к которым нас готовит Творец.

Бескорыстно выполнять желания Творца, быть альтруистом в мысли и действии означает, что несмотря на неприятные события, ощущения, случаи, специально посылаемые Творцом – для того, чтобы человек себя изучил и сам дал оценку своему истинному низменному состоянию – все же постоянно быть в мыслях о выполнении желаний Творца, о стремлении выполнять прямые и справедливые законы духовного мира вопреки «личному» благополучию.

Стремление быть похожим свойствами на Творца может исходить из страданий и испытаний, переживаемых человеком, а может исходить из постижения величия Творца, и тогда выбор человека состоит в том, чтобы просить о продвижении путем Торы. Все свои занятия человек должен предпринимать с намерением постичь величие Творца, чтобы ощущение и осознание этого помогли ему стать чище и духовнее.

Для того, чтобы духовно продвигаться, человек должен на каждом духовном уровне заботиться о росте в себе осознания величия Творца, постоянно ощущая, что для духовного совершенства и даже для того, чтобы удержаться на той ступени, где он находится в данный момент, он нуждается во все более глубоком осознании величия Творца.

Ценность подарка определяется важностью дарящего настолько, что зачастую перекрывает номинальную ценность самого подарка во много раз. Ведь вещь, принадлежавшая известной, важной в глазах общества личности стоит подчас миллионы.

Ценность Торы также определяется соответствием с величием дарящего нам Тору: если человек не верит в Творца, то Тора для него значит не более, чем исторический или литературный документ, но если верит в силу Торы и в ее пользу для себя, поскольку верит в Высшую силу, вручившую Тору, – ценность Торы в его глазах несказанно возрастает.

Чем больше человек верит в Творца, тем большую ценность представляет для него Тора. А каждый раз, принимая на себя добровольное подчинение Творцу в соответствии с величиной веры в Него, постигает ценность Торы и ее внутренний смысл. Таким образом, каждый раз принимает новую Тору, поскольку каждый раз получает ее как бы от нового Творца, на более высокой духовной ступени.

Но это относится только к тем, кто, поднимаясь по духовным ступеням, каждый раз получает новое раскрытие света Творца. Поэтому говорится: «праведник живет верой», – величина веры определяет меру ощущаемого им света. «Каждый день есть вручение Торы», а для каббалиста каждый «день» (когда светит свет Творца) есть новая Тора.

Если человек желает придерживаться духовных правил, но чувствует, что его желания и мысли противятся этому, постоянно стирают его мысли о единственности Творца, о том, что это Творец посылает специально для выталкивания «человека из эгоизма давящие обстоятельства и страдания», то есть его тело (под телом в каббале подразумеваются эгоистические желания и мысли) не желает выполнять требования альтруистических законов духовной жизни, и причина этого – в отсутствии страха перед Творцом.

Человека можно воспитать так, что он будет выполнять религиозные предписания, называемые в нашем мире Заповедями, но невозможно воспитать в нем потребность придавать своим действиям те или иные альтруистические намерения, поскольку это не может войти в эгоистическую природу человека, чтобы мог автоматически выполнять их как потребности тела.

Если человек проникается чувством, что его война против эгоизма есть война против темных сил, против свойств, противоположных

Творцу, то таким образом он отделяет эти силы от себя, не отождествляет себя с ними, мысленно отстраняется от них, как бы выходит из желаний своего тела. Продолжая чувствовать их, он начинает их презирать, как презирают врага, и таким способом он может победить эгоизм, наслаждаясь его страданиями. Подобный прием называется войной мщения за Творца, «нэкамат ашэм». Постепенно человек сможет привыкнуть ощущать нужные цели, мысли, намерения независимо от желаний, эгоистических требований его тела.

1. Если во время учебы и выполнения заповедей человек не видит никакой выгоды для себя и страдает – это называется «злое начало» (ецэр ра).

2. Мера зла определяется степенью ощущения зла, сожалением об отсутствии тяги к духовному, если не видит личной выгоды. И чем больше страдания от столь низменного состояния, тем больше степень осознания зла.

3. Если человек разумом понимает, что пока не успевает в духовном продвижении, но не «болит» ему, то нет еще у такого человека злого начала (ецэр ра), потому что еще не страдает от зла.

4. Если человек не чувствует зла в себе, то он должен заниматься Торой. Если почувствовал зло в себе, должен верой и молитвой выше разума избавляться от него.

Вышеприведенные определения требуют пояснения. Написано в Торе: «Я создал злое начало (силу, желание), и Я же создал ему Тору в добавку (в изменение его) – «барати ецер ра, барати Тора тавлин». Тавлин означает – специи, добавки, дополнение, делающее пищу вкусной, пригодной для употребления.

Мы видим, что главное создание – это зло, эгоизм. А Тора – всего лишь добавка к нему, то есть средство, позволяющее вкушать, пользоваться злом. Это тем более странно, так как еще сказано, что даны заповеди только для того, чтобы очистить с их помощью Израиль – «Ло натну мицвот, эла лецарэф ба хэм Исраэль». Из этого следует, что после очистки человека уже не потребуется ему Тора и Мицвот.

Цель творения – насладить созданных. Поэтому в созданных сотворено желание насладиться, стремление получить наслаждение. Чтобы при получении наслаждения творения не ощущали стыд, омрачающий наслаждение, создана возможность исправить ощущение стыда: если творение не желает ничего для себя, а желает доставить радость Творцу, тогда не почувствует стыда от получения наслаждения, так как получит его ради Творца, а не для своего удовольствия.

Но что можно дать Творцу, чтобы Он наслаждался? Для этого Творец дал нам Тору и Заповеди, чтобы мы могли «ради Него» их выполнять, и тогда Он сможет дать нам наслаждения, не омраченные стыдом, ощущением подачки. Если бы не заповеди, мы бы не знали, чего желает Творец.

Если человек выполняет Тору и заповеди, чтобы сделать Творцу приятное, то он похож своими действиями на Творца, делающего приятное человеку. По мере уподобления желаний, действий, свойств человек и Творец сближаются. Творец желает, чтобы мы давали Ему, как Он дает нам, чтобы наши наслаждения не были омрачены стыдом, не ощущались милостыней.

Духовное желание, то есть желание, обладающее всеми условиями получить свет, определяет получаемое им наслаждение по величине и по виду, потому что свет Творца включает в себя все, каждое наше желание насладиться чем-то определенным, выявляет из общего света желаемое нами. Величина желания, измеряемая страданием от отсутствия наслаждения, определяет величину последнего. Творцом предписано именно 613 заповедей для исправления зла (в нас), превращения его в добро (для нас), потому что именно из 613 частей Он сотворил наше желание насладиться, и каждая заповедь исправляет определенное свойство. И потому говорится: «Я создал зло и Тору для его исправления».

Но зачем выполнять Тору и заповеди после исправления зла? Заповеди даются нам для следующего:

1) Когда человек еще находится в рабстве своей природы и не в состоянии ничего делать ради Творца – а потому находится в удалении от Творца вследствие разности свойств, – то 613 заповедей дают ему силы выйти из рабства эгоизма, о чем и говорит Творец: «Я создал зло и Тору для его исправления».

2) По окончании исправления, когда человек находится в слиянии с Творцом сходством свойств и желаний, он удостаивается света Торы: 613 заповедей становятся его духовным телом, сосудом его души, и в каждое из 613 желаний он получает свет наслаждения. Как видим, заповеди на этом этапе из способа исправления становятся «местом» получения наслаждения (сосуд, кли).

Правой линией (кав ямин) называется малое духовное состояние, катнут («доволен имеющимся» – хафэц хэсэд), когда нет потребности в Торе, поскольку не ощущает зла, эгоизма в себе, а без потребности исправить себя не нуждается в Торе.

Поэтому нуждается в левой линии (кав смоль), критике своего состояния (хэшбон нэфеш), выяснении, чего он желает от Творца и от себя, понимает ли Тору, приближается ли к цели творения. И тут он видит свое истинное состояние и обязан включить его в свою правую линию, то есть довольствоваться имеющимся и радоваться своему состоянию, будто имеет все, что желает.

Левая линия, дающая страдания от отсутствия желаемого, именно этим вызывает потребность в помощи Творца, которая приходит в виде света души.

В правой линии, в состоянии, когда человек не желает ничего для себя, есть только свет милосердия (ор хасадим), наслаждения от подобия духовным свойствам. Но это состояние несовершенно, потому что нет в нем знания, постижения Творца.

В левой линии нет совершенства, потому что свет разума может светить, только если есть сходство духовных свойств света и получающего. Сходство дает ор хасадим, находящийся в правой линии. Духовные постижения можно получить только при желании. Но правая линия ничего не желает. Желания сосредоточены в левой линии. Но желаемое невозможно получить в эгоистические желания.

Поэтому необходимо объединение этих двух свойств, и тогда свет познания и наслаждения левой линии войдет в свет альтруистических свойств правой и осветит творение средней линии. Без света правой линии свет левой не проявляется и ощущается как тьма.

Даже когда человек находится еще в рабстве своего эгоизма, тоже имеет место работа в правой и левой линиях, но он еще не управляет своими желаниями. Желания диктуют ему мысли и поведение, и он не может наполниться светом сходства с Творцом (ор хасадим) и светом высшего постижения (ор хохма), только произносит имена миров, сфирот, килим.

В таком состоянии только изучение строения духовных миров и их действий, то есть изучение каббалы, позволяет человеку развить в себе стремление приблизиться к Творцу, поскольку в процессе учебы он проникается желаниями изучаемых им духовных объектов и вызывает на себя их не ощущаемое из-за отсутствия духовных чувств воздействие.

Но духовные силы воздействуют на человека при условии, что он учит ради сближения (по свойствам) с духовным. Только в таком случае человек вызывает на себя очищающее воздействие окружающего света. Как можно наблюдать на примере многих, изучающих каббалу без правильного инструктажа – человек может знать, что написано в книгах каббалы, умно и со знанием дела рассуждать и дискутировать, но так и не постичь чувственно сути изучаемого. Обычно его сухие знания превосходят знания уже находящихся в духовных мирах.

Но тот, кто постигает духовные ступени, даже самые незначительные – сам, своей работой, собой – тот уже вышел из скорлупы нашего мира, уже делает то, для чего спустился в наш мир. Знания и память умников только увеличивают их эгоизм и самомнение и еще больше отдаляют их от цели, потому что Тора может быть как живительным лекарством (сам хаим), так и ядом (сам мавэт). И не в состоянии начинающий отличить постигающего, каббалиста от изучающего каббалу как одну из светских наук.

Для начинающего работа в трех линиях заключается не в получении Высшего света, как для уже постигающего, а в анализе своего состояния. В правой линии, называемой «отдачей», хэсэд, верой выше знания и ощущения недовольства, человек счастлив выпавшей ему долей, своей судьбой, тем, что дает ему Творец, считая, что это самый большой подарок для него.

Но это состояние еще не называется правой линией, потому что отсутствует левая. Только при появлении противоположного состояния можно говорить об одном из них как о правой линии. Поэтому только после того, как появляется у человека критика своего состояния, когда производит подсчет своих достижений, осознания, какова действительно цель его жизни, определяет этим свои требования к результатам своих усилий – тогда лишь возникает в нем левая линия.

Главное здесь – понимание цели творения. Человек узнает, что она состоит в получении им наслаждения от Творца. Но он чувствует, что еще ни разу не ощутил этого. В процессе учебы он осознает, что это возможно только при совпадении его свойств со свойствами Творца. Поэтому он обязан изучать свои стремления и желания, как можно объективнее их оценивать, контролировать и анализировать, чтобы ощутить, действительно ли он приближается к отторжению эгоизма и любви к ближнему.

Если ученик видит, что он еще находится в эгоистических желаниях и не сдвинулся в лучшую сторону, он зачастую проникается чувством безысходности и апатии. Более того, часто он обнаруживает, что не только остался в своих эгоистических желаниях, но еще увеличил их, так как появились желания к наслаждениям, которые считал ранее низкими, мелкими, преходящими, недостойными, а теперь он мечтает достичь их.

Естественно, в таком состоянии тяжело выполнять заповеди и продолжать учиться, как ранее, в радости. Человек впадает в отчаяние, разочарование, сожалеет о затраченных времени, усилиях, лишениях, восстает против цели творения.

Такое состояние называется левой линией (кав смоль), потому что нуждается в исправлении. Человек ощущает свою пустоту и должен перейти в таком случае в правую линию, в ощущение совершенства, достатка, полного довольства имеющимся.

Прежде, находясь в таком состоянии, человек считался находящимся не в правой линии, а в одной (первой), потому что еще не имел второй линии – критики своего состояния. Но если после истинного осознания несовершенства своего состояния во второй линии он возвращается к ощущению чувства совершенства (наперекор настоящему его состоянию и чувствам) в первую линию, считается, что действует уже в двух линиях – не просто первой и второй, а в противоположных – правой и левой.

Весь путь отказа от эгоизма, выхода из круга своих интересов строится на основе правой линии. Когда говорится, что человек должен оторваться от «своих» интересов, подразумеваются временные, мелкие, преходящие интересы нашего тела, данные нам свыше не только для того, чтобы мы принимали их за цель жизни, а для того, чтобы отказались от них во имя приобретения вечных, высших, абсолютных ощущений духовных наслаждений, слияния с самым Высшим, что есть в мироздании – с Творцом.

Но оторваться от своих мыслей и желаний невозможно, поскольку, кроме себя, мы не ощущаем ничего. Единственное, что возможно в нашем состоянии, – это верить в существование Творца, в Его полное управление всем, в цель Его творения, в необходимость достичь этой цели вопреки уверениям тела. Такая вера в неощущаемое, вера в то, что выше нашего понимания, называется верой выше знания (эмуна лемала ми даат).

Именно после левой линии наступает черед перейти к такому принятию действительности. Человек счастлив от того, что заслужил выполнять волю Творца, хотя не чувствует ввиду эгоистических желаний никакого наслаждения от этого. Но вопреки своим ощущениям он верит, что получил особый подарок от Творца тем, что пусть даже таким образом, но может выполнять Его волю. Именно так, а не как все – ради наслаждений или в силу воспитания, не сознавая даже автоматизма своих действий.

А он осознает, что все выполняет вопреки своему телу, то есть уже внутренне находится на стороне Творца, а не на стороне своего тела. Он верит, что все приходит к нему свыше, от Творца, особенным отношением именно к нему. Поэтому он дорожит этим подарком Творца, и это воодушевляет его, будто удостоился получить самые высокие духовные постижения.

Только в таком случае первая линия называется правой, совершенством, поскольку радость человека – не от своего состояния, а от отношения к нему Творца, позволившего совершить что-либо вне личных эгоистических желаний. И в таком состоянии, хотя человек еще не вышел из рабства эгоизма, он может получить свыше духовное свечение.

Но хотя это высшее свечение еще не входит в него, потому что в эгоистические желания свет войти не может, а охватывает его вокруг в виде окружающего света (ор макиф), все же это дает человеку связь с духовным и осознание того, что даже самая незначительная связь с Творцом – это великая награда и наслаждение. А про ощущение свечения он должен сказать себе, что не в его силах оценить действительную ценность света.

Правая линия называется также истинной, потому что человек трезво понимает, что не достиг еще духовного уровня, не обманывает себя, а говорит, что то, что получил, исходит от Творца – даже самое горькое его состояние, и потому верой выше разума, самоубеждением вопреки своим ощущениям – знает, что это большая ценность, потому что есть контакт с духовным.

Мы видим, что правая линия строится из четкого осознания отсутствия духовного постижения, и горького ощущения собственного ничтожества, и последующего выхода из эгоистических расчетов, на основе: «не то, что имею я, а то, что желает Творец» – настолько, будто получил все, что желает.

Несмотря на то, что доводы человека разумные, если говорит, что к нему есть особое отношение Творца, что есть у него особое отношение к Торе и к заповедям, а другие заняты мелкими расчетами своих преходящих забот, все же эти расчеты в разуме, а не выше разума, но следует сказать себе, что это настолько важная вещь, что счастлив своим состоянием, и для этого он должен идти верой выше разума, чтобы его ликование строилось на вере.

Левая же линия строится на проверке, насколько искренна его любовь к ближнему, способен ли он на альтруистические действия, на бескорыстные поступки, не желая получить за свои труды ни в каком виде вознаграждения. И если после подобных расчетов человек видит, что еще не способен ни на самую малость отказаться от своих интересов, нет у него другого выхода, как молить Творца о спасении. Поэтому левая линия приводит человека к Творцу.

Правая линия дает человеку возможность благодарить Творца за ощущение совершенства Торы. Но не дает ощущения истинного его состояния, состояния незнания, отсутствия связи с духовным. И поэтому не приводит человека к молитве, без которой невозможно постичь света Торы.

В левой же линии, стараясь усилием воли превозмочь истинное свое состояние, человек чувствует, что у него нет никаких сил на это. И тогда у него появляется потребность в помощи свыше, так как видит, что только сверхъестественные силы могут ему помочь. И только с помощью левой линии человек достигает того, чего желал.

Но необходимо знать, что эти две линии должны быть уравновешены таким образом, чтобы использовались поровну. И только тогда возникает средняя линия, соединяющая правую и левую в одну. А если одна из них больше другой, то большая не позволит произойти слиянию с меньшей из-за ощущения того, что она более полезна в данной ситуации. Поэтому они должны быть абсолютно равны.

Польза от такой тяжелой работы по равному увеличению двух линий в том, что на их основе человек получает свыше среднюю линию, Высший свет, раскрывающийся и ощущающийся именно на чувствах двух линий.

Правая дает совершенство, потому что верит в совершенство Творца. А так как Творец управляет миром, и никто более, то если не принимать в расчет эгоизм, все совершенно. Левая линия дает критику его состояния и ощущение несовершенства. И необходимо заботиться, чтобы ни в коем случае она не была больше правой. (Практически по времени человек должен 23,5 часа в сутки находиться в правой линии и только на полчаса позволять себе включать эгоистический расчет.)

Правая линия должна быть настолько ярко выраженной, чтобы не возникало никаких дополнительных потребностей для ощущения полного счастья. Это контроль отрыва от собственных эгоистических расчетов. И потому она называется совершенством, что не нуждается ни в чем для ощущения радости. Потому что все расчеты его не внутри своего тела, а вне тела, на стороне Творца.

Перейдя к левой линии (переход от правой линии к левой и обратно человек должен делать сознательно, по времени, заранее диктуя себе условия, а не в соответствии со своим настроением), он обнаруживает, что не только не продвинулся вперед в понимании и ощущении духовного, но и в обычной своей жизни стал еще хуже, чем был ранее.

То есть вместо движения вперед возвращается еще больше в свой эгоизм.

Из такого состояния человек должен сразу же перейти к молитве об исправлении. И об этом сказано в Торе, что выход из Египта (эгоизма) происходит в состоянии, когда находится на самой последней, 49-й ступени желаний нечистых сил. Только когда человек полностью осознает всю глубину и вредность своего эгоизма и кричит о помощи, Творец возвышает его, дает среднюю линию тем, что дает душу, и начинает светить ему свыше свет Творца, дающий силы перейти к альтруизму, родиться в духовном мире.

Для достижения цели творения необходим «голод», без которого невозможно вкусить всю глубину посылаемых Творцом наслаждений, без которых мы не доставим радости Создателю. И потому необходим исправленный эгоизм, позволяющий наслаждаться ради Творца.

В моменты, когда человек ощущает страх, необходимо осознать, для чего посылает ему Творец подобные ощущения. Ведь нет в мире иной силы и власти, кроме Творца – ни врагов, ни темных сил, – а сам Творец создает в человеке такое чувство, чтобы, очевидно, задумался, с какой целью оно вдруг ощущается им, и в итоге своих поисков смог бы усилием веры сказать, что это посылает ему Сам Творец.

И если все же после всех его усилий страх не покидает его, он должен принять это как пример, что в такой же мере должен быть страх перед могуществом и властью Творца, то есть в той же мере, как сейчас его тело содрогается от надуманного источника страха нашего мира, в той же мере оно должно содрогаться от страха перед Творцом.

Как человек может точно определить, в каком духовном состоянии он находится? Ведь когда чувствует себя уверенным и довольным – это, возможно, от того, что верит в свои силы и потому не нуждается в Творце, то есть на самом деле находится в самой глубине своего эгоизма и крайне удален от Творца, а чувствуя себя абсолютно потерянным и беспомощным и потому испытывая острую необходимость в поддержке Творца, он в это время как раз находится в наилучшем для себя состоянии.

Если человек, сделав усилие, совершил какое-либо благое в его глазах дело и чувствует удовлетворение от «своего» поступка, то тут же впадает в свой эгоизм и не осознает, что это Творец дал ему возможность совершить что-то доброе, и только усиливает свой эгоизм.

Если постоянно, изо дня в день прилагая усилия в учебе и возвращении мыслями к цели творения, человек все равно чувствует, что ничего не понимает и не исправляется, и этим исподволь своим чувством в сердце укоряет за свое состояние Творца, то еще больше удаляется от истины.

Как только человек начинает пытаться перейти к альтруизму, его тело и разум сразу же восстают против подобных мыслей и любыми путями пытаются увести его с этого пути: сразу же появляются сотни мыслей, неотложных дел и оправданий, поскольку альтруизм, то есть все, что не связано с какой-либо выгодой для тела, ненавистен нам, и не в состоянии наш разум вынести хоть на какое-то мгновение подобные стремления и немедленно подавляет их.

И потому мысли об отказе от эгоизма кажутся нам чрезвычайно тяжелыми, непосильными. А если они еще не ощущаются такими, значит, где-то в них кроется собственная выгода для тела, и именно она позволяет так действовать и думать, обманывая нас и доказывая, что наши мысли и поступки альтруистичны.

Поэтому самой верной проверкой, продиктованы ли данная мысль или действие заботой о себе или альтруистичны, является проверка того, позволяют ли сердце и разум хоть как-то согласиться, задержать на этом мысль или совершить малейшее движение. Если мы согласны, значит это самообман, а не истинный альтруизм.

Как только человек останавливается на отвлеченных от потребностей тела мыслях, сразу же у него возникают вопросы типа «а зачем мне это надо?» и «кому есть польза от этого?».

В подобных состояниях самое важное – осознать, что это не наше тело спрашивает нас и не дает никакой возможности сделать что-либо, выходящее за рамки его интересов, а это действия самого Творца, это Он лично создает в нас такие мысли и желания и не позволяет нам самостоятельно оторваться от желаний тела, ибо нет никого, кроме Него; Он как притягивает нас к Себе, так же и ставит нам препятствия на пути к самому себе с тем, чтобы мы научились распознавать нашу природу и смогли реагировать на каждую мысль и желание нашего тела при попытках оторваться от него.

Несомненно, что подобные состояния могут быть только у тех, кто пытается постичь свойства Творца, «прорваться» в духовный мир – таким Творец посылает различные препятствия, ощущаемые как отталкивающие от духовного мысли и желания тела.

И это для того, чтобы человек осознал свое истинное духовное состояние и отношение к Творцу – насколько он оправдывает действия Творца вопреки возражениям разума, насколько он ненавидит Творца, забирающего у него все удовольствия этой вдруг кажущейся такой переполненной прекрасным жизни, ввергающего его во мрак безысходности, потому что тело не в состоянии найти в альтруистических состояниях ни капли наслаждения.

Человеку кажется, что это его тело возражает, а не Сам Творец действует на его чувства и разум тем, что дает положительно или отрицательно воспринимаемые мысли и эмоции. И Сам же Творец создает на них определенную реакцию сердца и разума, дабы научить человека, познакомить его с самим собой. Подобно тому, как мать учит ребенка, показывая, давая попробовать и тут же объясняя, – так и Творец показывает и объясняет человеку его истинное отношение к духовному и его неспособность самостоятельно действовать.

Самое тяжелое в продвижении заключается в том, что постоянно в человеке сталкиваются два мнения, две силы, две цели, два желания. Даже в осознании цели творения: с одной стороны, человек должен достичь слияния по своим свойствам с Творцом, чтобы, с другой стороны, его единственным желанием было отказаться от всего ради Творца.

Но ведь Творец абсолютно альтруистичен и не нуждается ни в чем, желая лишь того, чтобы мы ощутили абсолютное наслаждение – это Его цель в творении. И это две абсолютно противоположные цели: человек должен все отдать Творцу и, с другой стороны, наслаждаться сам.

Все дело в том, что одна из них не цель, а лишь средство для достижения цели: сначала человек должен достичь такого состояния, когда все его мысли, желания и действия будут только вне рамок его эгоизма, абсолютно альтруистичны, «ради Творца». А поскольку, кроме человека и Творца, нет ничего в мироздании, то все, что выходит за рамки нашего тела, – это Творец.

А после того, как человек достигнет исправления творения – совпадения своих свойств со свойствами Творца, он начинает постигать цель творения – получения от Творца бесконечного, не ограниченного рамками эгоизма наслаждения.

До исправления у человека есть только желание самонаслаждения. По мере исправления он предпочитает желанию самонасладиться желание все отдать и потому тоже не в состоянии получать наслаждение от Творца. И только по завершении исправления он в состоянии начать получать бесконечное наслаждение не ради своего эгоизма, а ради цели творения.

Подобное наслаждение бескорыстно и не рождает чувство стыда, поскольку, получая, постигая и ощущая Творца, он радуется доставленной Творцу радости от его поступков. И потому чем больше получает, чем больше наслаждается, тем больше он радуется наслаждению, испытываемому от этого Творцом.

По аналогии со светом и тьмой в нашем мире, в духовных ощущениях свет и тьма (или день и ночь) – это ощущения существования или отсутствия Творца, управления Творца или отсутствия этого управления, то есть «присутствие или отсутствие Творца» в нас.

Другими словами, если человек о чем-то просит Творца и немедленно получает то, что просил, – это называется светом, или днем. А если находится в сомнениях о существовании Творца и Его управлении – это называется тьмой, или ночью. Вернее, скрытие Творца называется тьмой, потому что вызывает в человеке сомнения и неправильные мысли, воспринимаемые им как ночная тьма.

Но настоящее стремление человека должно быть не к ощущению Творца и познанию Его действий, поскольку это ведь тоже чисто эгоистические желания, ибо не сможет человек удержаться от наслаждения этими ощущениями и упадет в эгоистические наслаждения.

Настоящим стремлением должно быть стремление получить от Творца силы идти против желаний своего тела и разума, то есть получить силу веры – большую, чем его разум и телесные желания, – силу веры настолько действенную, будто он видит и ощущает Творца и Его абсолютно доброе управление, Его власть над всем творением, но предпочитает не видеть явно Творца и Его власть над всем творением, ибо это против веры, а желает только с помощью силы веры идти наперекор желаниям тела и разума. И все его желание в том, чтобы Творец дал ему силы, будто он видит Его и все управление мирами. Обладание такой возможностью человек называет светом, или днем, поскольку не боится начать наслаждаться, ибо может свободно поступать, независимо от желания тела, не будучи уже рабом своего тела и разума.

Когда человек уже постиг новую природу, то есть уже в состоянии совершать поступки независимо от желаний тела, Творец дает ему наслаждения Своим светом.

Если опустилась тьма на человека, и чувствует, что нет у него никакого вкуса в работе над духовными постижениями, и не в его силах ощутить особое отношение к Творцу, и нет ни страха, ни любви к возвышенному – остается единственное: рыданием души взмолить Творца, чтобы сжалился над ним и убрал это черное облако, затмевающее все его чувства и мысли и скрывающее Творца от его глаз и сердца.

И это потому, что плач души – это самая сильная молитва. И там, где ничего не может помочь, то есть после того как человек убеждается, что ни его усилия, ни его знания и опыт, никакие его физические действия и меры не помогут ему войти в высший мир, когда всем своим существом он чувствует, что использовал все свои возможности и силы – только тогда он доходит до осознания, что лишь Творец может помочь ему, только тогда приходит к нему состояние внутреннего рыдания и моления к Творцу о спасении.

А до этого никакие внешние потуги не помогут человеку правдиво, из самой глубины сердца воззвать к Творцу. И когда все пути перед ним, как он чувствует, уже закрыты, тогда открываются «врата слез», и он входит в высший мир – чертоги Творца.

Поэтому, когда человек испытал все свои возможности самому достичь духовного восхождения, опускается на него состояние полной тьмы, и выход один – только если Сам Творец поможет ему.

Но пока, ломая эгоистическое «я», не достиг еще ощущения, что есть сила, управляющая им, не переболел этой истиной и не достиг этого состояния, его тело не позволит ему воззвать к Творцу. И потому необходимо предпринимать все, что только в его силах, а не ждать чуда свыше.

И это не потому, что Творец не желает сжалиться над человеком и ждет, пока он себя «сломает», а потому, что, лишь перепробовав все свои возможности, человек накапливает опыт, ощущения и осознание собственной природы. И эти чувства ему необходимы, потому что именно в них он и получает, именно ими он и ощущает затем свет раскрытия Творца и Высший разум.

www.ingramcontent.com/pod-product-compliance
Lightning Source LLC
LaVergne TN
LVHW091713070526
838199LV00050B/2372